THE FUTURE OF
FINANCIAL REFORM

陈志武 黄益平
巴曙松◎等著

中国金融改革，
未来会怎样？

ZHEJIANG UNIVERSITY PRESS
浙江大学出版社

第四篇

金融监管的完善与重构

第一篇
金融创新与国家战略

金融战略与国家的兴衰

从经济史研究的角度来看，要把一个国家长久地做强，那就离不开创新。技术方面的创新非常重要，同时组织方面的创新、文化方面的创新也都非常重要。

一谈到创新，我们今天，不管是在中国还是世界其他地方都不太容易逃避的一个结论，就是美国很显然是世界创新大本营，引领世界很多方面的创新，特别是高科技创新，这是毫无疑问的。但是像我这样的人一直关心的话题是：为什么美国的创新能力那么强？是不是每一个美国人从一出生，他们的基因组成就不一样？当然我们都知道美国人主要是来自世界各个地方的移民，有来自欧洲的移民，有来自中国的移民，有来自印度的移民，所以，从基因上来说肯定与其他地方的人没什么差别。到底是什么使得美国的创新能力、创新文化那么强？这么多年的研究告诉我，以资本市场为主体的金融市场是最关键的。

资本市场发展带动创新

首先，以资本市场为主的金融市场是好东西。

道理很简单，比如在中国，今天我们终于看到了腾讯这样的公司。腾讯这个公司创办于1998年，到今天也不过18年。尽管才创办18年，但它的创始人马化腾的个人财富有一千多亿，将近两千亿。这将近两千亿的钱，相当多的是来自对该公司未来无限多年创造收益能力的贴现、求和得到的一个估值。换句话说，马化腾近两千亿的个人财富与其说是今天已经实现的收入，不如说是对未来收入的一个贴现，一个定价，一个可以提前变现的安排。

我之所以讲到这个，类似于马化腾及腾讯这样的案例在美国过去两百年左右的资本市场发展历程中已经出现了非常多个。一百多年以前，美国出现了爱迪生，今天我们熟悉的通用电气公司，其前身是由爱迪生于1878年创办的。爱迪生之后又有20世纪的盖茨，还有现在的谷歌的创始人……

就是因为美国资本市场很早形成了对未来做定价、做变现的这样一个能力，这样一来美国很多的年轻人、中国今天的年轻人就看到，只要你创业理念很好，创造出来的产品——不管是QQ空间还是微信——可以改变这么多人的生活，给社会带来方方面面的收益，人们就愿意对你的未来做非常高的定价。这样一来马化腾不用等上一百年、两百年，今天就能够让我们大家都看到他创办的公司能带来多高的价值，并以这种方式直接激发更多的千千万万个年轻人、中年人、老年人，大家都可以学着像马化腾这样去创业。

所以，从这个意义上来说，我们看到资本市场是一个好东西，尤其是就中国来讲。大家想一想，今天哪个行业创业创新的活力是最强的？肯定是能够在资本市场上市的这些行业，其创新创业的活力是最强的。美国式的创新文化并不是因为他们的基因跟别人不同，而是因为激励架构，因为资本市场提供的方方面面的定价和变现的途径跟传统社会有很大的差别。特别是我们看到不管是盖茨,还是谷歌的拉里·佩奇、谢尔盖·布林,很多的创始人,他们都是美国普通老百姓家庭出身的。

所以,正因为这一点,我们也看到了现代资本市场跟传统的银行有一个最大的差别,就是前者给普通人带来的成为亿万富翁的机会是原来传统的银行所没办法比的。道理很简单,我们都知道如果你要到银行借钱,要向银行融资的话,你必须要有自己的抵押品,手头上要有足够的资产,这就说明为什么银行对富人、对已经成功的企业是非常有利的,但对还没有什么资产、没有什么财富的普通人非常不利。

相比之下,私募股权投资和风险投资这些现代资本市场的企业融资手段,投资人看重的是未来收益,而看淡你手中的那些资产,这就是为什么我们可以看到今天的中国这方面学得越来越好了以后,很多的普通人开始受益。只要有很好的创新创业的能力,你也可以成为下一个马化腾。总之,以资本市场为主的金融市场对国家富强的促进,对创新文化的推动,对创新创业的激情的激发是非常根本的。所以,它是好东西。

政府在资本市场中应如何自处?

其次,既然资本市场是好东西,政府在中间应该扮演什么样的角色?这是我跟张维迎教授都很喜欢谈的一个话题。

我首先要强调,政府千万不要把资本市场当成政策工具。中国从1990年推出股票市场到现在,每次一想到要发展资本市场,要么就是为了帮助国有企业,要么就是为了推动政府的创新创业的宏观经济政策。千万不要这样做,如果要发展好资本市场,要发展好金融市场,政府应该做的就是不要为资本市场、金融市场的买方和卖方中的任何一方站台。

1990年的时候政府显然是帮助发行股票的国有企业站台。2015年6月股灾之前政府也是帮助资本市场的卖方(股权的发行方)站台,结果使得这些资产的价格、股票的价格被抬得太高,泡沫被吹得太大。

每次政府为资本市场、金融市场一方,尤其为卖方站台,就必然意味着要牺牲掉买方的利益。因为这些互联网金融公司的股票被炒得那么高,股民们因此付出了很高的价格,这对股民、对买方是有利的吗?肯定是不利的。

这就是我们为什么要改变一些基本的观念,尤其是很多专家不要动不动一看到股市是好东西、资本市场是好东西后,就要去说服政府,为了经济发展,为了宏观经济政策,要一边倒地扶植这些发行证券的企业,为他们站台,然后以这种方式制造一个短暂的泡沫,短暂的欣欣向荣的局面。

这样做的话,最后的结果就像互联网金融行业一样,把金融市场、资本市场长久的发展前景断送掉了。尤其是一说到互联网金融,大家都知道去年之前,整个社会没有哪一个敢对互联网金融唱反调或者看衰的,因为大家都知道那时政府正一边倒地推动互联网金融。

我想强调一下最近一两年的一个应该停止的不好的趋势,很多地方政府看到私募股权投资和风险投资行业产业基金对经济的发展、对创新创业的好处以后,都在推出他们自己的产业基金。千万不要这样做,尤其是我们看到很多地方政府的官员说要推出自己的产业基金,而且不强调投资回报。大家都知道私募股权投资、风险投资,还有其他创业投资的基金行业之所以对美国的创新创业起了那么关键的作用,就是因为他们只追求投资回报。

如果有地方政府通过自办各种基金进入风险投资、私募股权投资行业,那会把本来应该是最市场化的、最追求市场喜欢的投资回报的这样一个行业搞乱了,让行业走向越来越非市场化,越来越不看重投资回报的道路,这样的话,本来市场化的一个好东西最终会变成"四不像"了。所以,从这个意义上来说,政府介入私募股权投资和风险投资以后,对真正市场化的私募股权投资基金和风险基金的"挤出效应"可能带来的负面影响会是非常大的。

最后我想强调一点,是最近大家讨论得也比较多的,关于金融改革到底改什么。讨论来讨论去，讨论了好几年，到最后集中到把"一行三会"合并为一个大部委。我是希望千万不要这样，因为正是有"一行三会"，过去这些年，监管竞争才为私募基金行业，为中国的企业，为理财产品市场、信托市场，提供了一些发展的空间。

如果以后真的要把"一行三会"合并为一个单一的监管机构的话，那最后的监管竞争就不再有了。万一单一的大部委不作为，中国金融市场怎么办？中国经济怎么办？中国社会怎么办？那就可能没有哪条路能走通了。现在至少有"一行三会"，只要四个机构中有一个愿意有作为，就还可以有发展空间。

所以，我希望参与改革讨论的不同的专家学者和决策层应该记住：监管竞争也是好东西，不是坏东西。

总结一下我强调的三点：第一，政府不应该站边，不能把资本市场的发展当成政策工具；第二，地方政府不应该自己去做私募股权投资与风险投资，政府只要在建立公开公正透明的基本的资本市场方面做得很好，那就够了；第三，"一行三会"最好不要合并为一个大部委。

陈志武：耶鲁大学终身教授，

北京大学经济学院教授

观察金融创新的几个维度^①

为了使大家能够更好地理解金融创新,我想对金融创新做几个方面的评论。从整个金融市场发展的历史看,金融创新这个话题一直是从理论研究到政策制定争论的焦点问题之一,有积极支持的,也有尖锐批评的。我听过的有代表性的批评之一,来自曾经担任美联储主席的保罗·沃克尔(Paul Volcker)。他说:"在这么多年的金融体系发展历程中,唯一有价值的金融创新就是自动提款机。"由此可见,他认为其他各种各样的金融创新其实并没有太多的价值。当然,也有很多积极支持金融创新的学者。如果没有信用卡和支付清算体系的金融创新,现在大家到北大来上学,说不定还要从家里背金块银块过来,仅仅从这一点上来说,金融支付的通道、金融资源汇集和转移的渠

① 本文根据 2016 年 4 月 14 日作者在北大汇丰金融前沿讲堂第二期上的点评录音整理所得,未经作者本人审阅。本文仅代表作者作为一位研究人员的个人看法,不代表任何机构的意见和看法。

道等领域都发生过重要的金融创新。

创新的理念最早来源于约瑟夫·阿洛伊斯·熊彼特（Joseph Alois Schumpeter）的创新理论，金融创新的思想则直接受到了熊彼特创新思想的影响。熊彼特和约翰·梅纳德·凯恩斯（John Maynard Keynes）是经济思想史上同时代的伟大的经济学家。两个人既广泛参与经济金融的实务政策，又是引领当时学界前进的代表性的学者。熊彼特还担任过银行的行长，虽然后来当得并不成功，辗转到哈佛大学当教授。大家可以在他的回忆录里看到很多有趣的细节描述。比如，据说他与学生讨论不同的主题时，会选择不同口味的酒来搭配，如果讨论经济思想史，他可能就会选择醇厚一点的酒。

熊彼特的《经济发展理论》《经济分析史》等代表性著作的中文版在很多图书馆都能找到。其中最受人关注的是他提出的创新理论，包括对创新的界定，他界定了新的生产函数。新的生产函数的建立过程就是企业家对企业要素进行重新组合的过程。其中包括哪些方面呢？第一是新的产品；第二是新的技术或者新的生产方法的应用；第三是新的市场的开辟；第四是对新的材料、原材料的供应来源的发现和掌握。相对应地，实际上金融领域的创新也是一样的，例如金融领域也有很多新的原材料——储蓄没有被充分利用。前段时间大家十分关注的余额宝，实际上将支付宝上闲置的零散资金，通过支付宝和货币基金的连接动员起来。金融创新也包括新的生产组织方式的施行等等。这几个方面都是支撑金融创新的重要构成。

如果检索一下金融创新的中外文献，关于金融创新的讨论也是非常多的，比如有的文献里提到，在阿罗-德布鲁（Arrow-Debreu）条件下，金融创新是没有必要的，这个时候市场上有足够多的风险收益相互独立的证券种类，证券的个数要大于不确定性风险源的个数。现在，金融市场又发生了重大的变化，在金融创新的理论研究和实践探索方面，有很多课题值得我们深入探讨。

关于跨越不同专业领域的金融创新，我想从理论上做一个简单的分类，从三个层面区分各种不同的金融创新：

第一是宏观层面的创新。这与大的经济体制、金融体制以及经济增长方式相关。很多微观产品的转变背后都有大的经济体制、经济结构的背景做支持。还有一个很现实的因素，就是人口结构。人口结构与金融结构之间有着十分密切的互动关系，例如人口总体年龄偏小的时期储蓄率高，经济发展处于工业化、城镇化阶段时，以存贷款作为主要业务的商业银行在金融体系里常常占据主导地位。但是，随着人口老龄化越来越显著，保险业的相对重要性迅速上升。

同样，经济转型和增长方式的转变也会直接影响金融创新。过去30多年，中国经济发展呈现出典型的赶超型的增长方式。投资方的目标是非常清楚的，金融体系最大的任务，就是以最低的成本、最大的规模动员储蓄投到指定的目标。现在，我国面临经济转型，已经不再处于简单的"经济赶超"的时代，劳动力成本在上升，原来倚重的一些上游重化工业基本上都存在程度不同的产能过剩，需要转向鼓励创新。这个时候就需要找新的金融创新去支持这个经济转型的过程；否则，依靠传统的"存、贷、汇"业务模式的金融体系，很难支撑一个转型中的经济体系的创新需要。今天，我们看到的很多细分领域的创新，特别是直接融资创新，都与这些密切相关。

第二是中观层面的创新，这与金融机构的功能相关。实际上，宏观层面的环境剧烈变化，必然会在中观层面倒逼和促进金融机构在内部进行一些重大的适应性调整，包括组织架构、商业模式的调整等。大家可以对照观察中国的一些有代表性的商业银行，在经济发展的不同阶段，这些银行的客户定位、商业模式、主要的利润来源等方面都发生过巨大的变化。这本身就是一个中观层面适应外部环境变化的典型的"刺激—反应"过程，也是从中观层面推动金融创新的过程。

第三是微观层面的创新，主要表现为金融工具、金融产品的创新。

接下来,我想对这几个创新作进一步的评论:

第一,现在的金融创新已经使全球金融市场的同步性、关联性迅速提升。这是近年来一个非常显著的特点,不仅中国市场是这样,国际市场也是这样。为什么以前的金融危机冲击有限,而现在却快速传播?因为通过金融创新,全球各地的金融市场从宏观到中观、到微观,甚至是监管体制等,都越来越相似,成为一个网状的结构。曾任香港证监会主席、现任中国银监会首席顾问的沈联涛先生写过一本书叫《十年轮回》,讨论了亚洲金融危机到次贷危机,用了很大的篇幅来讲这个逻辑。这其中很重要的一点原因,就是金融创新使得金融市场之间的大量创新是跨市场的,在市场竞争驱动下,原来相互分隔的不同领域的金融机构通过大量的产品创新进入到对方的业务领域,我们将其简化为一个词,叫"大资管",这是和原来"小资管"明显不同的一个商业模式。

最近,我也从金融市场角度对股灾进行了反思,回到金融创新层面,也有不少有意思的结论。例如,2015年的股灾爆发之前,保险、证券、公募资金、私募资金这些看起来由不同领域的金融机构发行的金融产品,它们的产品结构等却高度类似。所以,一个市场的波动,可以迅速地使风险在不同领域之间扩散。今天,在全球金融市场、金融创新的推动下,不同金融子市场之间的联系更紧密,但是风险的传染也更快捷,这是一个很难回避的现实。这也使得我们不仅要关注中国的金融市场,还要关注国际市场上美联储、欧洲央行等的主要动态。这是一个从金融市场运行方面可以说早已充分全球化的时代,我更愿意把次贷危机看成是金融市场通过活跃的创新已经高度全球化,而其监管还在国别化分割的状态下出现的一次市场冲击。

纵观人类的金融创新史,有一个非常清晰的"钟摆效应",那就是:金融创新—市场波动—强化监管—放松监管—鼓励金融创新,这可以说是一个螺旋式地推动金融体系的发展方式。过度的金融创新往往会导致金融体系的风险和大幅波动,甚至会导致金融危机,因此催生出更为严格的金融监管。严格的金融监管必然会提高金融体系运行的成本，也可能使金融体系逐步丧失活力。此时如果要寻找新的增长点，必然会促使金融体系转向金融创新，然后放松管制，鼓励创新，才能迎来金融创新的活跃期。

第二，金融创新发展与社会收入分配的问题。从这一轮全球金融创新看，金融创新产生的收益与风险，对不同社会阶层的影响是不一样的，仅仅就大规模的量化宽松政策而言，大规模的救助必然使其中持有较多资产的阶层得益，而更多公众实际上在输出资源。2008年的全球次贷危机后，不少国家发行了大量的货币，刺激资产价格上升，导致次贷危机之后经济的"复苏"变成了多资产者的"复苏"，少资产者的资产反而被稀释了。这个时候就会出现类似"占领华尔街"这样的社会反应，客观上促使监管又向更为严格的方向转变。这些大的趋势的演变，也会直接影响年轻人的就业选择，例如，现在华尔街最走俏的职业是合规官、风险管理官。

在这样一个摆动的过程中，每一次从金融创新到金融监管的钟摆摆动，都往往会有不同形式的表现。但是，放到一个更长的周期里来看，每次摆动都有它内在的金融运行的规律。我还要推荐另外一本书，是哈佛大学的两位教授卡门·M.莱因哈特（Carmen M. Reinhart）和肯尼斯·S.罗格夫（Kenneth S. Rogoff）合著的，书名为《这次不一样？——800年金融危机史》。该书描述了800年以来每一次金融危机的酝酿、扩张、形成和爆发的整个过程。在危机的启动阶段，常常会有人说"这次不一样"，这次是互联网，这次是铁路，但是放到一个金融周期的客观指标上来看，是否每一次的评价都一样？运行周期常常是这样的：一个特定的产业开始复苏，吸引了很多资金的涌入，然后大家加大投资，借贷扩张，带动这个行业继续扩张，投资收益随着投入的迅速上升形成边际收益递减，一直到筹集资金的成本已经高到比投资收益还要多出很多的地步。这是典型的"庞式融资"。当庞式融资的占比越来越高的时候，也就是金融危机的拐点临近的时候。

记得美国金融危机爆发时,艾伦·格林斯潘(Alan Greenspan)在国会听证会上说:"我们面对的这次 2008 年危机在全球是百年一遇的。"我当时想,这么说起来,我们这一辈做金融的朋友还挺幸运的,下一辈的年轻人想碰到这个危机看来要等到 2108 年了。结果发现,随后欧洲等地也陆续爆发了金融危机,看来这个危机、监管、创新的钟摆摆动速度在迅速加快。因此,在短期的危机波动中,当我们难以把握创新和监管之间的方向时,不妨把考察的周期放长一点,就可以看得更清楚一些。

金融创新也需要以历史的眼光来考察。如果以这个视角来评估 P2P、众筹,我觉得是比较客观、冷静的。他们那么高的资金成本,打算投到什么领域?更高的收益水平可能从哪里来?如果产生不了那么高的收益,那么是否能找到这么多"冤大头"接盘?有一个玩笑说:"今年以来陆续出现了很多骗子,在学金融的准备多赚点客户的管理费的时候,骗子已经开始昧着良心骗客户的本金了。"

实际上,要对这些短期内看起来花里胡哨的金融创新做出冷静的判断并不难,只需要运用基本的金融常识和简单的资产管理准则,比如说独立的托管、客户资金和自有资金的分离。融入资金的高成本需要找到更高收益的资产来覆盖,否则就是不可持续的。

因此,我们在这样一个新兴加转轨的、还在发展中的金融市场上,既要了解金融创新的前沿,也需要掌握一些基本的金融创新常识。

第三,金融创新和金融监管之间需要建立良性的互动。在突破金融管制的时候,有点像啄木鸟和树之间的关系。我的一位从事金融监管的朋友曾经提及一项他的观察,他说温州的资金非常敏感且高度市场化,这些资金涌向哪里,哪个领域,中国的金融监管者就要注意了,因为这些灵敏的市场资金可能嗅到了金融创新的空间。应当说,金融创新与金融监管,总体上也是一个互相推动,倒逼监管机构发展,促进金融市场规范发展的过程。互联网金融的发展，风来的时候是"故事"，风一走就变成"事故"。高利贷搬上互联网还是高利贷；无论负债来源如何花哨，如果还是投向传统产能过剩行业，经济调整带来的冲击就无可避免。

第四，金融创新开始越来越具前瞻性地、主动性地引导实体经济的创新，而不仅仅只是被动地、滞后地服务于实体经济，或者说金融创新服务于实体经济的方式多种多样。从全球范围来看，金融业的现实影响力越来越大，已经不仅仅为实体经济服务了。"服务"这个词似乎带有一种从属性，在很大层面上还带有被引导、被支配的意味。但是，随着金融市场的迅速扩张，这种被动、滞后的对实体经济的服务已经明显不能满足现实的需求。我们看到，全球的财富积累越来越多，这些财富需要找到配置的去处。纵观人类文明史，对财富的摧残和伤害最显著的是大规模的战争和疾病。现在人类越来越聪明了，而且大规模的战争和疾病越来越少。我曾经看到一个测算：一二十年后，新出生的人类的预期寿命可能达到 100 岁。这些人在走上社会时，因为没有大的战争和疾病，可能从他们的长辈手中获得 1000 万美元遗产，在全球范围内统计，这一人群的数量可能会很大。他们只需要每年保持 5％的回报率，到他们 60 岁的时候，所拥有的财富就将是一个非常可观的数字。这样的一个财富积累过程和以前是迥然不同的。我想说的是，现在，随着全球化的推进和人类的进步，金融资源积累得足够雄厚，就越来越具有重要的、独立的，甚至是超前性的对实体经济的影响力。通过金融创新来带动具体的实体经济的创新，使得原来在农业文明时期、工业文明时期不可能获得金融支持的许多创意，能够更便捷地获得金融资源的支持。

金融与实体经济的互动关系的改变，实际上在这一次金融危机中已经有了一定的体现。2008 年以来的这次危机和以前的危机有什么不同呢？以前的危机基本上是实体经济出了问题，导致金融体系变坏，然后问题被放大。这一次是美国的金融体系率先出问题，带动了实体经济的恶化。另外，在以前的金融危机模型中,基本上都假定中心国家是不会出问题的,都是一些边缘的新兴经济体出现问题,进而影响和冲击到中心国家。而这次恰恰是被视为全球金融市场中心的美国出了问题,传导到其他的新兴经济体。这从另外一个层面体现了金融创新的巨大影响力和冲击力,不仅是服务实体经济,实际上还带有越来越明显的引导作用。金融周期正在脱离实体经济的运行周期,变成越来越具有强烈影响力的相对独立的波动周期。例如中国的房地产市场,短期看一个城市,往往很难清晰地理解,但是把房价周期与金融周期对照起来看,就可以发现,中国的房地产供求大致平衡之后,其价格波动越来越受到金融周期的影响,而不再仅仅只是受房地产供求本身影响,这是一个非常显著的特点。

第五,中国的金融创新有一个非常重要的特点,就是它最活跃的时期常常是在经济周期从扩张到收缩的转换时期,是在金融周期从加杠杆到去杠杆的转折时期。为什么说这一时期最活跃?因为经济扩张时期大规模的投资形成了巨大的资金缺口,市场主体往往还是按照扩张的惯性在继续吸引资金,但是决策者的宏观政策已经开始收缩,那么金融部门就会对其中一部分融资成本高、投资收益低的项目进行过滤,这一部分项目往往就贷不到款。这些项目从正规的渠道获得不了金融资源,就不得不以更高的成本寻找其他的渠道。为什么前两年很多金融机构热衷于做通道?因为宏观政策开始收缩,金融监管机构不允许商业银行给一些行业、部门和地区贷款。例如,不少银行几年前就判断中国的房地产市场会分化,三、四线城市的房地产商会大量洗牌,所以早就不给它们放贷了。有的地区的县级财政状况欠佳,这些地方的投融资平台信用状况不好,地也卖不出去,所以商业银行也很早就已经不借钱给它们了。因此,这个时候,这些在投资惯性驱动下的市场主体,在从正规的渠道获得不了金融资源后,就要借通道,通过信托、基金等通道,用更高的成本从市场上"变"出各种各样的理财产品来吸引资金,这就表现为各种各样的金融创新。从这个意义上我们也可以说,这个周期转换时期的金融创新,很大程度上是大周期的转换时期，是各种各样的监管和约束机制倒逼软预算约束的主体等倒腾出来的。

但是，这个金融创新空前活跃的经济周期转换时期，从投资层面来看也是要特别谨慎的时期。

年轻人的特点之一就是性急，但是只要完整经历一次经济周期和金融周期的扩张收缩之后，他们就容易放平心态了。在经济周期从扩张转向收缩，各种各样的金融创新十分活跃的时期，人们未必看得很清楚，但是在事后看，往往是前面扩张阶段扩张得越急，收缩的时候摔得越惨，因为许多金融创新在这个特定的条件下是支持和鼓励加杠杆的，金融周期的回落也会伴随着显著的去杠杆。在2008年"4万亿"刺激政策带动的信贷大规模扩张时期，全国的信贷大扩张，浙江的信贷增速高于全国，温州的信贷增速又高于浙江。所以，温州的金融周期的特点是在扩张时期通过信贷高速增长迅速地加杠杆。现在全国的金融周期处在收缩阶段，在去杠杆，那么，那些在扩张阶段加杠杆加得多的，受到的冲击自然就大。

最后一点，总体来看，中国的金融创新的过程，就是各种效率更高、更具竞争力的金融机构用新的金融产品来争夺仍然占主导地位的商业银行的储蓄的过程，这也是中国的金融体系运行效率不断提高的过程。现在，整个社会中银行的储蓄占社会资金的比重从过去的"一统天下"明显下降，今后会降得越来越低。这个过程也是中国的金融市场不断深化的过程，是中国的金融机构和金融产品带来的市场化竞争使储户的收益提升、使融资者的成本下降的过程，也是使得资产和风险定价更加市场化的过程。当然，在这个过程中，没有竞争能力的机构会逐步边缘化，逐步被淘汰出局。如果从过去十年、二十年整个中国的金融结构演变来看，就是这么一个大格局，这个竞争过程也使资金来源和资金运用的匹配更加精确，效率更高。

因此，虽然大家对金融创新有这样那样的争议，但是，至少从目前的金融市场发展程度上考察,金融创新的深化,在中国还是一个提升金融市场效率、提升经济运行效率的过程,在不同的主体上表现出来的差异很大。例如:在储户方面的表现就是资产配置的日益多元化,从储蓄主导转到多种资产市场化配置的过程;在企业方面的表现就是融资越来越多元化的过程;在金融机构方面的表现就是商业模式和金融产品越来越市场化的过程。

     巴曙松:国务院发展研究中心金融研究所副所长

中国金融改革的变与不变[①]

展望一：中国金融监管体制和框架不会大变

中国金融行业分业监管，也就是"一行三会"分业监管的法律框架，是1993—2003年间，通过《商业银行法》《证券法》《中国人民银行法》《保险法》基本完善的，这个法律框架在短期内很难发生较大的变化。

当然也有一些例外，如经过国务院特批，银行可以持有证券公司股份，或者保险公司持有银行、证券公司股份，但是大部分仍是分业监管，不管金融集团有多大，其中的银行、证券、保险，都是作为单一的法人，不能同时开展几种业务。

多年来，中国的金融业实行分业监管，中国人民银行负责货币政策和金融

---

① 本文根据作者在 2016 年 10 月 28—29 日盛世景资产管理集团举办的"资本市场与资产管理"高峰论坛上的"中国金融改革展望"主题演讲整理，经作者授权发表。

稳定,银监会、证监会、保监会分别负责银行业、证券业、保险业监管。

证券监管和保险监管,在理论上和逻辑上与货币政策关系不大,与宏观经济关系也不大。所以,专业监管符合中国目前的体制和实际情况。

现在大家都比较纠结的,就是银监会和央行的关系。商业银行符合监管标准,以利润最大化作为行为规则,这样货币政策才有效,这是一个理论前提。为什么过去几年货币政策和银行监管会有一些摩擦?主要是因为银行大量的表外业务。

2003 年 3 月,银行监管职能从中国人民银行独立出来。为什么要成立独立的银监会?当时的原因有这么两点:

第一,中国人民银行工作太繁重。当时中国人民银行不仅要负责货币政策、外汇管理、金融服务、支付清算,同时还要搞银行监管,工作确实是千头万绪。

第二,规避道德风险。中国人民银行作为中央银行,是"最后贷款人"。在被监管机构出现问题的时候,中央银行不得不为这些机构买单,这就引发了道德风险。经过反复研究和论证,最终决定成立银监会,一心一意搞监管。

实事求是说,2003—2013 年的 10 年间,银监会专门监管银行类机构,应该是成功的。中国银行业这么大,资本充足率达到国际标准,基本上没出现系统性风险,应该说银监会的模式是对的,分业监管是对的。

现在的问题是什么?钱荒、股灾,几个大的案例出来之后,大家对这个体制有一些怀疑。为什么有钱荒、股灾?怎样看待目前的监管体制?这些问题的确值得深入思考。

我认为问题不是信息共享不足,也不在于协调不到位,关键是责任不清,而且没有严格的追责制度。

怎么办?我个人设想,最好是在"一行三会"之上,成立一个有实际意义、有实权的金融稳定委员会。其中的关键有:

一是这个委员会应该有实权。实权首先是理顺法规,把"一行三会"在金融业务方面的法规梳理清楚。

二是明确责任。有一些跨行业的业务，"三会"都可以管，但是标准和名称应该统一，这也是央行前副行长吴晓玲的建议。

三是事后严格追究责任，这也是最关键的一条。谁做错了，谁应该对此负责，必须明确。

四是这个委员会应该建立一个透明的决策机制。

实际上，现在"一行三会"各管一处，还是管理得比较好的，只不过在一些交叉的业务上，还存在一些问题。所以，我认为金融监管体制和框架不需要大变，但有必要继续完善。

展望二：中国未来金融机构的产权格局会发生很大的变化

非国有的金融机构会越来越多，这是挡不住的大趋势。

截至2016年9月末，银行类机构总资产217万亿元，其中5大国有银行的份额只占80万亿元，一半都不到。近年来，很多民营银行获批成立，今天的这些小银行，将来会越做越大。

保险行业的几大保险公司是国有的，但其市场份额也在下降，非国有的保险机构发展很快，这几年大家都看得见。

证券行业本来就没有特别大的国有控股的证券公司，它是一个充分竞争的市场。其他很多非银行金融机构、类银行金融机构、类金融机构，如信托、资产管理公司、私募基金、担保公司，大部分都是非国有的。

所以大家应该看到，在未来的中国金融改革和金融发展过程中，非国有的金融机构会发展很快。特别是很多PE（private equity，私募股权）类机构，基本上都是非国有的，它们投资了很多企业，也是非国有的。

非国有金融机构的发展将引发人才流动格局的变化，大家应该能够明显感觉到，大量人才都在向非国有金融机构流动。所以中国金融改革的趋势之一，就是非国有金融机构的发展壮大，以及金融人才向这些非国有金融机构的逐渐流入。

展望三：资本外流或许还要持续一段时间

近年来，人民币出现了贬值趋势，外汇储备也在减少。之所以会出现资本外流，是因为我们面临一些新的问题：

一是不能重新回到行政监管或干预过多的监管轨道，这与市场化改革方向不一致。

二是人民币加入 SDR（Special Drawing Right，特别提款权）后，按照 IMF（International Monetary Fund，国际货币基金组织）的规则，人民币是可自由使用货币，不能人为施加过多的限制。

三是很多国家已经把人民币作为储备货币，很多外国银行来买我们的债券，在这种情况下，管得太严是不合适的。

四是对资本管制太严，会影响我们在国际上的市场经济地位。

五是国内资产的国际配置需求增大。随着对外开放步伐的加快，国内机构投资者和高净值人士对海外资产的配置力度逐渐加大，这种趋势也难以逆转。

展望四：金融科技将改变中国金融版图

金融科技的基础是大数据、人工智能、区块链、虚拟现实等，这些基础设施利用的是互联网。中国金融科技现在属世界前列，而且它发展之快、改变之大，任何力量都难以阻挡。

大家知道，中国的第三方支付是全世界最好的，中国（美国也是）已经在试验加区块链的支付，将来有可能在网上实现一对一支付。虚拟现实则可以把银行大部分柜台业务替代掉，人们在家里就可以远程享受到跟在银行柜台一模一样的服务，金融机构的网点收缩已经不可避免了。

人工智能在股票方面的应用，我们叫智能投顾（Robo-Advisor），监管部门目前是禁止的，但中国在这方面的研究已经跟上了潮流。互联网技术、金融科学技术在保险上的应用，中国走得很快。将来搞金融、搞财富管理的，一定要花大量的时间,好好跟踪金融科技的进展,这会对我们未来金融改革和发展产生很多颠覆性的影响。

展望五:地方政府金融化倾向

现在地方政府办金融的热情高涨,地方政府控股银行,控股信托、证券,它有土地、融资平台,可以发债、抵押,它拿出售土地的资金、发债筹集的资金,投资上市公司,把上市公司的股权进行抵押,又用自己的银行将其做大。所以假如现在把某一个地方政府的资产负债表拿来看就会发现,它的资产负债每年都膨胀得很厉害。

地方政府现在越来越像金融控股公司,它已经充分意识到,怎样发挥金融的功能来为地方经济服务,特别是最近的 PPP(Public-Private Partnership,政府和社会资本合作)。现在光财政部统计的 PPP 已经有 12 万亿元,1 万多个项目,实际投资大概 2 万亿元,大量的钱在地方政府手里。关键问题是什么?就是利用地方政府信用,可以做到跨期的资产膨胀。

地方政府现在办金融机构、引导基金、开展 PPP、发债非常积极,这也好也坏,好在能为金融机构创造很多业务,坏在杠杆率、负债率很高。所以现在政府也非常纠结,也在讨论这事情该怎么办。财政部最近已经下发文件,要求地方政府统计地方债务,这不是一般的统计,是要把地方国有企业的债务也算在内。实际上地方政府的债务难以统计清楚,比如地方政府控股的银行企业,按道理讲都是地方政府的负债,当然也都是它的资产。

所以,未来 5 年甚至 10 年,大家在开展金融业务的时候,都需要关注中国金融改革发展过程中地方政府的角色变化。

谢平:清华大学五道口金融学院教授,

中投公司前副总经理

金融改革的中心工作：防范和化解风险

问题导向决定了防范和化解各层次金融风险是未来一段时间金融改革创新的中心工作

金融是高风险复杂系统，风险决定了系统的稳定性与成长性。中央银行是系统中枢，识别和管控风险是保障系统运行的基础。从中央银行角度看，一切金融风险按由近及远可以分为三类：一是金融系统内生不完备性导致的风险，这就需要金融业自身改革；二是金融系统赖以存在的经济社会系统中的矛盾与问题，这就需要金融创新以构建良性互动机制；三是整体经济社会系统面临的环境不稳定性，这就需要构建或更新游戏规则以防范各类内外部冲击。根据问题导向，"十三五"现代金融体系建设的基本内涵就是建立健全高效率、有活力、抗冲击的金融机构、市场和管理体系。

1. 金融系统的稳定性要求完善治理良好、结构合理、竞争力强的金融机构体系

历史经验证明，一切系统性金融危机以资产价格剧烈波动始，以金融机构市场退出终。反过来看，即使市场大幅波动，只要机构总体稳健则势必系统安全性可确保无虞。当前，我国的主要金融风险之一是自2016年明显上升的银行业不良贷款率和不良贷款余额，且关注类贷款总额与占比持续偏高，这充分反映了我国金融业主体——银行业的潜在脆弱性。改革的重点：一是治理良好。加强和改善党对金融工作的领导，加快金融业混合所有制改革，实现民间资本进入金融业常态化。二是结构合理。在我国已经拥有四家银行与一家保险公司作为全球系统重要性金融机构的前提下，关键应构建依托现代信息技术、网点与服务下沉、专业化有限持牌的金融机构。三是竞争力强。金融业是智力密集型产业，竞争力取决于人才素质。应按照引进与培养相结合，构建高素质多层次人才队伍。

2. 金融与经济社会的良性互动要求健全多层次、多元化、富有弹性和创新力的金融市场体系，优化金融生态环境

当前，我国债务风险总体可控，但结构不合理、部门间分布不均衡，主要是企业部门，尤其是国有企业和产能过剩行业的债务规模较大、上升速度较快、潜在风险隐患较大，僵尸企业难以实现市场出清。主要原因是我国融资结构过度依赖银行间接融资，资本市场制度不完善，直接融资占比偏低。改革的重点：一是积极培育公开透明、健康发展的资本市场，提高直接融资比重，降低杠杆率。创造条件实施股票发行注册制，发展多层次股权融资市场。二是完善债券发行注册制，稳妥推进债券产品创新，促进信贷资产证券化，按市场化原则推进金融债转股。三是建立统一互联、开放高效的多层次国际化资本市场。

3. 有效应对内外部高频冲击，建立宏观审慎管理框架，构建国家金融安全保障体系

金融时刻面临各类冲击，主要有：经济周期性波动形成的需求冲击、技术变革与自然灾害构成的供给冲击、境外市场与政策调整造就的输入型冲击。为了有效应对各类冲击，一要加快健全系统性金融风险监测评估防范体系。构建以宏观经济、金融机构、金融市场、跨境资本流动、金融市场基础设施等为主要内容的预警监测机制，完善全面有效和动态调整的指标体系、预警标准和压力测试体系。建立健全金融危机管理机制，完善金融机构市场化退出机制，健全宏观审慎管理框架下的外债和资本流动管理体系。建立国家金融安全审查机制。二要建立符合现代金融特点、统筹协调监管、有力有效的现代金融监管框架。统筹监管系统重要性金融机构、金融控股公司和重要金融基础设施，统筹金融业综合统计。完善中央与地方金融管理体制，科学界定中央和地方金融监管责任。健全符合我国国情和国际标准的监管规则，建立针对各类投融资行为的功能监管和切实保护金融消费者合法权益的行为监管框架，实现金融风险监管全覆盖。三要加强中央银行对系统重要金融基础设施的宏观审慎管理。整合金融市场交易、清算、支付、登记、托管制度和相关设施建设，实现规则统一和互联互通。建立覆盖全市场的独立交易报告库。建设本外币合一的账户体系，推进全国集中账户管理系统建设，稳步推进人民币跨境支付系统（二期）建设。建立安全高效的支付体系，加大农村支付市场投入，稳步放开银行卡清算市场。建立云计算、大数据技术规范，加强金融关键信息基础设施保护。建立现代化社会信用和评级体系，推进第二代征信系统建设。四要积极参与全球经济金融治理，提高我国在全球经济金融中的竞争力、影响力和话语权。

目标导向决定了金融体系建设的侧重点是需求端与供给侧双向改革

1. 优化总需求管理和营造供给侧改革的良好环境要求进一步创新和完善宏观调控体系

在理论上，宏观调控立足于需求端，以总量调节引导市场行为和社会预期。在当前，宏观调控被赋予了新的时代内涵，在保持总需求适度增长的前提下，重在为供给侧结构性改革营造稳定的宏观环境。国家《"十三五"规划纲要》明确提出要完善以财政政策和货币政策为主的政策体系。改革的重点：一是进一步加强货币政策委员会的作用；二是根据《人民银行法》稳步提高，确保中央银行履职需要的有关财务安排；三是加强财政政策与货币政策的协调配合；四是提高货币政策可预期性和透明度。

2. 提高金融服务实体经济效率，要求推进以创新和开放为主基调的金融业自身的供给侧结构性改革

围绕供给侧结构性改革"三去一降一补"五大重点任务，着力提高金融服务实体经济效率，必须推动金融业自身的供给侧结构性改革。改革重点：一是发展面向"三农"、小微企业和贫困地区的普惠金融，创新融资品种，推广应收账款质押、信用保证保险等新产品。二是完善面向创新型企业、服务于"双创"的科技金融，有序开展股债结合、投贷联动试点，加快发展科技保险和再保险。三是积极发展以绿色信贷、绿色保险、绿色债券和碳金融为主体的绿色金融，扩大绿色债券发行规模，在环境高风险区域建立强制性环境责任保险制度。四是统筹推进区域性金融改革创新，着力推进上海国际金融中心建设。五是规范发展互联网金融，更好地发挥互联网金融行业自律组织作用，推动传统银行信息化转型。六要前瞻性地制定经济金融开放政策，推动人民币成为可兑换、可自由使用货币。扩大人民币国际使用，积极推动"一带一路"战略和金融行业与市场双向开放，有序实现资本项目可兑换。

金融理论的成熟度和改革开放的重点难点问题决定了制度演进的渐进性

改革与发展需要理论指导，理论又来自改革与创新实践。从全球经济金融理论演进看，从综合与分业经营，到信息技术对金融业的推动性还是颠覆性;从宏观审慎管理与货币政策的关系,到金融监管体制的优劣权衡;几乎所有重大创新都伴随着理论争论。我国的具体国情又决定了在金融改革、创新与发展中既要遵循市场经济发展的一般规律,又要坚持一切从现实条件出发。约束条件下求最优值,是"十三五"现代金融体系规划的基本方法论,决定了改革创新的渐进性。

1. 理论的成熟度决定了改革总是需要探索和首创精神

一是现代信息技术对宏观调控和金融监管提出了新要求,但在全球范围内仍处于探索阶段。数字货币、分部式账本和去中介化在改造金融业态的同时也在改变金融交易和流动性形态,这对中央银行组织架构、业务流程和货币政策传导机制及其有效性都将构成潜在影响,也对功能监管、行为监管和穿透式监管的具体组织实施提出了新要求。二是对金融创新边界的认知存在理论分歧。我国互联网金融与非法集资、美国的 Lending Club(借贷俱乐部)问题都促使理论界在更长时间的历史数据积累下才能真正认识创新、风险、法人治理与监管的现实关系,一放就乱、一收就死的问题似乎在更大范围内、更高频率下存在,因而对什么是现代金融体系,如何确保建设一个既高效又安全的金融体系提出了挑战。

2. 我国改革开放的重点难点问题决定了改革的渐进性

一是总量与结构的优化是长期任务。"十三五"现代金融体系建设要求在需求端与供给侧双向发力,存量与增量改革并行,需要整体谋划,稳步推进。二是局部成功与总体复制要求配套协同。从 2003 年的农村信用社改革创新到 2015 年以来的区域金融改革,局部试点成功不难,难在因金融生态差异导致复制推广不一定能取得预期成效。信用体系、法治环境等生态优化需长期建设,由此决定了改革创新的渐进性。三是效率与公平的权衡要求边际调整。过去十年的金融改革主要立足于解决金融行业自身效率问题,取得了辉煌成就;全面建成小康社会对金融业提出了既要坚持本部门的安全性、效益性、流动性,又要着力服务于实体经济部门的更高要求,从目标函数到执行路径的深刻转变决定了未来五年的金融改革任务的艰巨性和实现途径的渐进性。

陆磊:中国人民银行研究局局长

反思金融杠杆之殇

流动性陷阱？

没有比以下这张图更能浓缩地描述今天中国经济和金融的现状的了（见图 1）。以往，中国经济运行中也曾经出现过 M1（狭义货币）增速大于 M2（广义货币）增速的情形，对应的是经济上行周期的波动，但此次对应着经济下行周期，含义自然不同。

其中 M1 反映经济中的现实购买力；M2 不仅反映现实的购买力，还反映潜在的购买力。若 M1 增速较快，则消费和终端市场活跃，有涨价风险；若 M2 增速较快，则投资和中间市场活跃，有经济过热的风险。

在欧美经济体系中（其 M1、M2 的含义与中国的略有不同），若 M2 增速长时间处于低于 M1 增速的状态，意味着经济信用创造（信用投放—投资—货币派生）失灵，也就意味着经济系统性风险越来越高。但是，在 M1 增速上升的

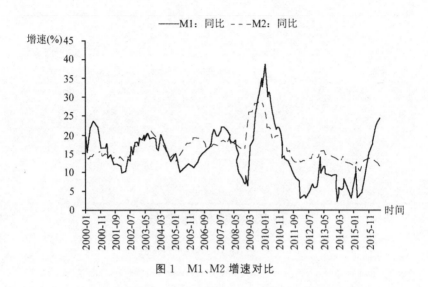

图 1　M1、M2 增速对比

初期，市场中流通的现金增长，一般会继续推动资产价格上涨（股市、楼市）；当 M1 增速超过 M2 增速一段时间之后，就会形成经济危机（或其他类型的危机）。2007 年年底，美国经济学家耶伦曾经谈到，美国经济似乎不再创造信用。2008 年的 9 月，次贷危机发生。

央行的盛松成参事曾提出"企业流动性陷阱"的观点，虽引发概念上的争议，但大家对背后之机理的认知还是一致的。当经济生活可以创造信用即资本投资回报率比较高的时候，就会推动存款定期化和长期化、信托类存款增长等等，带动 M2 增速上升；相反则 M1 增速上升。由此可以看到，中国 M1 增速从 2015 年 10 月就开始超过 M2 增速，说明经济活动（尤其投资）产生信用的能力不断下滑，而现金和活期存款不断增长。由于 2015 年第四季度处于这一过程的起始阶段，当现金和活期存款不断增加时，资产价格就会被推动，在中国当然是推动房地产价格。但这种推动作用，按规律来说一般只能持续一年左右。因为经济生活不能创造信用，也就意味着不再创造财富，当实际购买力耗尽的时候，这一时期就结束了。但中国有自己的特色，那就是人民币不是可自由兑换的货币,资本项目的管制,加之国有经济部门能够攫取大量最便宜信用资源的体制,所以央企可以不断制造"地王",维系资产价格,这些或许可以延缓结束日的到来,但难以改变结果。

如今,产业已经托不住金融地产,金融地产托不住财政,财政托不住债务,债务托不住货币(汇率)。简单讲,中国可贸易品部门(产业)已经托不住不可贸易品部门(金融和地产)了。产业资本的生产率提不上去(边际报酬率、资本的边际产量衰竭厉害),因为不可贸易品对可贸易品的相对价格太贵,金融地产从经济中抽取的"租金"太高,产业被榨干了。货币价值(购买力、汇率)与本币资产价格严重背离,最终的趋势和结局也就难以改变了。

经济的"癌症"向金融系统转移

盛松成参事通过详尽的数据解释了这一状态,对此我们都非常赞同。我们试图从另外一个视角看一看这一状态的由来。

为了挽救经济杠杆(在中国,高负债部门主要是国有企业和类政府经济组织),延滞风险的爆发,过去几年,在体制的路径依赖之下,我们主要从两个方面来处理。

一是让居民户加杠杆,目的是拯救濒临悬崖的地方财政,因为房地产是中国地方政府的融资机制的特殊安排(生命线),驱动储蓄承接地产商的债务,然后将其转化为房地产投资,最终才能变成地方政府的各种收入。

二是释放大量长期信用维持地产和平台的债务链,比方说债务置换(用长期、低息的负债去大量置换短期、高息的负债)、不允许银行从僵尸产业中抽贷、债转股等等。这些客观上都是在牺牲银行体系资产的收益性和流动性,显著降低其资产的周转率,由此造成了经济风险往金融系统转移。

我们看到,中国经济中传统的几个"爆点"风险似乎都在下降。经过债务置换和融资井喷之后,地方政府融资平台和房地产业变得很有钱,而且是长钱、低成本，所以"地王"频出。以前地方政府四处求银行放款，现在是银行求地方政府给点资产，基准利率还可以下浮；只要不乱投资，在未来2—3年内发生资金链断裂的概率很小。

但整个金融系统却被激励至"逆向选择"的方向，金融部门的资产快速膨胀，我们看到一个激进的资产端与一个激烈竞争的负债端。其结果一是负债端的久期越来越短，比方说万能险的繁荣，把实际久期为一年的资金投入到久期长至十几年到几十年的长期股权投资中。看看回购市场，2010年日均回购规模在5000亿元，2014年大致在8000亿元，现在的日均规模得在4万亿元，规模呈指数型增长。原因很简单，负债端需要有持续不断的资金涌入才能维持激进的资产端。二是负债端的成本居高难下，资产管理机构如果想维持规模就必须接受近似刚兑的高息负债。如果有的机构为了保持规模快速增长，采取相对高息的策略，那些报价策略保守的机构可能就会面临规模缩小的危险。在这样的博弈格局中，采取保守策略的机构可能先被淘汰出局，随着规模的缩小，原来的问题可能还会暴露得更多，所以博弈的结果是资产管理机构被迫接受较高的资金成本，拼规模成为"活下去"的必选。以上这两者合在一起就是一个词——"庞氏"。博弈的最后必然是：所有的交易者都成为中央银行的对赌方。

国民经济有四张部门表：企业、居民、金融和政府。如果为了延缓企业债务的出清，把居民和金融的表搞坏，最后就只剩下中央政府的表了，政策空间会进入十分逼仄的状态。

所有这一切根源都一样：难以突破既有的利益藩篱，无法正面突围，深陷结构性改革的"陷阱"。

金融空转和金融加杠杆

回头看，2012年对于中国来说是个确定性的分水岭。"经济增长—通货膨胀—货币政策"的框架从 2012 年开始失灵,"美林时钟"被玩成了"电风扇"。原因是债务出现了庞氏状态,投资的收入不能冲抵债务的利息。

"脱实入虚",2012 年之后金融业就再没"实"过。金融开始空转,独自繁荣,开始时是影子银行和银行的影子,到了今天是琳琅满目的披着"互联网金融"马甲的财富管理平台和越来越复杂的嵌入式投顾的交易结构。

中国虽然没有庞大的标准化的衍生品市场,但中国有很多灰色的抽屉协议和配资的交易结构,那里面藏着很多杠杆,它们像一根根灰色的吸血管扎入低效率的正规金融体系。

我们怀疑现在的中国金融管理层能否实时地监控到金融市场真实的运行状态。今天银行做一笔 10 个亿的委外投资,通过多层交易链条的传递最终可能会形成 40 个亿的资产规模,才能做平这一交易结构的成本,也就是真实的杠杆可能远高于监管分机构的平均统计数据。

金融既然不能从实体回报中获得足够收入,那就只能通过金融交易来创造价差,加杠杆,加大久期错配,有意识地低估风险。在松垮的地基上靠金融交易的"积木"搭建的资产楼阁越来越高。

当下中国是金融供给不足(金融压抑)还是金融供给过度,的确不太好讲,这涉及对过去十年特别是最近五年金融自由化进程的评估。在城市土地等不可再生类的要素由政府主导的资源分配体制下,财政改革和国企改革缺位,金融自由化的单兵突进,除了把国有经济部门都变成了资金"掮客"和影子银行,金融结构没有变化,留下的只有套利和金融杠杆膨胀。

这个特征很好理解。因为在债务周期上升末端,经济四部门(企业、居民、金融、政府)中唯有金融部门杠杆加得最凶。2008 年之前的五年中,美国金融部门加杠杆对整体债务率上升的边际贡献达到了 60%~70%,金融同业和衍生(杠杆)交易形成资产的比例快速上升。2012 年之后的中国,不也是如此吗?

银行资产越来越大,都说银行资产配置荒,荒在利差上,所以银行逆向选择要把资产搞大，一是想把利润补回来，二是迫于不良的压力需要做会计腾挪。自己做不到的事情，就把资产委托给资管、信托、券商做，所以银行对非银同业资产增速急剧上升。

拥挤不堪的金融市场

中国的债务市场与三年前最大的变化是：金融资产的收益率与负债端的成本出现了倒挂，裂口发散使得整个金融系统的脆弱性显著上升。2013年融资很贵，融一笔钱可能要10％的成本，但我们可以找到一笔收益15％的资产，把这个钱"卖"出去。今天拿4％以上的融资成本去支持3％的资产收益率的交易结构普遍存在。这个裂口只能靠加杠杆、加大久期错配、有意低估信用风险甚至是流动性风险来弥合。

金融市场依然拥挤不堪。大家交易的主要是情绪，而不是风险，各种利差被全面压缩，债券收益几乎只能寄希望于价格上涨带来的资本利得。交易一方面是因为相信后面有比自己更难受的交易者会继续增加杠杆；另一方面也是因为觉得央行没有任何办法，拼死也会维持这个脆弱的系统。风险定价因此显得没有意义。

是"资产驱动负债"，还是"负债驱动资产"？

现在大家谈商业银行转型，言必称大资管模式。在过去五年中，资产管理行业一直是中国银行业最璀璨的明星。资产管理行业规模扩张速度曾多年持续保持在50％以上，据说中国资产管理行业的资产规模在2015年年底已经达到了90万亿元（部分重复计算）。是"资产驱动负债"，还是"负债驱动资产"，已经不是那么重要。在一个"金融压抑"的经济走向"金融自由化"的过程中，可能更多是后者。

放开初始，生息资产收益率普遍较高，金融压抑给利差以保护期，意味着只要能吸引来资金,利差收益就非常丰厚。这决定了所谓资产管理,最初就是在拼抢募资能力,用较高的预期收益吸引资金,用信用度高的牌照和隐形刚兑来吸引资金,用丰厚的提成来刺激渠道,规模快速增长几乎成为资产管理机构的第一目标。用各种形式吸收资金(拼牌照、拼渠道),再以各种交易结构放贷出去,赚取利差,本质上还是间接融资体系下的信贷扩张的延伸,即银行的影子。

"懦夫困境"与"洪荒之力"

纳什均衡中有个"懦夫困境"的经典案例。单行车道上,两辆高速行驶相向而行的车,谁都不让,必然车毁人亡;博弈的结果是胆小的一方让道。今天的金融市场如同一个拥堵的交通路口,一头是中央银行,一头是堵塞在一起的、越聚越多的众多套利机构。交易者往往都先验地认为,在这个博弈的支付矩阵中,央行会是那个最后的胆小者。

今天的金融市场参与者普遍认为只需要烘焙出央行的一个隐形承诺(不敢放弃宽松货币)就足够了,剩下的事他们都可以自己完成,这就是金融的特质:自我强化,自己可以制造赢余资产。这才是真正的"洪荒之力"。

"豪赌"支配着金融市场的神经。坚信货币宽松的全球趋势,西方深陷长期停滞的陷阱,低利率—零利率—负利率,不断量化宽松,中国也会继续货币宽松政策,流动性泛滥不断制造赢余资产,继续支撑资产负债表的扩大。对于追赶者来讲,应抓住机会做大做强,这是实现弯道超车的黄金时间,"过了这个村就没这个店了"。

的确,过去三年金融市场不断在强化"富贵险中求"的赢家理念。一个月前还可能触及平仓线之危的宝能,转眼之间可以浮盈300亿。金融市场的交易者感叹"时间荏苒,白云苍狗"。

一个缺少变化的货币政策,以及由此生成的"央行信仰",会钝化市场的自我调节功能，也会将央行自己和整个金融系统逼入"绝境"。

情绪之下，市场的卖方机构甚至有点漠视央行的存在，觉得"2.25％红线在不在都无所谓"。

债券收益率的高度"平坦化"之后，市场就开始烘托"牛陡"的气氛，央行现在要说服市场且让市场相信其能够坚守住 2.25％的利率走廊防线（7 天的回购利率），比以往任何时候都要难。收益率和负债成本的倒挂越发严重，在低风险资产上进一步加杠杆，并将"资产荒"演绎到极致，这是一个自我强化的过程。收益率越小，所需杠杆率越高，所需资产就越多，机构越是疯抢，最后就只能看市场自然力的造化了。

没有风险定价的市场其信仰会变得脆弱，央行现在的策略是在"飞轮里面掺沙子"，比方说抬高 14 天逆回购利率，抑制套利杠杆的过快上升，在拥挤的市场情况下，信用市场高波动很容易发生，踩踏（流动性冲击）如果发生，短钱长配的交易结构将直接面临高收益兑付和资产贬值、收益率下降的夹击，所以"看到低利率—零利率不算什么，挨到零利率还活着才是真牛"。在"低利率、高波动"的环境中，交易者只有相信常识才能约束自己和宽慰自己。

没有金融降杠杆，经济的去杠杆很难开启

研究西方经济体经历过的债务周期调整过程，我们可以检索出相似的逻辑路径。

债务周期的调整都是先从金融系统内部杠杆的解构开始的，降低金融密集度，由此引起资产缩水和债务通缩的压力。非金融部门的债务重组（在西方主要是私人和家庭，在中国主要是国企和类政府实体）一般在资产价格缩水之后才可能会实质性发生。

没有金融降杠杆，经济的去杠杆很难开启。如同去产能不可能在价格上涨的状态下开始，债务重组也一样，如果能够以非常低的利率融资，非常便利

地借到大量的钱,资产市场还在高位,土地市场依然活跃("地王"频出),怎么可能把债务合约的相关利益人都请到谈判桌前来商量缩减债务一事?逻辑上是不可能的,这是客观的经济规律。金融部门压杠杆产生资产通缩的压力,才会促使非金融部门进入到实质性的债务重组的谈判中来。

为了应对系统性的宏观风险,政府采取的是一套避免经济长期萧条的超常规货币财政方法。

市场上有很多人期待推出中国式的量化宽松政策,希望中国政府或者央行能够把债务的包袱直接赎买或者兜取,进行杠杆部门间的大挪移。为什么央行和政府一直没有推出量化宽松政策呢?最根本的问题还是技术问题,就是价格谈不拢。如果政府真把烂资产收下来,关键债务主体的资产价格要大打折扣,压缩到一个程度,超常规的措施才能把它收下来。以现在的价格兜下来,太贵了。

说实话,没道理资产还在高位,政府和央行就跑到前台去承接杠杆。政策腾挪的空间某种程度上取决于资产缩水的程度。

超常规的财政金融办法不是带领中国走出危机的手段。不能为了去杠杆而去杠杆、去债务而去债务,而是要形成一种环境来推动供给侧改革。在一个没有压力的环境中,是没有人愿意主动去改革的。

金融整肃是及时和正确的

中国经济在加速膨胀的金融资产和快速收缩的投资回报中艰难行进。我们显然意识到自己已被裹挟在危险之中。

首先清理金融风险无疑是正确的。某种程度上说这是一个修正"金融自由化"的过程,由繁杂浮华到简单朴素,甚至回归原始。毕竟已经混乱了五年有余,当金融稳定和降低系统的道德风险成为选项后,金融创新和自由化会被先搁置一边。从常理上讲这是一个降低系统厚尾风险的过程。当然矫枉过正、下手过猛也可能形成短期过大的挤压。但我们迄今看到的过程还是有章法的，正面的流动性压迫式的挤压（如 2013 年"钱荒"）几乎是没有的，更多的是迂回，构建超级金融监管体系，清理和扫荡监管的真空与盲区。

银监会、保监会、证监会都陆续出台了对资产管理行业更为严格的监管指导，主要限制了监管套利和过高的杠杆，资产管理行业野蛮增长的时期已经落幕，通道业务已经式微，行业即将开始升级重构，从影子银行到资产管理，整个资产管理行业正在重归资产管理的内核。

"强监管、紧信用、顶短端（利率走廊的下沿）、不后退"可能是未来中国金融政策的常态。

如同当初金融杠杆和负债将资产推到高位一样，现在要经历的是一个反过程，资产价格是由边际力量决定的，如果金融杠杆上升的力道衰竭，比如：一季度，整个金融部门资产膨胀的速度是 18％，如果这个 18％的速度不能进一步提升到 20％的话，那么金融资产也就涨不动了；如果未来要从 18％跌到 17％，跌到 16％，甚至跌到 15％以下，那么所有资产都将面临系统的压力。这是一个货币消失的过程，金融空转的钱是会"消失"的，即当风险情绪降低时，货币会随着信用敞口的了结而消失。

洗净一些铅华是好事，少了那些浮华，经济和市场自身的韧劲会显现出来，只要不选择撞南墙，我们不用太担心。鉴于中国信用繁荣的内债性质，政府在必要时有足够的能力对金融机构的资产负债表的资产和流动性实施双向的管控。考虑到外部头寸的资产和负债的结构以及资本项目的管制、金融和财政政策的潜在空间，中国发生债务危机的概率并不高。

未来的资产价格调整可能要更倚重于结构性公共政策（税收）来解决。与过度金融交易和房地产税收相关的公共政策选择，其重要性可能不亚于金融监管的具体技术以及对价格（利率）的调控。

"闷骚"式的资产调整概率最大

如果要问中国资产价格调整最有可能出现的状态,"闷骚"一词最形象。肯定会有非市场力量干预出清的过程,比如说资本流出的管制,把门关起来;比如说阶段性地释放流动性,来平缓价格出清的压力;比如说直接入场进行价格干预。但是整个趋势的力量是难以改变的。

资产的重估虽然从价格的调整上看表现迟缓,但趋势的力量会以另外一种方式表现出来,即交易的频率显著下降(高频—低频),流动性显著变差,让时间成本去消耗虚高的价格。信用债市场是一个例子。如果错失了短暂的资产结构调整的窗口,可能很多标的就进入了一种有价无量的状态,一夜之间交易对手全部消失。

股票市场也出现了类似的状态。可交易标的越来越集中,比例越来越收缩。大部分股票的换手率向着历史低水平回归。而流动性溢价(显著高的换手率)是 A 股估值的重要基础,即 A 股有交易(博弈)的价值、低投资的价值。如果资产交易状态进入向低频率回归的趋势中,流动性溢价会处于耗损的状态。这实际上也是一种重估。

预期未来地产调整也一样。过去几年靠套利的交易结构所形成的资产都有被"闷"在里面的风险,比方说信用债、私募股权/风险基金、新三板、定增。

低利率、高波动的环境下,固定收益作为资产管理的基石可能被撼动,固定收益的高夏普比率时期可能过去了。中国只不过晚到了一步而已。负债刚兑也是因为客观条件上保不住了。监管套利和杠杆受到严格限制,投顾的交易结构受到清洗后,负债端产品的预期收益只能被迫下降,倒悬裂口收敛。逻辑的外延会逐步传递至资产端(房地产和土地)。

我们即将面对泡沫收缩的时期

未来所有资产的波动率一定会显著上升。利率的"大空间、低波动"的时期已经结束，"小空间、高波动"的时期或已经开启。看到零利率没关系，重要的是挨到零利率还活着。交易的赢家最终拼的不是信仰，拼的其实是谁家的负债端能扛。今天交易者心灵受煎熬的程度取决于其负债成本管理能力的大小，因为现在资产的流动性状态全靠信仰在撑。

流动性作为一种宏观资产，其战略重要性会越来越被金融系统重视。悬崖勒马，见好就收，如果认同继续宽松、继续放水不可持续，货币必然收缩，那就应该加强控制负债端的高成本，增强资产端的灵活性，不再押宝负债驱动资产式的扩张，而采取积极防御的政策，度过潜在金融收缩期。

我们或将面对：一个泡沫收缩的时期，一个由虚回实的过程，一个重塑资产负债表、重振资产回报率的阶段。

刘煜辉：中国社会科学院教授，博士生导师，

天风证券首席经济学家，

人民币交易与研究论坛学术委员会主任

中国经济最大的风险[①]

当前中国经济的高杠杆问题已经引起社会上普遍的关注，大家讨论中国的经济风险，几乎三句话不离高杠杆。

中国经济是否进入了"风险铁三角"?

两位美国经济学家雷恩哈特和罗格夫在 2009 年出了一本畅销书——《这次不一样?——800 年金融危机史》。书中梳理并分析了近 800 年来的各种金融危机，一个主要的结论是：钱借多了、杠杆太高，容易出问题。

这个道理听起来很简单，但金融危机的故事在不断地重演。自 2008 年以来，中国的杠杆率一直在快速上升，这让人担心中国版金融危机是否正在不断逼近。最近国际清算银行做了一个研究报告，提出在很多国家出现了"风险

---

① 本文为作者在人文经济讲座上的发言。

铁三角"现象：生产率下降、杠杆率上升、政策空间收窄。三个因素搅和在一起，所以叫"风险铁三角"。这三个方面的问题，当前中国经济中似乎也都存在，这就是今天我们面对的经济挑战。

2016年政府提出五大经济政策任务"三去一降一补"，其中一个是去杠杆。目前来看，去杠杆政策的成效不大，任重道远。实际上，无论是学界、业界还是政界，对高杠杆问题都有普遍的担忧，但在很多具体问题上，认识并不深入，起码共识不清晰。比如：当前中国的杠杆率到底高不高？高杠杆风险究竟集中在哪些领域？凡是杠杆都是不好的吗？另外，杠杆怎么去？对这些问题，我们需要更深入的了解和分析。

国企与民企杠杆率的分化是困局所在

谈到杠杆率，有几种不同的定义，虽细节有所不同，但理念大同小异。国际比较中常用的综合性指标是 M2/GDP（广义货币/国内生产总值）。中国的负债率，做一个简单的跨国比较可以看到：M2 占 GDP 的比率已经达到200％，而美国是80％。除了日本，比我们高的国家已经不多。还有一个更常见的综合性指标是非金融负债与 GDP 之比，我国目前是 240％左右，这个数字超过多数新兴市场经济国家的水平，跟经济发达国家的水平相似。但我们不能简单地拿这类数字来下结论，还需要考虑一些结构性的因素。比如我国的杠杆率高，其中一个重要的原因是金融体系是银行主导的，而不是像美国那样由市场主导，且企业或居民融资大都通过贷款来解决。日本的金融体系也是以银行为主，所以日本的负债率超过了美国。提出这一点，并不是为了否定中国杠杆率过高的结论，而是在做判断时要考虑一些具体的因素。

更重要的是，中国杠杆率太高其实还是一个笼统的概念。如果细分一下，比如把非金融部门再分成政府、居民和企业来研究，我们发现：其实政府的负债率并不高，居民部门也不算太高，负债率最高的是企业，非金融企业负债与

GDP 之比达到 160％,这在全世界范围内都算是很高的比率了。

继续细分下去,我们再把政府分成中央政府与地方政府,发现地方政府的负债率比中央的高。

另外,2008 年全球危机至今,中国三大杠杆率都上升得很快。企业在 2007 年杠杆率大概是 80％,2015 年是 160％。地方政府的杠杆率同期从不到 20％上升到 42％以上。居民杠杆率上升得也很快,从 2008 年的 12％上升到 2015 年的 28％;2016 年房价大涨以后这个数值可能更高一些,也许已经超过 30％。30％高不高? 与发达国家相比不高,但与同等收入水平的国家相比已经很高了。

政府杠杆率太高有什么问题? 研究发现:如果一个国家公共债务占 GDP 的比重在 30％以下,GDP 增长率平均为 4.1％;这一比重在 30％～90％时,GDP 平均增长率大概在 2.8％;这一比重超过 90％时,GDP 平均增长率为 2.2％。显然,政府举债对 GDP 的增长有负面影响。

中国企业的负债率太高似乎是共识,总体达到 160％。但各行业的杠杆率差异很大,最高的是房地产与采矿业。如果进一步分解成国有企业与民营企业,它们的杠杆率也不相同。另外,研究也发现,民营企业杠杆率的提升对 GDP 增长贡献比较大,国有企业相对差一些。这样看来,如果加杠杆,加民营企业的杠杆更好,如果去杠杆,去国有企业的杠杆更好。但现实情况恰恰相反,在经济前景不确定的情况下,银行更愿意把钱借给国有企业,民营企业反而会变得更加保守,它们的杠杆率会下降。这意味着即使政府想刺激经济增长,但拨出的钱更多地流入了效率相对较低的国有企业。国有企业加杠杆,民营企业去杠杆,从效率的角度看,这可能是我们不愿意看到的情况;换句话说,杠杆的质量在下降。这不但令生产率下降,政策空间也会大打折扣,因而导致"风险铁三角"。这就是当前最令人头痛的困局。

去僵尸企业是去杠杆的首选

为什么会走入这样一个境地? 我的解释是三个"双轨制"。第一是国有企业和非国有企业的双轨制;第二是要素市场的双轨制,政府对金融、土地等诸多生产要素的干预还很明显;第三是金融行业的双轨制,传统大银行与互联网金融等市场化金融并行。国有企业与民营企业杠杆率的分化问题,其实也与这三个双轨制有关。简单地看,国有企业和民营企业所受到的政府的支持是不一样的。国有企业面对软预算约束,受市场纪律约束相对较少,即便其绩效一般,银行也会认为把钱借给国有企业更安全。从微观层面看,这完全没问题;从宏观层面看,资源不断流向效率相对较低的部门,这就是一个大问题。

当前中国经济要往前走,尤其是走出所谓的"中等收入陷阱",关键是新旧产业的更替。今后要用创新驱动经济发展,但新产业往往得不到好的金融服务。传统的制造业中很多国有企业杠杆率很高而且下不来,会继续占用大量的金融资源。无论是东南沿海地区劳动力密集型的制造业,还是西北、东北地区的资源型企业,很多已经失去自生能力。但东南沿海的产业调整非常快,西北、东北的产业调整比较艰难,因此形成了很多"僵尸企业"。

"僵尸企业"的定义最早形成于 20 世纪 80 年代的美国,但这个概念得到广泛应用是在 90 年代的日本,日本经济停滞的一个重要原因就是受"僵尸企业"的拖累。在中国当前产能过剩问题严重的领域,"僵尸企业"也很多。

但是对于去杠杆,我们的预期也应该切合实际。去杠杆不是直接把负债降下来就能解决问题,甚至简单的宏观紧缩政策也不一定见效。宏观去杠杆,首先还是要保证宏观经济的稳定。以 M2/GDP 这个指标看,目前 M2 的增长速度仍然是 GDP 名义增速的两倍,假如要去杠杆,那就意味着必须把 M2 增速压到 GDP 增速之下,但这很不现实。如果这样做,很可能导致非常严重的经济困难。所以,我们对宏观层面的去杠杆不要抱过高的预期,尤其在短期内,总杠杆率可能还会进一步上升,逐步将其稳住就可以了。

去杠杆的重点应该放在改善杠杆的构成与质量上,简单说就是增加好杠杆、减少坏杠杆。第一个建议是去"僵尸"。当然,去"僵尸"也不是说简单让"僵尸企业"关门了事,中央政府还应该在就业安排和不良资产处置等方面提供支持,尽量让这个过程变得相对平稳。第二个建议是终结双轨制。进一步推进市场化改革,尤其是金融体系的改革,让国有企业和民营企业真正做到平等竞争,既然国有企业的杠杆效果不好,民营企业杠杆效果好,就应该让更多的金融资源向民营企业倾斜。

现在有很多人担心中国可能会发生金融危机,我个人感觉近期内发生显性金融危机的可能性不大,因为我们政府的资产负债表还比较健康;大多数出现不良资产的企业、银行或者地方平台,都是直接、间接地由政府支持的;我们有一定的资本项目管制措施,国际收支也比较健康。但我无法预言金融危机一定不会发生。我从国际经验中学到两件事情:其一,每次危机发生之前,人们都会说"这次不一样";其二,危机总是在最意想不到的时候,以最意想不到的方式发生。

尽管如此,我还是认为当前中国经济最大的风险不是金融危机,而是经济增长停滞。一个十分重要的证据就是直线上升的边际资本产出率,从 2007 年的 3.5% 上升到 2015 年的 5.9%,也就是说,同样生产一个单位的 GDP 所需要的资本投入量大幅上升,这个趋势如果保持下去,那么总有一天,任何新的资本投入都不会带来新的产出增长。这就是"日本失去的二十年"的故事,也是我们今天面临的最大的风险。

黄益平:北京大学国家发展研究院教授、副院长,

北京大学互联网金融中心主任

未来五年经济：究竟是去杠杆、稳杠杆还是加杠杆？

前不久，央行副行长易纲表示，中国 2015 年年底的总体杠杆率为 234%，处于偏高水平，短期来看中国总体杠杆率还会上升，但一年增加 9 个百分点太快了，故要"稳杠杆"。问题来了——中央经济工作会议明确表示要去杠杆，并将其作为供给侧结构性改革的五大任务之一，易行长认为当前先要稳杠杆，因为杠杆率仍有抬升趋势，那么，今后五年中国的实际杠杆率究竟是降下来，是稳住不动，还是继续抬升呢？我觉得经济学者们应该是有能力预测的。

2016 年加杠杆增速仍不减

当前，对于中国总体杠杆率水平的测算方法各有不同，如易行长说到的234%，计算方法估计是用非银金融企业部门、政府部门和住户部门的总负债除以国内生产总值。若按此口径，社科院国家金融与发展实验室的研究显示，截至 2015 年年底，我国债务总额为 168.48 万亿元，全社会债务率为 249%，其中,居民部门债务率约为 40%,宽口径统计,非金融企业部门债务率约为 156%,政府部门债务率约为 57%。但国际清算银行(BIS)公布的数据显示,截至 2015 年年底,中国总债务率为 255%,比社科院数据略高一些,比央行的数据高出不少,但总体差异不算大,且杠杆率水平也没有高得很离谱。

截至 2015 年年底,美国的总债务率为 250%,英国为 265%,加拿大为 287%,日本为 388%。可见我国的债务率已赶超美国,但最大的问题还是在于债务提升速度过快,如美国债务率从 150% 攀升至 250% 用了 30 年的时间,而中国只用了 10 年的时间,说明中国的债务增速快得惊人。

即便到了 2016 年,在年初供给侧结构性改革的任务下达之后,加杠杆的速度似乎也没有慢下来,如易行长所提及的 2015 年债务增速为 9%,若今年仍为 9%,按社科院的 250% 的债务率计算,则今年的债务率就会达到 272.5%。事实上,根据国资委的数据,2016 年 1—6 月份国企负债总额为 835497.2 亿元,同比增长 17.8%,而同期 GDP 名义增速为 7.24%,那么,国企债务率的增速显然也要高于央行的估算。

比较 2015 年 6 月国企的债务增速,只有 11.2%,2016 年上半年比去年同期的增速提升了 1/3。国企债务总额占所有非金融企业债务的比重估计在 2/3 左右,这也意味着企业部门的债务增速应该还是两位数的。从居民部门看,2016 年上半年居民新增房贷规模超过 2 万亿元,而 2015 年全年不过才 2.5 万亿元,说明居民加杠杆速度远远胜过企业。

此外,财政部发布的数据显示,2016 年上半年,全国一般公共预算支出超 8.9 万亿元,同比增长 15.1%,但财政收入增长只有 7.1%,这意味着财政支出是收入的两倍以上,中央加杠杆和地方加杠杆都十分明显。

通过分析企业、居民和政府这三大负债主体在 2016 年上半年的债务增长情况,不难发现,2016 年全社会杠杆率的增速不仅没有下降,而且还有加速的势头。

为何降杠杆会如此之难？

中国杠杆率水平的大幅抬升始于 2009 年，当时主要是为了避免美国次贷危机对中国经济的冲击而推出了两年 4 万亿元的投资计划，使得地方和企业的债务率水平大幅上升。那么为何 2009 年之后中国的杠杆率水平会大幅上升呢？

主要原因是 2008 年以后拉动经济的动能已经略显不足，如中国的粗钢产量增速在 2005 年已经见顶，预示着中国重化工业高增长的时代已经过去。2007 年 GDP 增速创下 14.2％的历史高点后开始回落，2008 年就回落至 9.6％，如果没有两年 4 万亿元的强刺激，则经济调整的步伐会更快到来。当 2009—2010 年的大规模投资结束之后，GDP 增速便连续回落至今，这不仅是由于全球经济的疲弱，更是与中国的劳动力成本上升、产能过剩、技术进步放缓有关。

但是，我国一直把维持经济中高速增长作为主要经济目标，这就导致经济的实际增速超过潜在增速，所付出的代价就是企业和政府部门加杠杆。如 2012 年下半年国务院批准了宝钢和武钢分别在湛江和防城港的巨额投资项目，这是逆周期政策，其目的就是要稳增长，但导致的结果却是企业的债务率进一步上升，且产能过剩问题更加突出；4 年以后的 2016 年，又宣布宝钢和武钢合并，这意味着当初为了稳增长所付出的代价不容忽视。

前面讲的是由于经济潜在增速下降，为了稳增长必然会刺激经济，引起货币超发、债务增加，这必然将导致杠杆率上升。那么，如果降低经济增速，是否就可以实现降杠杆的目标了呢？我觉得也未必能降多少，因为中国经济发展到如今这个阶段，尽管增速领先于全球，但人口老龄化问题已经凸显出来了，也就是说，是未富先老。过去的高增长可理解为是"欠账式增长"，即以储户被动接受低利率和劳动力低工资模式来谋求经济的高增长，这种模式随着新劳动法的实施和利率市场化推进已难以为继,导致了如今市场上投资意愿不足。

与此同时,由于国家在经济高增长时期没有及时补足在社会保障和公共服务上的应有投入,随着人口老龄化进程加深,过去的"欠账"就要不断偿还了,如社会养老金方面的缺口、城乡之间在社会保障方面的落差、医疗教育投入不足等,都需要今后国家财政的不断投入。因此,中央政府和地方政府今后仍将加杠杆,以应对老龄化和农业人口市民化所产生的在社会保障和公共服务方面的巨大需求。

与日本、韩国这两个二战之后成功转型的高收入国家相比,中国的债务增长过快。日、韩都是在人口老龄化到来之前,就已经实现了经济转型,成为高收入国家;而中国则过早步入负债式增长阶段,在人均 GDP 只有 6000 多美元的时候,债务率水平就大幅提升,这对于未来经济的可持续增长是严峻的挑战。

未来五年总债务率水平会是多少?

易行长所提出的"短期要稳杠杆"的观点非常符合实际,因为目前杠杆率水平仍在快速上升,若能稳住就已经不错了。如前所述,假设 2015 年的总债务率为 250%,2016 年的总债务率增速为 9%,则 2016 年总债务率即达到272.5%。那么,2017—2020 年的杠杆率水平究竟会降还是升呢?

我们不妨先看一下官方对总体债务率的评价。2016 年 6 月 23 日国家发展改革委、财政部等部门的相关负责人在国务院新闻办公室吹风会上,对中国的债务率进行分析,得出的结论是:中国的整体债务和杠杆率不高;中国的债务情况各领域不均衡,非金融领域较高;中国政府债务对 GDP 比率在 2015 年为 39.4%,加上地方政府负有担保责任的债务和可能承担一定救助责任的债务,2015 年全国政府债务的杠杆率上升到 41.5%左右。上述债务水平低于欧盟 60％的预警线，也低于当前主要经济体。

这意味着，政府和居民部门未来还有继续加杠杆的空间，如政府部门加到60％，也仅仅是达到欧盟预警线的水平；而居民的杠杆率水平，美国大约是80％左右，是中国的两倍，日本也在 65％左右，欧元区在 60％左右，故中国居民继续加杠杆的空间应该是从目前的 40％至 60％。从这两项看，居民和政府部门合计可以把债务率水平提高 40％左右。

从目前看，居民加杠杆的势头迅猛，原因在于对一二线城市房价上涨的预期较高。假如今后五年房价维持在高位不跌，就意味着房价收入比仍然很高，居民购房的杠杆率水平也会继续提高。假如房价下跌，则另当别论。

从政府债务率的角度看，如前所述，中国经济过去是欠账式增长，今后若要继续保持增长，则必然是负债式增长，故政府部门的杠杆率提升是必然趋势。无论是当今的积极财政政策，还是 PPP（Public-Private Partnership，政府和社会资本合作）投资模式，都会加大政府的债务水平。

大家公认的企业杠杆率过高问题，其实是我国非金融企业的债务率已达全球最高。要降低企业的债务率，无非就是两个路径：一是新一轮高增长周期启动，企业盈利提高，则债务率有望回落；另一种则是发生危机，如美国的次贷危机，通过企业破产倒闭来去杠杆，即经济"硬着陆"。如果中国经济发生"硬着陆"，则极有可能是房价大幅下跌引发的，这也意味着居民部门也会去杠杆。简言之，未来五年如果发生经济"硬着陆"，则杠杆率必然下降。

那么，如果经济见底回升，新一轮经济周期启动呢？我觉得短期见底回升有可能，但毕竟中国经济已经从高速增长阶段回落到中高速增长阶段，其深层原因是劳动人口和流动人口的减少导致的劳动力成本上升、消费需求增速下降，从供给端和需求端两方面制约了经济增长。故长期看，未来经济增长能维持 L 形曲线已经很不容易了。

维持经济中高速增长也是重要政策目标，这意味着未来五年的投资增速要在目前的水平上继续保持稳定,主要靠基建投资保持高增长,而当前及今后基建投资的总体回报率水平较低,也就意味着政府杠杆率水平会继续抬升。

假如一二线城市房地产泡沫不破,则房地产投资增速也有望进一步上升,这又会加大杠杆率,故政府今后五年要做的,必然是既要抑制房价快速上涨的势头,又要防止房价过快下跌,所以,我不认为今后房地产投资增速还会快速上升,制造业投资增速也将维持在低位。

以上分析得出的结论是,如果中国经济"硬着陆",即发生系统性金融危机,则企业和居民部门去杠杆,全社会杠杆率会被动下降;如果经济维持 L 形曲线,则全社会杠杆率仍会进一步提升。

从具体的数据预测看,2016 年居民新增房贷应超过 4 万亿元,比 2015 年增长 60% 以上。假如今后四年房贷零增长,即每年新增量维持在 4 万亿元,则 2016—2020 年居民新增房贷就会达到 20 万亿元,故到 2020 年居民部门债务率可能达到或超过 60%(如果再加上其他消费贷)。如果政府部门的狭义债务率也从当前的 40% 左右提升到 60%,那么,到 2020 年,仅居民部门和政府部门两项的债务率就将提高 40%;假定 2016 年全社会总债务率为 270%(如前计算为 272.5%),非金融企业部门的债务率维持不变,那么,至 2020 年的总债务率将达到 302%。

窃以为,到 2020 年,在经济稳增长目标可以实现的情况下,总债务率超过 300% 是大概率事件。也就是在企业"稳杠杆"目标可以实现的情况下,社会总杠杆率也将超过 300%。假如企业稳杠杆难以实现,但每年的债务率增速由目前的 9% 左右降至今后平均每年 5% 呢?按社科院口径——非金融企业部门债务率 156%(2015 年)计算,到 2020 年非金融企业的债务率水平将增加 43%,达到 199%,则对应的全社会总债务率将达到 343% 以上。

综上所述,如果经济不出现"硬着陆",则到 2020 年,全社会总债务率一定会超过 300%,在企业杠杆率控制得非常好的情况下,300% 应是下限;若控制基本奏效，如把企业的债务率增速降至 5％，则会达到 340％左右的水平；若失控，则债务率水平会更高。当然，从各国去杠杆的经验看，通常都是通过爆发危机的方式，这是最快速的方式，过程可能很痛苦，但长痛不如短痛。其实若危机真爆发了，也不会太可怕，但一味去谋求"无痛疗法"，最终则将不得不接受更大的痛苦。

李迅雷：海通证券首席经济学家，
中国首席经济学家论坛副理事长

金融危机焦虑症

　　警惕金融体系隐匿的风险，并采取合理的应对措施是件好事。把金融体系隐匿的风险看作癌细胞，一天到晚担惊受怕、沉溺于各种想象是"金融危机焦虑症"。金融危机焦虑症是一种流行病，易被传染群体包括官员、经济学家、国际资本市场参与者、媒体人和富人。

　　中国官员的金融危机焦虑症是与生俱来的。大部分的官员厌恶市场上大的波动。当前的舆论环境下，市场上的大起伏多被认定为管理失败，会威胁到管理的合法性。还有一种流行的看法是，跌入"中等收入陷阱"的赶超型经济体，无一例外都在金融危机后一蹶不振。尽管这种看法不能证明金融危机导致了中等收入陷阱，尽管不乏经历了金融危机但成功实现赶超进程的经济体，但金融危机会带来"中等收入陷阱"这一观念仍广为传播，深得人心。股市大起伏、汇率大起伏已经是宏观经济管理的忍受极限，那么对金融危机，其容忍度自然为零。

经济学家对金融危机深恶痛绝，他们焦虑的不仅是金融危机，更是危机背后的市场失灵或者政府失灵。左边的经济学家认为金融危机根源在于市场失灵，尤其是日益恶化的收入分配格局；右边的经济学家认为金融危机根源在于政府失灵，尤其是政府的各种不当管制。左边和右边的经济学家大声疾呼，如果他们各自相信的那些失灵和扭曲得不到解决，金融危机必然降临。

国际资本市场参与者的金融危机焦虑症来自缺乏了解或者不信任。国际资本市场绝大多数的参与者对中国经济缺乏了解，亦对中国体制缺乏了解，对中国的发展观念持怀疑态度。但凡中国经济数据有一点风吹草动，他们对中国经济的信心就会动摇。对他们而言，具有说服力的逻辑是：既然其他新兴市场经济体都难以避免金融危机，中国做了这么多低效率投资，发行了这么多货币，为什么不会陷入危机？

媒体人会自觉地爱上金融危机焦虑症，谁先爱上，谁把金融危机描绘得栩栩如生，谁就能得到更多关注和市场先机。富人，尤其是有钱没处用的富人，很难对金融危机焦虑症免疫。有钱而不再做实业投资的富人，其主业就是给钱找个安全又高息的去处；而在当前全球经济环境下，高息没有指望，安全最重要，安全的对立面就是金融危机。对金融危机不焦虑的富人几乎可以等同于对财富不负责任。

上面的几种人群，在其他事情上达成共识很难，但在金融危机这件事上，他们会很自然地团结起来。媒体上铺天盖地都是关于防范金融危机的讨论，各种学术和政府的研讨会都在讨论防范金融风险，仿佛如果不尽快采取措施，明天金融危机就会降临。

防范金融危机

防范金融危机这么高难度的工作，其准备工作自然是交给经济学家。经济学家基于国际经验和对国内实际情况的多方调查研究，逐渐厘清了线索：

（1）基于国际经验，债务高杠杆是金融危机的温床；（2）中国的债务杠杆虽然绝对水平不高，但是上升速度太快，目前已经处于危险区域；（3）中国的高杠杆主要来自三类主体，分别是产能过剩行业、地方政府融资平台和房地产企业。

认识上清楚了，剩下的就交给政府。防范金融危机，是不是应该把任务完全交给金融监管部门？一种流行的看法是：如果不能解决地方政府和过剩产能企业的预算软约束，银行、过剩产能企业和地方政府捆在一起，把杠杆越加越高，仅银行一条线无法从根本上解决问题。既然防范金融危机这么重要，那么必须全局行动，必须行釜底抽薪之计！

消除过剩产能，才能从根本上断绝坏账的根源。债务置换，才能切实减少地方政府和平台的债务利息负担，防止债务利息滚雪球式地越堆越高。房地产企业尽快卖房还贷，才能降低房地产行业的债务高杠杆。去过剩产能、债务置换、去房地产库存被视为去杠杆的釜底抽薪之计。去产能、去杠杆、去库存成为政策的重中之重。

出人意料的是，釜底抽薪之计刚要拉开帷幕，恰逢周期性行业上行。房价、金属和原材料价格暴涨，原本过剩的钢铁产能不过剩了，不少钢铁企业开足马力生产，生产越多利润也越多。一二线城市房地产价格飞涨，丝毫没有去库存压力，产业凋敝和人口流出的三四线城市无论如何也难以有效去库存。债务置换确实有效降低了地方平台的债务压力，不少地方政府平台一下子钱多得没地方用，以至于2016年7月以后广义的政府银行活期存款破天荒地超过了整个非金融企业的银行活期存款。

去杠杆、去库存和地方融资平台的债务置换没有把债务杠杆降下来。政策制定层、学术界和媒体舆论中依稀可见两大阵营：一边强调防范金融危机、去杠杆和改善微观资源配置效率，经济增速低一点没关系；另一边强调避免通货紧缩陷阱、防止经济增速进一步下滑和潜在的就业市场压力，经济增速太低是宏观意义上的缺乏效率。去杠杆和保增长，两美不可兼得。

反　思

釜底抽薪的防范金融危机的政策设计初衷好、认识深刻，但实施过程中有不少值得反思的地方。这里列举几条与方家探讨。

1. 防范金融危机的政策措施要不要放在首位？

防范金融危机很重要，问题是要不要把防范金融危机的政策目标放在首位，把政策资源优先用在防范金融危机方面？

依笔者浅薄之见，防范金融危机的工作虽难做，但不是燃眉之急，做好了功效也未必很大。

难做是因为防范金融危机的政策措施，如去杠杆、去产能、去库存以及完善金融监管，从短期来看都是做"减法"。从国际经验来看，靠做"减法"成功去杠杆的案例罕见，除非是以金融危机那种剧烈的减法方式去杠杆。

并非燃眉之急是因为金融危机的根源是资源错配，而危机的导火索必然是流动性危机。就中国目前的体制而言，爆发流动性危机的概率很小。十多年前，中国银行业的坏账率大大超出了爆发金融危机的警戒线，但中国的居民该把钱存在银行的还是存在银行，没人担心银行破产，具有系统重要性的银行的流动性没有问题。爆发流动性危机的概率很低并非好事，其背后的代价是错误的资源配置得不到及时纠正。错误的资源配置没有得到及时纠正，可能带来金融危机，也可能造成没有金融危机的"僵尸经济"，就中国而言，后面这种情形的可能性更大。

做好了功效也未必很大是因为防范危机的措施即便成功了，也不能解决当前的经济增长瓶颈约束。什么是增长瓶颈？以国际经验来看很清楚，是工业部门的产业升级和人力资本密集型服务业的发展。生活中也看得很清楚，是高端个性化的各种新产品，是孩子上学、老人看病以及越来越迫切需要的城市公共服务和公共基础设施。国际经验和生活体会关于未来经济最需要发展之处的指向一致。对政府而言，工业部门的产业升级近些年进展不错，不需要操太多心，操心多了反而办坏事，这是中国过去30年制造业发展奇迹的宝贵经验。主要政策资源应优先放在要素市场改革、城市公共服务和基础设施供给机制改革上，这些改革不仅能解决增长瓶颈问题，也能在增长中化解债务杠杆问题。从难度上看，这些改革的难度甚至要大于防范金融危机。正因为这些改革的难度更大，才更加需要抓住主线，集中政策资源，一点一滴地取得进步。

强调防范金融危机并非头号工作重点，但并不意味着不需要防范金融危机。防范金融危机在何时何地都是一项重要工作。

2. 防范金融危机谁来做?

防范金融危机，是交给货币和金融监管部门，出了问题唯货币和金融监管部门是问；还是全国一盘棋，政府部门齐动员，出了问题是笼统概念上的政府责任？

中国近年来债务/收入比例快速积累，部分原因是分母（国内生产总值增速）放慢，部分原因是分子增长较快。债务杠杆积累背后真正的问题是那些既没有经济效益也没有社会效益的糟糕的投资，还有支持这些投资的金融中介。不良债务积累和资源配置扭曲背后的行为主体，有产能过剩行业、地方政府融资平台，当然还少不了一些金融机构。货币和金融监管机构确实没办法把手伸到企业和地方政府，它们无法解决预算软约束问题，无法从根本上解决不良债务积累问题，但这并不意味着政府各个部门共同出手就能解决好问题。

货币和金融监管以外的政府部门联合出手，如果力度够大，确实能去除部分产能，但去掉的并不一定是落后过剩产能。消除市场不需要的，只能通过市场手段，只有市场才知道需要什么、不需要什么。至于排放不达标的污染企业，无论在不在去产能的背景下，都应该坚决地"去"，不必非得等到竖起去产能和去杠杆的大旗之后才去做。彻底的国企改革是消除资源错配，减少不良坏账和降低债务杠杆的重要依托。国企改革的要义，不在于去产能和增加利润，而在于减少对国企的保护和补贴，建立公平竞争的市场环境；去杠杆和去产能的大旗难以覆盖国企改革的要义。地方政府预算软约束则是个更难的挑战，"疏"的办法是改变发展观念，激励地方政府把钱用在该用的公共服务和公共基础设施方面，"堵"的办法则很难奏效。

相比较而言，让货币和金融监管机构独自去执行防范金融风险的重任，虽然难以做到釜底抽薪，但在责任明确和方法得当的情况下至少可以抽丝剥茧。在不断完善的监管规则下，再加上市场自身的压力，市场会自行去产能、去杠杆和去库存。以政府部门一起动员的方式防范金融风险，花大力气去产能、去杠杆和去库存，到了实施层面则难以避免相互推诿和政策走形，或者是推不动，或者是运动式地推一阵子，推的结果未必是改善资源配置，而政策初衷则更难实现。

为了实现中国经济可持续增长并防范金融危机，去产能、去杠杆、去库存、降成本、补短板几项工作的排序很重要。补短板应该放在首位，其次是降成本，去产能、去杠杆和去库存应该主要借助市场自发的调整力量、恰当的货币政策和金融监管环境逐步实现。把维护金融体系安全的重任交给专业的货币和金融监管部门并要求其对危机负责，而政府其他部门集中力量解决经济增长瓶颈，则更有可能实现政策初衷。

3. 如何优先补短板？

补短板即是解除经济增长瓶颈。短板的内容很清楚：工业部门的产业升级和人力资本密集型服务业的发展。鉴于中国制造业处于高度开放、充分竞争的市场环境，以及中国经济的规模优势，在千千万万企业家的努力下，中国近年来制造业升级状况尚好。补短板的真正难题在于人力资本密集型服务业的发展。

人力资本密集型服务业包括两个领域:一是可以由私人部门承担的服务业,比如教育、医疗、金融服务、通信、交通等;二是由政府承担的服务和建设工作,比如公共服务、社会保障、环境保护、公共基础设施等。在以上两个领域补短板,需要监管政策的重大突破,需要政府职能的重大改革。这些突破和改革面临的主要挑战有两个方面:一是物质文明和后物质文明价值观的冲突;二是利益集团的反对。

价值观冲突和利益集团反对背后的决定因素都是慢变量,很难在短期内谋求价值观或者是利益格局的巨大改变,而且谋求短期内巨大改变的成本也太高。渐进的做法是在价值观冲突中找折中点,在不完善的现有政府职能中找突破口。可供参考的突破口包括:大都市圈建设(扩大住宅用地供应,加强通勤列车、停车场等公共交通及相关基础设施建设、公共交通的互联互通建设以及地下管网建设等);对新生态服务业尽可能保持宽松态度(比如尽可能减少对网约车的管制);在关键服务业领域推行扩大开放和放松管制的改革试点;等等。

张斌:"中国金融四十人"论坛高级研究员,
中国社会科学院研究员

反思金融与实体经济的关系

三个超预期变化

我们都在说金融要服务实体经济，到底是什么意思？首先引用美国第二任总统亚当斯的一句话："美国所有的困惑、混乱和痛苦不是来自宪法或者联盟的缺陷，也不是来自人们对荣誉和美的过高追求。很多情况下就是因为人们对货币信用及其流通规律的无知。"今天也一样，我们对中国经济的看法，对全球经济的看法，很多也是因为我们对货币金融运行规律的误解。我们先从金融市场最近的发展谈起，我觉得 2016 年以来已经有三个超预期的变化：

其一，美国加息节奏缓慢。2015 年 12 月美联储九年来第一次加息，当时美联储预测 2016 年将有四次加息，但金融市场没有美联储预料得乐观。联邦基金利率上限自 2015 年 12 月份提高一次以后，十年期国债的收益率反而下降了。短期利率上升,长期利率下降,收益率曲线变得更加平缓,反映出金融市场并不乐观。

其二,发达国家负利率范围扩大。德国和日本现在两年期的国债收益率是负的。前段时间欧洲两家大的非金融公司(其中一家是制药公司)发行了负利率的债券。这也是一个超预期变化,反映了经济面临的问题。

其三,中国信贷扩张超预期。今年上半年信贷大幅超过市场预期,全球几大央行今年都是超预期宽松。但现在宽松形式发生了变化,美联储的创新形式是加息节奏变慢,欧洲和日本是负利率,我国则是信贷扩张。不同形式的货币宽松有什么不同? 这都涉及我们对货币金融的一些基本的看法,这就是我们需要思考的一些问题。

需要思考的问题

第一个问题:经济周期在发生什么变化,传统的经济周期是不是消失了?金融危机以后美国经济复苏的时间跨度是二战以来最长的一次,美国经济维持正增长时间是二战以后最长的一次,所以从复苏、维持正增长、持续的时间来讲,美国的经济可能很好,但复苏的力度和经济增长的幅度比较小,所以经济增长非常平缓,似乎是经济周期消失了。我们中国也一样,我们从 2011 年经济增长到一个高点以后开始放缓,周期好像也消失了;并且经济增长从 2011 年开始一路下行,过去的这种周期上下波动似乎也没有了。我们需要思考的是,经济周期是不是真的在消失?

第二个问题:全球货币宽松超预期有什么含义? 我们是不是应该有很多担心,尤其是对中国的信贷,年复一年的快速增长到底会产生什么影响?

第三个问题:中央银行应当采取什么样的治理机制? 金融危机以后有很多反思,大家都把矛头对准私人金融机构,但中央银行也存在问题。随着影响力的扩大,中央银行到底应该采用什么样的治理机制,谁来监督这种制度,政策目标又是什么？一个反思是金融危机之前,货币政策的目标是相对比较单一的,就是稳定物价。我们中国号称有四大货币政策目标,但实际上主要目标还是物价稳定。在其他一些国家,例如英国、澳大利亚、加拿大,当初都是通货膨胀目标制,当时的主流思维就是货币多发只影响物价,所以判断货币发多发少,就是看物价;如果物价稳定,货币发行就是适当的。

物价稳定,宏观经济就稳定,但如何考虑国际经济的稳定？当时主流的观点是现在国际货币基金组织首席经济学家提出的。他的文章指出,国际经济的稳定可以靠国家内部物价稳定和浮动汇率实现。当时布雷顿森林体系解体以后,大家都有一个疑问,国际货币体系靠什么来维持平衡？如果大家都只顾自己内部的物价稳定,那会不会导致国际层面经济有很大的波动？他的这篇文章解释道,其实不用担心,如果每一个国家的中央银行把本国的物价控制好,同时又实行浮动的汇率制度,就可以实现国际经济稳定。

在当时的情况下,中央银行调控通过金融市场向中长期利率传导,资产价格与银行信贷相关,中国其实也朝这一方向发展,货币政策从数量型调控调整为价格型调控。最近这两年的建立利率走廊、增加汇率波动性,我们都在向西方主流学习。这样的政策框架效果怎么样？金融危机之前的效果似乎不错,美国GDP(国内生产总值)增长和CPI(居民消费价格指数)通货膨胀的标准差在20世纪80年代中期到金融危机之前确实有一个明显的下降,但是金融危机以后问题就出现了。所以现在我们要反思的,就是货币政策传导机制在金融危机之后出现了非常明显的变化。

对货币金融的两个流行误区

我们要反思过去主流观念的两个误区:

第一个误区,货币等同于信贷。今年下半年信贷大幅度扩张,不少行业分析师甚至学术研究者都说"大水漫灌"。其实这背后不是那么简单，货币和信贷不是等价的。货币投放的方式有多种，信贷只是其中一种。为什么现在流行把货币与信贷等价？因为现在金融全球化导致商业银行活动频繁，商业银行大幅扩张，银行信贷成为货币投放的主要来源。其实 20 世纪五六十年代，货币制造的重要来源是政府财政赤字，财政赤字越大，货币净投放力度就越大，继而引发通货膨胀。所以到 70 年代末，反通货膨胀的政策框架就是限制政府财政赤字，把货币政策和财政政策独立。但经济有货币需求，谁来投放货币？商业银行。因此对商业银行的管制就放松了。80 年代以来，这种金融自由化的结果就是通货膨胀下降，资产泡沫出现，金融危机爆发频率增加。哈佛大学的某教授曾总结了过去几百年的金融危机，其中 20 世纪 50 年代到 70 年代几乎没有发生过金融危机，金融相对比较稳定，整个资本主义市场在这 20 多年时间里持续稳定。而恰恰在这 20 多年的资本主义和平时期中，美国出现了高通货膨胀。我们撇开爆发战争的特殊年代，资本主义市场经济在过去几百年的历史中持续高通货膨胀是小概率事件，只发生在极其特别的一些时间段。

我们过去这几十年之所以把通货膨胀当成很大的问题，就是因为 70 年代高通货膨胀的危害仍然在我们的脑海里，以至对之后的政策框架影响非常大。但是现在的问题不是通货膨胀，而是资产泡沫，为什么？其中一个原因是传导机制发生变化。政府投放货币容易造成通货膨胀，商业银行投放货币容易带来资产泡沫。这个反思很重要。为什么？因为很多人讲中国 M2（广义货币）的规模这么大，投入这么多货币，迟早会发生恶性通货膨胀。但事实上 M2 多了不一定是高通货膨胀，也可能是资产泡沫和金融危机。把商业银行和中央银行的资产负债表合并起来，能够得到银行体系的总负债和总资产，总资产主要是两个：一是对政府部门贷款，就是把钱交给政府，政府通过政府支出来投放货币，我们将这种货币称为本位币；二是对私人部门贷款，其可兑换性和信任等级没有政府的等级高，因而其经济意义不同。政府支出投放的货币一般来讲和实体经济联系紧密，比如公务员的工资、基础设施投资；但是私人部门既可以做实体投资，也可以购买金融资产，所以银行信贷投放太多就不一定会导致通货膨胀，也不一定会导致价格上升，但可能导致金融资产泡沫和金融危机。

第二个误区，货币是中性的，这意味着货币发多了只会影响物价，不会影响实体经济的资源配置。换言之，对实体经济来讲，货币是中性的，不会产生负面影响。对金融危机的一个反思就是货币从长期来看可能是非中性的。货币中性论在过去占据主流思维，是16世纪发现美洲黄金时期的产物。欧洲人发现黄金多了物价就上升，这是最早的货币数量论的来源。其实货币数量论的精髓是货币只会影响物价，不会对实体经济造成影响。但是古典货币数量论产生的时候，人们认为货币是商品，货币是黄金。

黄金是有数量的，有外形的，有限的。那时候黄金的流通速度是相对可预期的，但现在的金融体系中的货币流通速度只能事后估计。这种货币流通速度对我们分析货币金融问题没有任何意义，它是后来估算的，而未来是不确定的。现在我们很多的研究分析，把货币流通速度变成了一个黑匣子：我们只是知道以前的货币流通速度，但是并不知道未来的。这都是货币数量论不符合现代金融体系的体现。对货币数量论的挑战，历史上主要有两次：一是电子货币，二是凯恩斯的流动性偏好理论。凯恩斯认为，货币的主要功能不是支付，而是价值储藏。如果货币的主要功能是储值，那么它和经济的关系就变得很微妙了。凯恩斯在其代表作中曾指出市场经济会引起生产过剩的危机。

此外结构方面也有问题。通俗地说，货币发行是现有的，谁先拿到货币谁就占优势，因为这时候他可以用相对便宜的价格购买原材料、机器设备，扩大生产；后拿到货币的人，其实际收入是下降了的，因为价格已经上涨了。所以货币政策有非常强的结构性，能够影响再分配。很多人讲货币政策不要关注结构的影响，但是问题在于货币政策有非常强的结构性，这种结构的扭曲，也是导致货币经济和实体经济差异的重要因素。

信用货币的供应机制和影响渠道

以我国政府的负债问题为例。对个人和企业而言，这些负债是资产，实际上它背后蕴含着什么？是中国的 M2。中国的负债究竟是不是一个严重的问题？其原因到底是什么？有人认为中国居民的储蓄高了，储蓄越多，投资越多，然后通过股权和债券，转化成了 M2，是高储蓄率导致了高负债率，所以我国的负债率高没有问题。其实仔细想一想，这一观点的问题就在于把实体经济和金融的关系混淆了，而我们今天的金融体系中货币和实体经济是可能没有关系的。银行贷款是基于资产负债表的贷款，在贷款项目上给企业计 100万元的贷款，企业的存款就变成 100 万元。我所说的无形的误区容易形成，就是这样一个意思。那么我们怎么理解金融和实体经济的关系呢？

金融和实体经济的关系：货币中性之争

金融危机以后，越来越多的人开始从金融周期看经济。一位代表性人物是哈佛大学的教授尤金法玛（Eugene F. Fama），他强调的是金融市场价格比较充分地反映了应有的市场信息，金融市场是有效的。这几年讨论金融问题，大家可能都熟悉一个词叫"明斯基时刻"。"明斯基时刻"讲的就是金融周期的拐点。明斯基（Hyman Minsky）认为资本主义市场经济存在内在的金融危机，就像马克思讲资本主义市场经济不可避免地会出现金融危机一样。明斯基认为在资本主义市场经济的发展过程中，不可避免地会出现金融危机，这是市场经济自身导致的。

明斯基在 20 世纪六七十年代很不受待见，因此在 80 年代以后，他的观点亦被市场忽略了。他认为自己是凯恩斯的学生，把凯恩斯的理论再延伸和补充了一些。实际上凯恩斯解释了金融周期的下半场，也就是经济为什么会出现下调，但他没有解释为什么资本主义市场经济会出现上半场的繁荣，在经济下调之前，繁荣是怎么来的。明斯基补充了金融周期的上半场，完整了传统的理论机制：从进入上半场时的繁荣，到拐点出现崩溃。

金融周期与经济周期

明斯基讲的金融周期，和我们一般讲的经济周期不同。一般讲的经济周期时间比较短，只有几年甚至一两年时间，而他讲的金融周期涵盖的时间长，例如银行信贷。银行放贷款，有两个方面需要确定：第一，借款人有没有意愿还贷；第二，借款人有没有能力还贷。若银行不知道借款人是什么情况，则一般都不敢放贷款。

那怎么解决信息对称问题？要求抵押权，而最常见的抵押品就是房地产。所以房地产和信贷相互促进。银行贷款者增加，显示经济繁荣，经济繁荣使得房地产价格上升，房地产价格上升使得抵押品的价值上升，因此银行更愿意放贷款，直到最后不可持续的拐点出现，金融周期进入下半场。而金融下行的模式则是房地产价格下跌，抵押品的价值下降，银行不愿意放贷款，经济进一步放慢，房地产价格进一步下跌。这就是金融周期的一个例子。

金融周期的机制

为什么金融周期在 50 年代不是问题，而现在却出现了问题？曾经几乎没有信贷过度扩张的问题，那时候金融压抑，80 年代以后才出现问题。我们在描述金融周期的时候，可以将债务人分为三类。第一类是对冲型债务人，典型的是家庭住房按揭借款人。这类债务人的现金流能够覆盖债务的本金和利息，在传统时期比较稳健。第二类是投机型债务人，其现金流能够付利息但付不了本金，本金依赖于不断的扩张。世界上所有的银行永远靠重复本金的不断扩张。第三类债务人,其现金流不仅仅无法支付本金,也无法支付利息,两边都需要借新债还旧债,这就是典型的庞氏型借款人。例如房地产开发商,其现金流非常不稳定。在金融周期的早期阶段,整个经济比较健康,因此践行对冲型战略的比重比较高。但是随着经济的繁荣,随着人们信心的上涨,风险偏好上升,若越来越多的债务人采用这种战略,则整个经济的脆弱性就上升了,而最终利率也会在某个时间点上升。2013年我国利率大幅上升,2014年、2015年信贷调整,根据中国和美国的房地产价格、信用量来看,两国的发展态势都非常平稳。美国金融周期的顶点就是在泡沫里,在泡沫之后去杠杆,降低债务负担。怎么降低债务负担?可能是债务违约,引发金融危机,然后降低实体的消费和投资。金融危机之后,美国有几年都在调整,金融周期下半场调整到2013年似乎见底了,可以说,美国现在实际上在新一轮金融周期中。这就是为什么两年过去后,美国经济似乎比其他国家的好一点,甚至从2015年下半年开始加息。中国正好相反,在美国进入金融周期的下半场时,我们国家采用信贷扩张和房地产刺激应对全球金融危机的冲击。2013年的"钱荒",利率大幅上升,似乎是一个拐点。

把数据延伸到2016年就不一样了。我们看欧元区,欧元区的金融周期还在往下走,还处在一个非常低迷的阶段。关于下半场我们要思考一下,中国到了金融周期的下半场会采取什么样的政策。我们来总结一下欧洲、美国和日本的金融周期,下半场的宏观政策可以总结为几项任务:紧信用,宽财政,松货币。在金融周期的上半场,这些国家信用扩张太快,债务负担太重,因此希望通过下半场来降低债务负担,必然要求银行信贷放款放缓。但是在这种情况下,有可能产生金融危机。那怎么办?松货币。这里的"松货币"不是体现为一种银行的信贷扩张,而是中央银行扩张。

这就是我一开始讲的,为什么信贷和货币是两个不同的概念。从某种意义上来看,我们从80年代到金融危机之前财政扩张,货币对财政的支持力度较大。中央银行如何扩张资产负债表？一个方法就是所谓的量化宽松。量化宽松是不是一种金融创新？其实不是。早在 30 年代，凯恩斯就已经提出了。凯恩斯认为货币需求太多，导致利率上升，经济下行，然后货币供给增加。那怎么增加货币供给？首先购买短期国债，短期国债购买越多，国债的收益率就越是降低。短期国债的收益率降到零以后，就和货币没有差别。因为国债和货币都是政府的债务，唯一的差别就是国债有收益率，货币没有收益率，短期国债收益率为零以后，它就成为另外一种形式的货币。这个时候把货币投放出去是无效的，不能真正地增加货币供给，不过是用一种货币购买另一种货币。所以短期国债收益率到零以后，可能的建议是购买金融资产。

美、欧、日：金融周期下半场非常规货币政策

美联储也好，日本央行也好，所做的量化宽松政策在 20 世纪 30 年代就诞生了。量化宽松主要是从资本市场来看，因为它靠的是资产财富再配置，这在美国就比较有效，因为美国的金融体系是资本市场占主导地位的。但是在银行占主导地位的金融体系中，比如欧洲和日本，还是依靠传统银行体系的传导机制，采用负利率政策。虽然人们对负利率政策有许多非议，但是我认为目前对负利率的各种批评还是猜测式的，是对于未来的预期，而不是现实。

实际上到目前为止，我认为负利率确实达到了预期效果。负利率的目的是什么？就是要放松公司的融资条件，改善非银行部门的融资条件。那效果是不是达到了？我们看到采用负利率政策以后，其长期利率明显下降。之前提到有两个欧洲的非金融机构发行了负利率的债券。公司成功发行了负利率债券，那么其融资条件当然得到了改善。所以我认为负利率政策已经达到了它的预定目标。目前我们对负利率政策的批评，实际上只是一种猜测，是预期长时间以后，负利率可能会导致对银行体系的一种挤压，从而可能带来不良影

响。但是就目前而言,负利率政策的弊端确实还没有出现。

中国:不同的刺激方式

中国则是一种不同的情况,是信贷扩张。我国在 2010 年第一季度、第二季度出现了信贷的大幅扩张。那么信贷扩张是什么,又是通过什么来实现的?其实 2016 年的货币政策没怎么放松,而是 2014 年、2015 年的货币政策放松了。现在的信贷扩张可能是前两年宽松的货币政策所产生的滞后影响。

其实我们今天的银行信贷,在政策层面的影响因素有两个:(一)货币政策。货币政策会影响基础货币和银行的可贷资金。(二)监管要求。事实上我国银行的流动性非常充足,基础货币投放也比较多,但是如果监管的要求比较严格,比如说对资本金的要求比较严格,银行也是无法放贷的。所以这两个政策会对银行信贷的分析产生重要影响。关于银行信贷的问题,大家之前过多关注了货币政策的影响,其实我认为我国信贷投放扩张有另外一个重要的原因,就是宏观审慎监管的放松。目前在市场上,很少有人提及这一方面的原因。其实宏观审慎监管的放松对银行信贷的影响非常重要。

宏观审慎监管的放松体现在两方面:(一)取消存贷比约束。存贷比约束是 2015 年 7 月取消的,所以 2015 年下半年贷款的成本迅速下降。我一直反对取消存贷比约束。我觉得在当今中国的背景之下,存贷比约束固然有其问题,但是作为一个监管的工具,存贷比对信贷的约束其实非常有效,可惜 2015 年取消了这一约束。(二)房贷首付比下降。事实上从 2015 年下半年开始,房贷首付比就已经下降了。为什么房贷首付比非常重要?现在讨论宏观审慎监管的时候,大家都会把关注点放到央行和银监会是否可能合并上面,关注两者究竟会如何合并。其实我认为这并不是非常重要的事情。首先我们要清楚宏观审慎监管应该怎么做,应该采用什么工具。比如我们讲到货币政策的时候,脑海里马上想到利率。央行调控利率是一个特色功能,是货币政策实施的有效工具。那么在宏观审慎监管方面,什么是宏观审慎监管的有效工具呢?目前好像没多少人在研究这个问题。当然相关的专业机构,例如中央银行、银监会等有很多人在研究,但是在更广泛的层面,例如市场上和学术界,研究这一问题的人应该是很少的。当然宏观审慎监管的历史确实比较短,不像货币政策具有很长的历史,但是通过总结其他国家的一些研究成果和经验,我们可以得出一个基本的观点,即最有利的宏观审慎监管工具就是房贷首付比。我们发现房贷首付比的效果比银行利率更好。这是因为实际上我们无法限制资产端的需求,一旦这种需求不受限制,银行的资产质量可能会变得很好,所以银行资本金必须要有一定限制,这也使得房贷首付比成为目前最有利的宏观审慎监管工具。房贷首付比既限制了银行的行为,又解决了借款人的资产泡沫问题,同时推动了房地产去库存。

我国的信用扩张和其他国家的刺激相比存在很大差别。现在我们正在进入金融风险较高的阶段,这就是当前我国宏观经济面临的主要问题。当下我国经济似乎没出现较大的问题,但是今后怎么办?如果我们把信贷和房地产的数字延伸到 2016 年第一季度的话,金融周期似乎还未见底。鉴于我国的住房市场历史比较短,我们找到美国过去 100 年的数据。我们发现在 30 年前,美国住房作为投资工具并没有给投资者带来什么,但在最近二三十年中,房地产价格出现了非常明显的上升。再来看欧洲的一些数据,阿姆斯特丹房价数据也是一样的,在过去二三十年中,房地产价格才真正出现了比较明显的上涨。这是为什么呢?我个人觉得是这样的:第一,过去人类历史上没有出现过非常明显的出生率下降,但 40 年代至 60 年代西方出现婴儿潮之后,下一代出生率大幅下降,导致人们不能负担房费,进行很多储蓄。第二,五六十年代是政府金融压抑时期。在 30 年代大萧条之前,西方没有政府银行但有市场机制,如美联储是 1913 年才成立的,1913 年之前没有相关的政府央行。此外美国的存款保障机制是 1934 年才建立的,大萧条之前都没有一个像样的保障机制。所以在那个时候,美国的银行危机经常发生,大约每 3 年发生一次,甚至每年都有不少银行倒闭,金融市场完全依赖于一种市场的纪律约束,到了 1913 年美联储成立、1934 年存款保障机制建立起来之后,政府对银行体系的压力才逐步加强。在五六十年代是靠政府的压力,即政府为银行提供担保,但是代价是银行必须服从政府的监管。到了 80 年代以后,一方面政府的管制放松,另一方面担保的力度加强。这两个因素结合起来,就导致了现在的金融周期。那如今是不是就没有这样的问题了? 现在金融危机发生的频率没有那么高,但是现在金融危机一旦发生,造成的后果却是非常严重的。现在我国的房地产价格很高,我们讲要去库存,但是房地产去库存不像汽车或者其他一些产品那样容易。汽车是消费品,但是房地产在开发商手中是房子,卖到消费者手里的时候,它的物理形态没有发生变化,消费功能也没有发生变化,实际上还是房地产,而房地产还是一个资产。我并不希望房地产去库存,为什么? 因为去库存一旦成功,价格便有下跌趋势。我觉得这一次房地产市场的价格高涨可能是 2008 年的万亿计划带来的"后遗症"。

信用扩张的结构视角:扭曲资源配置

从结构角度看,即使不发生金融危机,经济也会因为结构性问题而受到破坏,可持续增长也比较困难。这道理简单来说就是谁先拿到信贷、货币,谁就占据优势。那么在我国谁能先拿到货币和信贷呢? 从现在来看,是拥有房地产的人先拿到货币和信贷。可见信贷是天然呵护房地产的。在民间投资下滑的问题上,许多人讲制度因素,认为政府应当简政放权,但是我认为关键不是政府需要简政放权,政府的政策限制因素不是今天才有的。为什么喜欢民间投资? 主要是现代的信贷资源、土地资源、人力资源在不同行业之间的分配非常不平均。若按不同的行业划分,看每个行业的债务占整体上市公司债务的比重,即各行业累积的信贷资源占用情况,排在第一个的就是房地产行业。所以，我们说房地产占用资源过多。现在我们看到这一观点确实是有数据支持的，不仅仅是个理论的、逻辑的推演。还有就是在信贷的投放过程中到底是哪个行业的从业人员最受益？我们看不同行业的实际工资变化（把通货膨胀因素去掉后的工资变化情况），看实际工资的增长率和货币供应量的关系，即如果货币供应量增长 1%，对相关行业的实际收入增长刺激作用有多大，我们可知弹性最大的行业是金融和房地产行业，也就是在增加货币供给量时，最先受益的是金融和房地产行业从业人员。

从结构到总量

某一个行业的过度扩张，必然带来社会的反弹。实际上我们已经开始看到社会对金融业的反弹。我认为金融行业占用的资源已经过多，过去几十年，太多的资源集中在金融行业。此外，我们的金融创新非常多样，金融对经济的影响非常巨大，这已经让我们看到一些危机的苗头。2016 年的美国总统大选，共和党和民主党的这两个候选人，都有一个共同的政策主张，这个政策主张如果实行的话，对金融行业会有非常巨大的影响。大家都知道，20 世纪 30 年代大萧条以后，人们的一个反思就是需要对银行业务进行约束，所以 1933 年，美国出现了格拉斯-斯蒂格尔法案，把投资银行和商业银行分离开来，使得两者分业经营。但是在克林顿第二任期快结束的时候，这一法案却被终止了。

1996 年以后，美国金融行业进入混业经营。投资银行可以开始做商业银行的业务，因而又出现了一些金融危机。所以后来很多人反思，美国之所以在 21 世纪初爆发这么大的金融危机，其中一个原因就是混业经营。爆发危机以后，美国社会这几年的反思就是要把混业经营的商业银行重新进行分割。我现在不敢说新一任美国总统是不是会真的这样做。毕竟美国总统候选人即使在竞选的时候这样说，一旦上台也可能回避竞选时候的承诺，比如说被金融界的游说团体说服,然后改变政策。

由此我想到了中国,其实我们在一步一步地跟别人学习。现在甚至有人讲要发展全能银行,这是非常危险的事情,尤其在监管不到位、相对滞后的情况下,让银行来做混业经营,甚至发展全能银行,是极其危险的。总体来讲,我们需要通过痛苦的调整,比如负债太多,经济应当如何调整?当下有一流行的观点是:发股权融资就能够降杠杆。如果这种简单的方法能奏效,那我们为什么不发?因为某一个时间点上,一个经济体的债务都是其内在经济原因造成的。内在的原因不调整,不经过痛苦的调整,问题不可能得到真正的解决。这其实就像人的身体一样,偶尔生一些小病不是什么坏事情,有的人一辈子不感冒,一旦得病了,由于以前没有经历过疾病,就病得很重。所以我们应当允许经济出现小的后退,而不要为了短期的数据指标掩盖问题的本质。

彭文生:光大证券全球首席经济学家、研究所所长

发展金融租赁：去产能的一个新突破口

　　企业产能过剩和企业的融资过度是一个问题的两个方面。要让一些没有市场前景的企业退出市场，让过剩的生产能力实现市场出清，银行贷款总量的把控、银行信贷资源的配置合理，就是非常重要的问题。但是真正做到这一点实际上并不容易，多少年来我们一直在进行多方面努力，但是结果总是差强人意。

　　举一个例子，比如有 A、B 两家企业在一个行业里，但是 A 企业管理相对落后，工业水平低，B 企业则在这个行业里各方面都处于先进地位。银行对这两家企业原来都有放贷款，在所谓的去产能、去杠杆形势下，银行当然是想收回或者是起码减少对 A 企业的贷款，同时，如果需要的话可能会再给 B 企业适当增加一些新的投入。这个就是我们常讲的通过盘活存量和把握增量相结合，来实现资源配置结构调整。但是实践中往往很难做到这一点，因为 A 企业已经陷入困境，在这样的情况下，银行没有办法收回原来对它的贷款。银行要减少对这个行业的贷款,要实现对这个行业贷款总量的控制,实际上比较容易的做法是从 B 企业收回一部分贷款,或者是控制对 B 企业的新增贷款。显然这种做法并不利于真正的结构调整,不利于资源的合理配置。我们可能常常听说这类问题,有人因此抱怨银行只会锦上添花,不会雪中送炭。

这是一个极端简化的例子,实际生活中的具体情况要比这个复杂得多。但是我们需要关注的是,之所以出现类似的问题,它的原因究竟是什么。原因可以说是多方面的,但我国银行业信贷资产缺乏流动性,贷款一放出,无论期限长短,到期后银行才能从企业收回,且只有企业具备还款能力,银行才有可能收回。我想这是导致银行信贷资产调整困难的重要原因。

银行业如果真的想在企业去产能、去杠杆过程中做到进退自如,重要的一条是要保持自己对企业融资的资产流动性。为了解决这个问题,这些年来我国银行业探索和尝试了一些做法,如信贷资产证券化等。

我想从通过发展金融租赁业务来促进去产能、去杠杆的角度,谈两点看法:

第一,金融租赁业务的特点注定了就企业去产能、去杠杆的过程而言,它在企业结构性改革中发挥了重要作用。自 2007 年国务院决定开展商业银行金融租赁业务以来,我国金融租赁业务发展迅速,到现在 10 年时间,行业规模不断扩大,行业资产总额已经超过 16000 亿元,行业净利润 2015 年达到了 176亿元。总的来说,金融租赁全行业经营风险控制比较有效,财务效益也比较理想。

但是应该指出,这些年来我国还是把金融租赁业务,尤其是银行及金融租赁公司开展的业务,仅仅当作是一种类信贷的业务,对它与传统贷款业务的区别重视不够,因此对它在结构调整当中发挥的作用,认识就相对有限了。实际上我觉得金融租赁业务和传统银行贷款业务有一个重要的区别,即传统贷款业务主要关注的是企业信用,而金融租赁业务则更多关注资产信用。这就有可能使我们把企业的部分生产盈利资产独立出来,使企业资产所有权和使用权实现一定程度上的分离。

金融租赁业务的这个特点,不仅仅可以改善企业的资产负债表,直接降低企业的杠杆率,更重要的是金融租赁公司可以通过融资租赁这样一种以物为载体的资产流动方式,来实现租赁物在不同企业间的转租,甚至是不断重复转租。国际市场上做得好的金融租赁公司都会采取这种方式。这对于经济结构调整,对于支持一些企业的发展,同时促使一些企业退出市场,是有重要意义的。而这在传统贷款业务中不太容易实现。

第二,为租赁资产流转创造更好的政策环境。实物资产流转的本质是通过转移租赁物物权,实现租赁资产相关权益的转移。很显然这种交易具有天然的去产能功效,将一批资产从这个企业转移到那个企业,肯定实现了产能的一种转移,对产业转型升级和优化资源配置有显著的效果。

现在的问题是在实际操作中,这一流转类隐性交易的成本比较高,影响了效益的充分发挥。主要原因在于当前我们一直没能够形成对租赁物进行统一管理的政策环境。各类租赁物管理部门不一,与流转环节相关的税收、法律、登记政策覆盖不全,差异很大。对于一些流转政策相对成熟的大型租赁物,也因为首单业务花费的精力和成本难以通过后续业务分摊,而导致隐性交易成本很高,同时因为实物资产产权的转移,可能伴随流转而重复产生一些税负,现有税收政策没有对融资租赁这种所有权和使用权分开的特殊结构下的租赁物流转给予特殊税收待遇,这在一定程度上抬高了交易成本。

在实践中,为了解决租赁物物权转让过程中出现的一些困难和障碍,有一些租赁公司和相关企业往往在不转移租赁物物权的情况下,采取附属租赁物相关收益权转移的办法,这样的交易对优化金融资源配置具有一定效果,但是关于它的税收政策也是比较模糊的。

当前税收政策对收益权流转业务的认定,使用的税收和纳税规则并不十分清晰,各地的税收主管机关往往根据当地的情况和自己的业务理解来进行判定,导致了许多附属物的收益权流转范围受到限制,使其很难在全国市场范围内进行流转,增值税抵扣环节断裂了,转让方无法通过抵税方式转移,只能通过提升价格方式向下传导,交易成本就会增加,这就妨碍了金融租赁业务在去产能、去杠杆过程当中发挥作用。这些问题都需要进一步研究和解决。

总之,在加快推进供给侧结构性改革的过程当中,加快金融创新,包括继续推动租赁业务发展,具有重要意义。关键是我们要统一认识,要破除资产流转障碍,优化资产流转环境,让沉淀在企业中的资产活起来、动起来。

杨凯生:中国银监会特邀顾问,

前中国工商银行行长

第二篇
金融科技新生态与新空间

什么是金融科技？

近期，金融科技（FinTech）的火爆程度不亚于去年的"互联网金融"，特别是在全国互联网金融专项整治的政策环境下，神州上下，大江南北，不少之前代表着互联网金融先进方向的机构及人员言必称金融科技，俨然再次引领环球同热的金融科技的潮流与方向。

就在 P2P 大规模"跑路"的时候，不少互联网金融专家指出，社会舆论已经使互联网金融这一如少女般纯洁的金融道德名词"污名化"。鉴于此，尽管笔者不是互联网金融专家，也不是金融科技专家，但还是不忍再看金融科技也被"污名化"，想尝试着谈一谈什么是金融科技。

源　流

"金融科技"这一名词是舶来品，FinTech 是 Financial Technology 的缩写。据了解，2011 年 FinTech 被正式提出，之前主要是美国硅谷和英国伦敦的互联网创业公司将一些信息技术用于非银行支付交易的流程改进、安全提升，后来这些科技初创公司将车联网、大数据、人工智能等各种最前沿的信息与计算机技术应用到证券经纪交易、银行信贷、保险、资产管理等零售金融业务领域，形成不依附于传统金融机构与体系的金融IT力量并独自发展起来。

基本特征

正如不能将中国语义下的互联网金融理解为披上互联网外衣的非法集资，舶来品金融科技也不是前沿科学技术与金融业务的简单叠加应用，要分辨出什么是金融科技，首先要把握其基本特征。

1. 低利润率

低利润率是金融科技公司的重要特征之一。身处信息时代的人们越来越容易得到各种信息，以信息为载体的服务也越来越免费化。现在，金融科技公司普遍采用互联网平台商业模式改造、提升传统金融服务及产品，以获得强大的网络效应。然而在此之前，公司必须经历一个高投入、低增长的阶段。

如图1所示，在平台商业模式下，平台的用户规模必须达到一个特定的门槛（Y点），才能引发足够强度的网络效应吸引新的用户加入，在网络效应的正向循环作用下，用户规模有望实现内生性的持续高速增长（只需突破Y点，用户规模即可自动达到Z点），从而使得整个平台能够自行运转与维持，该用户规模门槛被称为"临界数量"（critical mass）。

由于平台在前期（X点到Y点）需承担较高的沉没成本，如规模庞大的广告营销、用户补贴、研发创新等各项"烧钱"的投入，其通常在用户规模突破临界数量（Y点）后才能实现大量盈利。同时，用户的多边属性，导致平台的各类服务及产品的生命周期都较短（Z点以后即进入新的瓶颈期）。只有平台持续创新，持续"烧钱"，推出新的所谓"爆点"产品，才能形成有效的、持续的用户锁定。

因此,金融科技公司不得不更多重视资源投入的效率,而不是将考核重点放在企业的收入或盈利水平上,整体上只能维持相当低的利润率。

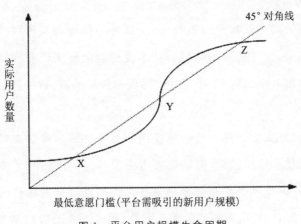

图1 平台用户规模生命周期

2. 轻资产

因金融科技公司利润率低,故其只能选择轻资产的规模增长路径。这里的"轻资产"不仅指金融科技公司只需要很少的固定资产或者固定成本就能展业,还指由于业务规模的边际递减,其能够以低利润率支持大规模的发展。

与此同时,金融科技公司充分利用技术优势,在其展业初期,普遍使用现成的基础设施,如银行账户体系、转接清算网络、云计算资源等,甚至发挥其独特的平台商业模式优势,将业务成本转嫁到第三方,从而使其运营成本最小化。

另一方面,也正因为其资产轻,不像传统金融那样"笨重",其战略选择、组织架构、业务发展更加灵活,易于创新创造。

3. 高创新

金融科技公司继承了互联网公司"不创新则死"的基因,其低利润率和轻资产的特性在客观上也为其营造了易于创新的土壤。其将各种前沿技术与理念置于金融领域中去试验、试错，快速迭代产品，推出具有破坏性创新的产品，这已经超越了传统金融语义下的金融市场与产品层面的"金融创新"。

4. 上规模

金融科技公司一般起步门槛较低，需要毫不保留地发挥网络效应以获得快速增长的能力，并且其采用的创新技术使得其能够实现业务规模的爆炸性增长而不必付出对应的成本，相反其边际成本持续递减，进一步推动规模快速增长。

值得注意的是，金融科技公司所使用的技术必须是能够支持业务快速增长的。若一项技术足够创新，但不能或者需要长时间的培育才能形成快速增长的潜力，则这项技术也不会被金融科技公司采纳。金融科技公司的创新本质上是"拿来即用"，是应用层面的资源整合，很少会主动进行基础层面上的创造，因此让人普遍感觉所谓的"浮躁"。

5. 易合规

如前述，高创新赋予金融科技公司快速上规模的技术优势，但其资产轻，抵御风险的能力弱，如何在收益创新与成本合规之间权衡是金融科技公司必须面对的问题。

很明显，通过技术创新满足合规要求，便利监管，从而降低法律合规与风险管理的成本是金融科技公司的不二选择；也就是说，好的金融科技公司不仅有业务增长的技术优势，还应有易于监管合规的技术优势，并且这种技术也能够使合规管理的成本边际递减。这是金融科技公司不同于传统金融企业的重要方面——合规不再源自金融机构的外部约束力，而是真正内生化为金融机构的发展动力——这是金融科技所做出的重大的制度创新。

定义初探

名不正则言不顺，金融科技在中国是新生事物，但不能因为是新生事物就不探究其定义,这样会给公众带来误导,给监管造成盲区,给坏人可乘之机,会重演互联网金融的乱象。

但是,金融科技尚在快速发展中,在探索金融科技定义的过程中难以用"属＋种差"定义的方法,这样容易产生外延不当或者以偏概全等错误;可以尝试"发生定义"的方法,即对被定义项发生过程进行描述。仅为抛砖引玉,可供参考的定义如下:

狭义的金融科技是指非金融机构运用移动互联网、云计算、大数据等各项能够应用于金融领域的技术重塑传统金融产品、服务与机构组织的创新金融活动。从事金融科技的非金融机构普遍具有低利润率、轻资产、高创新、上规模、易合规的特征。广义的金融科技是指技术创新在金融业务领域的应用。

现在,中国的互联网金融、海外的金融科技都呈现出一个基本问题,就是它们的边界不断与传统金融的边界交错,由此产生如何平衡创新与合法合规的监管难题。

在中国,仅仅三年时间里,互联网金融的监管就经历了从监管真空期、舆论一边倒的"软法监管"到十四部委联合的"互联网金融专项整治",以致不少海外人士认为,中国的互联网金融监管实践对金融科技的监管方法论提供了绝好的启示与参考。的确,中国互联网金融的跃进式实验所产生的经验与教训,为世界各国制定金融科技的监管政策提供了独一无二的研究样本。

监管启示

笔者认为,中国互联网金融对金融科技的监管,至少有以下三点启示:

一是科技驱动金融发展不是金融科技或者互联网金融的"专利",监管理念不应发生跳跃式波动。以唯物史观看,互联网金融经历了互联网技术在传统金融体内孕育、验证、发展、成熟进而外溢到互联网公司等非金融机构的连续演变，那么监管理念的变化也应连续，针对传统金融部门的监管理念既不应照搬到金融科技上，也不能完全与金融科技的实际脱节，这对矛盾是对立统一的，不会产生谁颠覆谁的结果。

二是科技再"炫"，也不会改变金融科技或者互联网金融是金融中介的事实，监管部门应有定力。金融科技也好，互联网金融也罢，其从事的活动都是金融中介，发挥的功能都是金融功能，"科技"、"互联网"只是表象，道德风险与逆向选择是问题的实质。如国内学者、媒体与互联网金融从业机构鼓吹的"软法监管"就是典型的避实就虚，严重影响了监管部门的监管定力。

三是金融科技与互联网金融往往从"小而无视"直接到"大而不倒"，监管与市场应保持有效沟通。"余额宝"在不到 9 个月的时间里，就从籍籍无名的小型货币型基金迅猛发展成数千亿规模的大型公募基金。这种指数级别增长的能力表明，金融科技和互联网金融能够实现超常规发展，其规模从初创时期的被监管部门"小而无视"直接变成"大而不倒"，监管部门则经历了"看不起"、"看不懂"到"看不住"的尴尬过程。

监管挑战

笔者之前指出金融科技有着低利润率、轻资产、高创新、上规模、易合规等基本特征。

首先，其中几个特征特别是"轻资产"对现有的以资本充足率为核心的监管体系提出了根本挑战，凡是那些实质承担信用、操作风险暴露的金融科技，理应保有一定的自有资本，否则由此产生的道德风险会由全社会承担（中国的P2P"跑路"就是很好的教训）。但是，如对金融科技提出与银行、证券、保险等一样的监管资本要求，则会很大程度上抹杀金融科技的创新能力。

其次，"高创新"对现有的金融创新评价机制带来了挑战，会增加无谓的监管成本。金融科技的创新机制与频次均完全不同于传统金融，现有的产品及业务创新评价方法、流程是否适用于金融科技，取决于监管部门投入的监管成本有多大，但金融科技创新的高失败特征，会导致监管部门为此投入的监管成本多成为沉没成本，本质还是由全社会为这类失败买单。

再次，"上规模"即是直接从"小而无视"到"大而不倒"，对金融稳定、市场竞争、消费者权益保护等方面带来了全局性影响。特别是网络经济中的竞争性垄断特征，即金融科技巨头的垄断源于技术垄断、生态垄断，这类垄断具有脆弱性与暂时性的特点，一旦破坏性创新技术出现，原有的垄断力量就会消失，市场将暂时失序，直到有新的垄断者出现时市场才能恢复秩序。这一特征在我国的第三方支付市场表现得最为明显。除了支付宝、财付通等少数几家支付机构占据绝大部分市场份额，其余上百家支付机构生存艰难，违规现象严重，市场几乎失序。故而监管既要保证公平竞争，还要适度容忍垄断，既要防止"赢者通吃"，还要维持"赢者吃大头"。

最后，由于金融科技公司追求快速通过网络效应的"临界值"而导致的"低利润率"，是免费金融服务、赔本赚吆喝的金融"异象"的根源，这会直接驱使金融科技公司"重规模"、"轻风险"、"抢先跑"，使得金融领域蕴含巨大的未知风险。这需要监管部门从机构监管转向功能监管与行为监管相结合，从以现场监管为主转向以非现场监管为主，提高金融监管的科技实力。

用科技监管金融科技

要应对上述的监管挑战，最好的办法就是在改进监管的同时加强科技监管的力量。正如英格兰银行首席经济学家安迪·霍尔丹（Andy Haldane）所言，随着金融服务产业越来越多地使用科技，监管部门也获得了机会以评价之前无法测量的金融风险，并使得风险管理全局化、全体系化成为可能。

的确，金融服务业大规模地使用科技是"魔高一尺"，监管部门也必须充分运用科技手段才能实现"道高一丈"。

事实上，全球的金融监管部门都在达成这种共识并行动。中国香港证券及期货事务监察委员会已经成为香港政府 FinTech 领导小组（FinTech Steering Group）的成员；澳大利亚证券投资委员会（ASIC）推出了与初创型科技金融公司联合办公的"Innovation Hub"计划；新加坡金融管理局（MAS）计划投资 2.25 亿新元用于 FinTech 研究；中国内地也召开了数字货币座谈会，成立了数字货币研究小组；英、美等主要发达国家的监管部门提出了监管科技（RegTech）的构想，主要是监管部门的技术系统直连每个金融机构的后台系统，实时获取监管数据，运用大数据分析、数据可视化等技术手段完成监管报告、建模与合规等工作。

具体而言，监管科技的应用体现在以下四点：

一是监管资料的数字化。即对与监管工作相关的全部资料，包括影像、音频、图片、文字等进行数字化处理与存储。

二是预测编码。即对被监管对象的一系列非正常行为进行数字化标记后，视其为一串离散信号，利用前面多个信号预测下一个信号，然后对实际值和预测值的差进行编码。这适用于监管部门遇到的一些缺损数据，如影像、音频等，以辅助判断是否要对被监管对象进行关注。

三是模式分析与机器智能。即运用模式识别与智能化的研究成果，将计算机视觉和模式识别、图像和视频处理、视频跟踪和监控、鲁棒统计学和模型拟合等先进技术运用于判别、抓取、分析监管对象的非正常行为。

四是大数据分析。即要消除监管与被监管之间的"信息孤岛"，运用先进算法、网络科学等方法侦测范围更加广泛的全网络中的可疑金融交易与行为，并进行追溯，找到可疑的被监管对象。同时还能分析整个金融网络的特征，以修补网络的脆弱性。

在应用监管科技的条件下,对于实质从事金融中介业务的金融科技公司,特别是初创型金融科技公司,监管政策就有了调整的空间,即可不强制对该公司施行牌照监管,但要求该公司接入监管部门的技术系统,满足实时合规的技术要求,这实质上就是创建了监管部门与被监管主体的非现场"联合办公"机制,也就保证了金融科技易合规的基本特征。

任何新生事物的兴起、蓬勃发展都离不开有利的外部条件,都有其必然性,并可得到理论解释。金融科技和中国的互联网金融都兴起于 2008 年金融危机之后,这不是巧合,2008 年金融危机是它们兴起的重要原因之一。

银行的危机,金融科技的契机

2008 年的金融危机给了银行业沉重的打击,首当其冲的就是主要的大型银行业金融机构。危机之后,学界、监管部门将危机主要归因于大型金融机构形成的系统风险,进而发展出了一系列用于度量、管理系统风险的监管方法,加强了对银行业金融系统的监管。巴塞尔银行监管委员会(Basel Committee on Banking Supervision,BCBS)将一批大型银行业金融机构定义为系统重要性金融机构(systematically important financial institutions,SIFIs),并增加了对银行的监管资本要求。

因此,危机之后的银行业面临双重压力,一是针对银行业的强化监管措施加大了银行业的监管资本压力,直接地压缩了其业务经营范围及空间;二是在全球舆论中,银行业金融机构成为金融危机的"罪魁祸首",特别是政府动用公共资金注入银行体系以避免系统重要性金融机构的倒闭,这直接导致民众特别是年轻人对银行业失去了信心。此时,这种"天时"给了那些没有在危机中受到影响及责难的互联网公司以金融科技的方式提供银行服务的绝好契机,使其快速获得了民众、舆论的认可与青睐。

银行的"客户",金融科技的"用户"

除了不利的外部宏观环境,银行业金融机构的客户结构也在发生深刻变化,最明显的就是年轻客群表现出相当不同于成熟客群的行为偏好。这些年轻客群生活在数字时代,高度依赖互联网及数字设备,在国外被称为"Generation Z"(Z世代)。他们的个性意识重于集体习惯,在消费行为上偏好能解决个性需求的产品及服务;他们不再是银行及传统金融机构的"客户"——在有限的、标准化的、既定的范围内被动选择产品及服务;他们是"用户"——主动获取多样化的金融产品及服务以构建(主动构建或借助外部力量构建)自己期待的个性化金融需求解决方案。

然而,银行及传统金融机构对于金融消费者从"客户"向"用户"的根本转变察觉过迟、反应过慢、应对不力,直接给了金融科技如鱼得水的发展机会,最直接的表现就是银行业金融机构庞大的客户群体正在被金融科技锁定,变成它们的用户、粉丝或者会员。

传统金融的"脱媒",金融科技的"触媒"

其实,以银行为代表的传统金融部门资金融通功能的弱化并不是金融科技或者互联网金融出现后才开始的。早在20世纪60年代的美国,就出现了金融脱媒的问题,主要体现为在当时的存款利率上限管制条件下,当市场利率水平高于存款机构可支付的存款利率水平时,存款机构的存款资金流向收益更高的证券,从而限制了银行可贷资金(与中国出现的"余额宝"等产品何其相似)。

众所周知,信息不对称与交易成本是金融发展的根本动力。这几年,国内不少专家学者分析互联网金融时往往用金融脱媒这一理论判定互联网金融将颠覆银行、证券等传统金融中介机构,认为互联网金融是"去中介"的。事实上，这是对金融脱媒理论的片面甚至错误理解。

的确，传统金融中介理论认为金融中介的主要职能是从最终借款人买进初级证券，并为最终贷款人持有资产而发行间接证券。在这一过程中，金融中介利用了借贷中规模经济的好处。从贷款方看，金融中介机构从事投资或经营初级证券投资，其单位交易成本可以远低于大多数个体贷款者（P2P借贷的贷款端）的投资，并有着两个相较于个人贷款者的绝对优势：一是金融中介机构能够进行多样化投资，降低风险；二是金融中介机构可以调整期限结构，能够大幅度降低流动性风险。从借款方看，相较于个体借款者（P2P借贷的借款端），金融中介机构能够吸引无数债权人的资金从事大规模借贷活动，相关好处可以通过贷款优惠条件、利息支付、红利分配等形式分到债务人、债权人和股东身上。

金融中介机构的这种生产性活动使得资金使用更有效，从而增加了资金的社会价值。金融中介机构具备两个技术优势：一是分配技术有助于提高整个社会的储蓄和投资水平以促进储蓄在各种投资机会之间的有效配置；二是中介技术能够通过协调借贷双方的不同金融需求和生产各种金融产品进一步降低交易成本。传统金融中介理论实质上强调了货币金融中介、非货币金融中介以及证券市场之间的竞争与替代关系，这种替代关系的关键就在于交易成本。

在交易技术不发达的时候，金融中介机构可以利用技术上的规模经济降低交易成本，随着交易技术的进步，金融中介在交易成本上的优势不复存在，金融中介就失去了其存在意义，就被"去中介"，金融脱媒就出现了。但几十年来，美国等发达国家的金融实践表明，不仅金融中介没有消失，各种各样的非银行金融中介反而发展起来，在传统金融中介理论框架下的金融脱媒无法回答这一问题。

到了20世纪90年代中期，著名经济学家默顿（Merton）提出了金融功能观。他大大扩展了传统金融中介理论。其核心思想是：金融体系的基本功能稳定，但金融机构的构成及形式却是不断变化的，应该以金融体系需要发挥的功能为依据，寻求最好的组织机构，即在金融中介机构的竞争发展中，谁能更充分发挥金融体系的功能，谁就能走得更远。更为重要的是，默顿提出的"金融创新螺旋"从根本上揭示了金融中介与金融市场的动态关系：金融中介好比金融产品走向市场的推进器，原先小规模、独具特色的金融新产品或服务日臻完善，逐步为人们熟悉和接受后，交易规模会不断扩大，产品形式日趋标准化，金融产品或服务就从金融中介转向金融市场，形成一个新品种的交易市场。由于市场在大规模、标准化产品的交易中比金融中介更具成本优势，并且随着技术进步驱动金融创新加速，各种新金融产品的交易市场迅速增长。同时，市场上的参与者（包括金融中介）在市场上套利，进一步促使交易量迅速增长，边际交易成本迅速降低，这又反过来促使金融中介的新产品与服务不断增加，依此螺旋演进，金融中介向着理论上边际成本为零的极限逼近，不断趋近完全市场的状态。

因此，金融产品与服务的提供者既不是单纯的金融中介，也不是单纯的金融市场，而是金融中介—金融市场的循环。也就是说，当金融市场还不太发达并且其他非银行金融中介还不够壮大的时候，银行是金融体系中履行资金融通效率最高的组织形式；一旦非银行金融中介如证券、保险、基金等的资金融通效率超过银行，则会出现银行层面的金融脱媒；又如直接融资的金融市场的资金配置效率超过银行和非银行金融中介，就会出现金融部门层面的金融脱媒。但是，金融中介与金融市场的关系不是简单的替代性竞争关系，而是相互补充和促进的，呈动态的金融创新螺旋。因此，不能把银行层面的金融脱媒视为整个金融部门在经济中重要性的下降，至少金融中介因信息不对称的长期存在（是"从长期看，我们都死了"中的"长期"）而会长期存在，只是其组织形式会不断变化，向着能够充分降低交易成本、发挥组织效率的方向演进。

结合笔者在《传统金融互联网化转型的逻辑必然性》这篇文章中的观点，即"现有的金融组织及其生产的产品与服务必然越来越跟不上信息时代的发展"，可以推知，传统金融中介要么拓展新的功能，要么借鉴互联网模式改革自己的组织形式，否则就会被新的金融中介组织所取代，即传统金融被"脱媒"的同时金融科技（或互联网金融）"触媒"，这就是金融科技或者互联网金融应运而生的最重要的理论动因。

吴晓灵女士将金融科技分为从事金融活动的金融科技与为金融服务的金融科技。结合前述，依据此二分法，从事金融活动的金融科技是发挥资金中介、信用中介或交易中介等功能的金融中介，而为金融服务的金融科技提供的则是纯粹的金融服务外包或技术咨询、运维服务，因此在探讨金融科技的风险之前，需要进行这样的区分，且后文如无特别说明，"金融科技（公司）"均指从事金融活动的金融科技（公司）。

既然金融科技的本质是金融中介，有着道德风险与逆向选择的问题，则其微观层面的风险仍旧是信用风险、市场风险、操作风险、声誉风险等传统金融所蕴含的风险，但因金融科技又具有鲜明的互联网科技特性，如低利润率、轻资产、高创新、上规模（网络效应）等，故金融科技的风险又不完全同于传统金融，主要是强化了风险，改变了风险的分布。

1. 金融科技强化了金融的固有风险

首先，如前述，金融科技的轻资产也即轻资本的特性强化了金融的高杠杆。以第三方支付行业为例，某代表性网络支付机构的杠杆水平＝（总资产－总负债)/调整客户备付金余额的总资产，在 2009—2013 年间均值为 23，最大值为 29，最小值为 13。而银行业的杠杆水平，法定不得超过 17。尽管银行业的杠杆率计算方法更为复杂，但不妨简单横向比较，就可推知金融科技，特别是实质承担金融风险的金融科技或互联网金融首先面临着资本充足率这一棘手问题。在此层面上，我们也就不难理解中国人民银行周小川行长指出互联网金融"所进行的影子银行活动存在期限转换问题，杠杆程度过高，资本要求也不同于传统银行"。

其次，互联网的低利润率强化了金融的流动性与收益性的平衡难度。传统的按照大数定律管控流动性风险的方法将不再适用于"长尾分布"状态下的流动性管理，同时"长尾人群"的金融知识、风险意识和承受能力相对欠缺，更容易出现个体非理性和"羊群"行为，一旦风险爆发，涉众多，影响大，加上缺乏资本充足率的监管，金融科技更容易产生突出的偿付能力的问题，形成较大的违约风险。

再次，互联网的"高创新"容易产生较为严重的合规风险和操作风险。如前述，抢先推出新产品是金融科技或互联网金融跨越网络效应"临界点"的重要手段。产品的率先推出，可能使得次优的产品取得竞争中的先发优势而战胜其他产品，甚至战胜最优的产品。金融科技或互联网金融企业高度强调"试错性创新"，使得一些不够成熟的产品被推向市场，其间容易产生严重的操作风险与合规问题，加上其"上规模"的网络效应，即使是不成熟的产品中隐藏着的较小风险，也容易造成大规模的资金损失，从而损害广大消费者的利益，产生尖锐的金融消费者保护问题。

最后，互联网的"上规模"直接强化了金融的外部性。金融科技企业一旦跨越"临界点"，其面临的供需曲线则发生逆转，即需求函数向上倾斜，供给函数向下倾斜，进而形成边际报酬递增与边际成本递减的独特优势，领军企业迅速变成"系统重要性"机构，甚至垄断市场，造成严重的市场公平竞争问题。同时，由于"长尾人群"多属弱势群体，这时的领军企业既是"大而不倒"，又是"太敏感而不能倒"，这不仅威胁金融稳定，还有可能阻碍社会改革。

2. 金融科技更易产生风险"黑天鹅"

金融科技和互联网金融不仅强化了金融的固有风险，将风险复杂化，还改变了风险分布的常态。正如塔勒布（Nassim Nicholas Taleb）在其畅销书《黑天鹅：如何应对不可知的未来》（*The Black Swan：The Impact of the Highly Improbable*）中所指出的，传统经济金融的理论与现实基础是正态分布或称高斯分布，其风险管理方法论也是以此为基础的，但人类社会、经济、金融历史中的极端风险事件或称"黑天鹅"事件（Black Swan Event）是不在正态分布的理论框架中的。风险分布的常态由正态分布转化为极值分布，甚至幂律分布最典型的"长尾分布"），使得"黑天鹅"事件发生渐频，经济金融的稳定性受到严重挑战。

仍以第三方支付为例，银行卡收单业务是传统的金融支付的主要形态，网络支付业务则是新兴的金融支付的主要形态。通过样本数据分析，代表性银行卡收单机构的日交易金额符合正态分布，而代表性网络支付机构的日交易金额不符合正态分布，符合对数正态分布。也就是说，网络支付机构的日交易金额呈现出明显的"长尾"特征，较正态分布的"长"很多，进一步来说，网络支付较传统的银行卡收单业务更"容易"（概率更大）发生异常大金额的交易。转换成风险管理的专业术语则是，网络支付的在险值（Value at Risk, VaR）比传统的银行卡收单的要大，即网络支付机构的流动性风险敞口比传统机构的要大，且网络支付发生极端异常风险的概率要比传统形态的大。

尽管这种数据研究不如实证研究那样严谨、全面，但仍有窥一斑知全豹的作用，即金融科技和互联网金融的发展与壮大，正在改变金融风险的分布特征，即由正态分布为主转向以极值分布为主。从统计学的角度看，正态分布是一种渐变过程和平稳过程，极值分布是一种突变（灾变）过程和激荡过程，对数正态分布则是这两种分布的中间状态，可以认为在众多相互独立的因素中有某个或某些因素起到了突出的作用，但未达到左右全局的程度。

事实上，权威研究表明，自然、社会和互联网空间或网络空间中，高度的集群性、不均衡的节点分布以及中心节点结构是常态。也就是说，在互联网空间或网络空间中，节点间的平等是幻象，网络空间实质是被一些高度链接的中心节点所主导，以至正态分布不是常态，幂律分布才是主流。

因此，在自组织机制中生根，在网络空间中展业，在云平台上发展的金融科技或互联网金融将日益不同于在线下环境中成长起来的传统金融，其风险形态正在发生根本转变，幂律分布造成的"长尾"特征将引致金融风险的极值分布，增大金融市场的波动性（笔者已经用理论模型证明，在互联网传播信息并提供交易的环境下，金融市场关于价格的波动性与网络规模的平方成正比）。并且，随着金融科技和互联网金融所形成的交易网络复杂化，辨识某节点所蕴含的风险及传染能力不再像传统金融那种星形简单网络那样明确而直接。故而，以正态分布为基本方法论的金融风险管理体系将不再适用于金融科技或互联网金融。

赵鹞：中国社会科学院金融研究所
支付清算研究中心特约研究员

如何推进互联网金融健康发展？

互联网浪潮带来的创新不可阻挡，中国金融业亦不例外。互联网金融的繁荣在中国已经持续了好些年，深刻地改变着金融业态。2015 年，随着中国政府出台互联网金融相关指导意见和监管细则，"互联网金融 2.0 时代"已经来临。

近年来互联网企业频繁介入金融服务行业，给社会大众带来了更好的体验、更多的选择，也促进了传统金融机构的变革，增进了社会的整体福利。与此同时，也出现了一些乱象：一些人借用互联网金融和金融创新的名义冲破监管红线，扰乱金融市场秩序，给投资人造成了不应有的损失。

为什么会出现这些问题？

一是许多人没有认识到互联网技术运用于金融业并未改变金融的本质，对各类金融产品的本质属性缺乏准确的了解，对金融的法律红线缺乏敬畏之心。

二是现有的金融产品设计未能满足不同风险承受能力投资人的需求，因而出现了一些有市场但不合规的产品，运作不当而给市场带来了风险。

三是金融监管跟不上市场发展，缺乏应有的引导和警示。因而必须加大金融改革的力度，适应社会需求，维护市场秩序，保护投资人权益。

1. 当前两大乱象解析

当前，互联网金融中风险暴露最多的两个领域，一是P2P，二是互联网理财。由于社会对相关产品的法律性质认识不清，以致难以有效防范和控制风险。因此，要正确引导社会对金融产品的属性认识，遵守法律红线，维护社会秩序。

P2P是点对点的直接融资，因而不能有资金池，这是监管红线。私设资金池就是变相吸收存款。作为一种直接借贷形式，P2P借贷双方必须直签合同。如果标的分拆，那么最大分拆额是30份，每份额度最多20万元；如果标的不分拆，则不受额度限制，即使额度达到1个亿也只需双方直接签订合同即可，这是借贷者的自主权。

P2P业务如何防范建立资金池？最好的措施就是资金通过银行直接从借贷双方走账。目前，有些P2P平台声称其资金委托在银行，但并未明确开户人身份。这种情况下，如果账户是P2P平台本身的账户，资金仍通过该账户走账，依然属于私设资金池，是变相吸收存款。

对于P2P平台来说，建立直接融资的银行托管账户，实际操作步骤应该是：P2P平台向银行发出指令，把甲客户出借的钱直接转到乙客户的账上，不经过平台的账户。目前，监管当局要求P2P平台找银行建立托管账户，然而很多银行却没有开发这样的技术产品，这也成为P2P平台实现银行资金托管需要突破的技术障碍。

从资产端方面来分析当前的P2P业务乱象，一是资产端没有坚持小额融资，金额很大，势必导致标的分拆；二是资产端的标的复杂，许多标的实行等额分,实质就与证券无异,比如对小微企业的贷款、融资租赁以及资产管理的产品等,由于资产端产品复杂、金额大,因而分拆标的是普遍现象,违规也成为普遍现象。

从资金端方面来看,乱象来自于资金的金额错配和期限的错配。资产端金额大,资金端金额小,因此会分拆标的;另外,当资产端借贷期限比较长的时候,如果资金端不能够提供长期资金,很多参与 P2P 的投资人便希望短期获得高利,因而产生了期限的错配。

大众参与较多的互联网理财领域,乱象亦是十分严重。互联网理财有三种形式:一是提供金融信息服务,介绍各类金融产品,向客户分析、比较、推荐产品,不介入交易;二是销售金融机构的产品,需要该类金融产品的销售许可,私募产品不可以公开销售;三是集合客户资金帮助客户投资,这个时候平台承担了资产管理的责任,其实质是集合投资计划。

理财、投资是一种行为,不是产品,完成理财行为需借助金融工具,因此,金融工具的属性和法律关系必须明确。金融工具可以为客户提供咨询,也可以向客户销售产品,但这些金融产品都拥有其特定的属性,应该将这些属性界定清楚,并在实际操作中向客户明确告知。

目前,大量的理财产品其实就是集合投资计划。何为集合投资计划?份额化的集合资金及由第三方管理的投资产品都是集合投资计划。集合投资计划的法律关系是信托,其金融的属性是投资基金,是证券。因此,这种类型的理财须严格遵守相关法律。如果是私募发行则必须少于 200 份,且必须面向合格投资人。依据现在监管当局掌握的数据,合格投资人是净资产不低于 1000 万元的单位,金融资产不低于 30 万元或者最近 3 年年均收入不低于 50 万元、投资的单只私募基金的金额不低于 100 万元的个人。如果是公募,则可以大于 200 份,但是由于其产品属性是基金,必须注册发行。

2. 金融创新的三个方向

股票投资和基金投资已形成投资者风险自担的文化,应沿此路径创新公募基金产品,发展股权众筹,满足不同层次投资人的需求。

首先,应创新公募基金产品,满足中间层次投资者的需求。

公募基金投资标的范围过窄,私募基金投资门槛过高,是当前难以满足中间层次投资者需求的关键。私募基金的投资范围由合同约定,它的收益高,但是风险大。

从理论上说,私募基金可以投资所有标的,包括已上市和未上市的证券,另类投资,古玩、字画、红酒,等等。整个投资过程是由合同来约定的,收益高,但是风险也相对很高。

与之相对,公募基金的投资范围在当前监管框架中相对偏窄,收益率偏低。法律规定的公募基金投资范围,一是上市交易的股票、债券,二是国务院证券监督管理机构规定的其他证券及其衍生品。因此,金融创新应包含扩展公募基金的投资范围,进而提高公募基金的收益。

除拓展投资范围外,也应创新公募基金品种,允许在一定份额比例内投资未上市的证券,同时还需提高投资人门槛。比如现在除了已经上市的股票和债券之外,还可以增加一些股权,或私募债,甚至可以加入一些其他的投资计划。但是,需将其控制在一定的比例,而且,一旦扩大了投资范围,投资人承担风险的能力也需加强,因而必须提高投资人的门槛。例如,对于一般的只投资上市股票和债券基金的投资人,在扩大投资范围后,可以将其投资门槛从1元钱提高到几万元钱。也就是说,当资产端开放资产范围和比例的时候,同时要提高对客户端的要求。

此外,还应简化公募基金注册程序,允许同一投资结构的基金一次注册、多次发行,实行数量储架发行制。如果一家基金管理公司管理的同一类型的基金,其投资风格是相同的,投资的结构大体也是一致的,则允许其做一次注册多次发行。这是创新公募基金品种,解决从 1 元钱认购公募产品到 100 万元认购私募产品区间内的中间投资的需求问题。

其次,发展股权众筹,让一般投资人参与企业创业。

众筹是互联网时代大众参与投资的好形式,其种类很多,包括捐赠型、产品型、股权型、公益型。

股权型众筹是小微企业发起设立的重要创新形式。根据《中华人民共和国公司法》规定,非上市公司的股东人数不能超过 200 人,允许 2 人以上 200 人以下发起设立股份制公司。另根据我国《证券法》规定,"未经依法核准,任何单位和个人不得公开发行证券",并将未经核准"向不特定对象发行证券"、"向特定对象发行证券累计超过二百人"等情形均纳入违规公开发行的范畴。因此,股权众筹不能突破《公司法》和《证券法》所规定的 200 人的上限。而且在现存的法律框架内,如果是债券私募发行,则有合格投资人的要求;如果是股权型众筹,200 人以下则没有合格投资人的要求,任何一个人都可以去发起、参与。

那么,互联网公司发起股权融资项目,如何把关、控制风险? 第一类是平台尽职调查,客户自主选择,这是当前大多数的互联网股权众筹平台的做法;第二类是在众筹平台采取"领投人＋跟投人"的形式;第三类是利用孵化器推荐,但需注意孵化器的不同标准。这些是在项目选择方面做好把关、控制风险的可行之举。

对于投资人来说,尽管所有人都可以参加众筹,但是为了保证参与者不至于承担过大风险,应该设置最高投资限额,以及参与项目的数目限制。这些措施可以从投资端控制客户风险,一旦某个项目失败,不至于影响客户的生计和生活。

现在网上比较合规的众筹平台,一般都自觉将人数控制在 200 人以内,最低投资额多控制在 50 万元以上,没有做到上文所说的大众参与。今后真正发展的股权众筹实际上是在股权众筹平台上公募发起,这才是股权众筹的创新所在。如果不突破 200 份，不打破合格投资人的限制，仍是私募，而不是真正的股权众筹。只有打破 200 份的限制，降低投资人的门槛，才是真正的股权众筹。这样的股权众筹可以为小额投资人提供参与创业投资的机会。当然，这就需要立法给予确认。而在现有法律框架内，突破关于份额和合格投资人的限制均属违法行为。

以美国为例，美国的股权众筹标的总额控制为 100 万美元，我个人建议中国能够发起设立的公司应控制在 300 万元。对投资人，可限制其最高投资额度或投资占其可支配资产的比例，同时对一定时间内投资项目的数目进行限制。

最后，应开放大额存款市场，给投资人提供投资高息存款的合法途径。

保本保息是中国投资人的偏好，但债券不适合向个人投资者发行。中国有许多经营债券的机构苦于资金来源有限，比如个人消费金融公司、融资租赁公司、汽车金融公司、住房信贷等等。如果能够开放大额存款市场，允许一些非银行存款类金融机构吸收公众存款，成为有限牌照银行，那么对于提供更多的投资产品将大有益处。

3. 六方面创新监管

创新是市场发展的动力，是市场主体适应市场需求而采取的行为，个别风险的暴露是市场发展中必然伴随的现象，而监管的责任就是关注创新的市场基础，防范风险，同时释放金融活力。对于监管主体来说，要创新监管，解除压抑，促进经济社会健康发展；要拓展证券定义，实行功能监管。

具体来说，可有以下六个方面的创新监管举措：

一是克服监管当局的地盘意识，按实质重于形式的原则，明确产品法律关系和功能属性，实行功能监管。让银行理财产品归位公募基金，按储架方式发行。

二是完善中央地方双层金融监管体制。吸收存款、公开发行证券、办理保险的金融机构和信托公司归中央监管,不吸收公众存款的一些金融服务机构可以归地方金融监管局监管,中央银行负责对地方金融监管机构的协调指导。

三是规范金融产品名称,所有金融产品无论线上线下,在销售时都必须表明产品的金融属性,存款、贷款、基金、债券、股票、集合投资计划、资产产品计划等等所有的产品必须明示产品的名称。没有金融牌照的互联网平台销售金融产品,必须持有销售许可证。

四是严格管理公司的名称,凡名称中含有金融、理财、投资、投资咨询、财务、担保、财富管理、资产管理、融资租赁等字样的公司,需先到地方金融办备案,再到工商局注册。名称的误导层出不穷,这也是当前金融混乱的重要原因之一。地方金融办应成为地方金融监管局,对上述类型公司进行负面清单监管,监管内容包括:不得非法集资;不得非法公开发行证券;不得办理超出200个合格投资人范围的资产管理业务;不得无许可销售金融产品;不得从事投资咨询顾问服务。以上行为都是拥有金融牌照的机构的专属权利。

五是加大对违法行为的处罚力度,建立有奖举报非法金融活动的激励机制。

六是打破刚性兑付,树立风险自担的意识。以维护稳定的名义迁就投资人,由政府承担部分偿付责任,只能助长非法集资活动。

吴晓灵:全国人大常委会委员、财经委副主任委员,

中欧陆家嘴国际金融研究院院长

挑战性转身：信息化银行建设

当前世界经济正在艰难复苏中，政治经济形势异常复杂，经济结构大幅调整，新旧动力衔接不顺，金融市场波动加剧，金融监管更趋严格，货币扩量导致流动性宽松，利差继续收窄甚至负利率推出，对全球银行业形成资产质量下行、收入盈利下滑的巨大压力，导致银行业的经营模式和竞争格局正在深刻变革中。为应对经济周期、行业周期叠加影响，不少国际金融机构采取出售资产、收缩规模、减员撤点等措施，以求渡过发展低潮期，满足资本需求，维系盈利能力。同处于经济全球化时代的中国银行业，不可能独善其身，也面临着盈利增长率陡降和不良资产急升的挑战。

在诸多挑战之中，银行业还面临金融数据化变革的新周期。以云计算、互联网、移动化、区块链和人工智能为代表的金融科技风起云涌，并迅速向金融领域渗透融合，金融脱媒和利率市场化加速演进，银行业务结构调整和行业跨界竞争加剧，出现了融资脱媒和支付脱媒的新环境、新格局。

社会对银行的传统认识有所改变,银行原有的规模、地域、网点等优势正在减弱,银行市场正在分化和快速演进,传统关系正在遭到破坏。消费者较大程度地掌握了信息的主动权,他们主动地寻找自己想要的产品和服务,不那么忠诚于自己的开户银行,也不一定听从银行销售的引导,有些客户掌握的信息甚至不比银行销售人员少。正在到来的数据化时代对银行的固有观念、商业文化和经营模式加以颠覆,将导致市场格局的再次变化。银行发展模式必须不断调整优化,不能形成思维方式、经营模式的路径依赖,不适应数据信息时代生存环境的银行将成为竞争的失利者。

现代社会是信息社会,信息技术是社会发展进步的重要推动力。银行业作为技术和知识密集型行业,始终站在信息技术应用的前沿领域。21世纪以来,我国主要大型银行先后完成数据大集中和综合业务系统建设,信息化水平跃上了一个新台阶,取得了长足进步和显著成就,大幅提升了创新发展和综合竞争实力,实现了数据集中化、运营集约化、管理现代化和服务电子化。可以说没有信息技术的巨大进步,就没有今天中国银行业举世瞩目的成就。目前中国的银行信息化建设已近尾声,信息化银行建设的崭新时代必将加速来临。通过信息化银行建设,实现数据技术与经营管理的高度融合,才能打造银行不可复制的核心竞争力,重塑银行业的经营模式和发展方式。

在肯定中国银行信息化建设取得重大成就的同时,也要看到,由于中国银行信息化建设是分步骤、渐进式的,许多系统是以复制手工操作的思路来设计和开发的,系统之间存在专业分割、标准不一、关联复杂、流程过长、运行成本高等问题。

随着银行规模的持续扩张以及国际化、综合化的发展,数据信息部门化、各自为战、传导迟缓、反应迟钝等"数据病"越来越明显。一些银行坐拥海量信息,但由于数据割裂,缺乏挖掘和融会贯通,而患上了数据"贫血症"。

中国乃至全球银行业一贯重视对信息化银行建设的投资,但成功的关键在于信息化银行建设的正确理念、战略和实施。从银行信息化到信息化银行，不是简单的数据技术升级和应用范围扩大，而是要在银行信息化的基础上，实现信息的融会贯通，进而推动银行经营管理质态发生根本性改变。信息化银行的突出特点可以概括为八个字：集中、整合、共享、挖掘。

一是运营集中。作业模式工厂化、规模化、标准化，业务集中处理、前中后台有效分离及各类风险的集中监控。目的是提高效率，降低成本，控制风险。

二是系统整合。建立互联网技术中枢和架构统一化，系统互联互通高效化，破除数据信息孤岛。目的是使经营管理灵活协调，市场客户响应快速及时。

三是信息共享，形成便于检索的数据共享平台。目的是提高信息的可用性、易用性。

四是数据挖掘。通过对数据的收集、储存、处理、分析和利用，使用先进的数据挖掘技术，使海量数据价值化。目的是据此判断市场、发现价格、评估风险、配置资源，提供对经营决策、产品创新、精准营销的支持。

信息化银行建设的成功实施会使银行间出现竞争力的"代际"差异，赢者会持续保持战略优势。

信息化银行建设应从平台、数据、金融三方面入手。

首先是要建立起高效的信息平台。不仅要成为金融服务提供商，还要成为经济体系中重要的数据服务提供商，通过经济活动各个环节的交易信息、金融信息、物流信息等信息资源的积累，利用大数据处理和数学建模分析，发现市场潜在的金融需求，从而更有针对性地为客户提供金融服务。

其次是要打造完备的数据基础。把数据仓库构建好，包括对各种结构化、非结构化数据进行挖掘分析，将数据作为判断市场、精准营销、发现价格、评估风险、配置资源的重要依据，实现数据共享。

最后，商业银行要主动融入互联网的金融变局，吸收信息技术创新发展成果,推进金融产品和服务的创新。借助大数据技术强大的数据分析能力,推出新产品、新服务,延伸服务范围,有效提高对在传统业务模式下容易被忽视的"长尾"客户的服务供给,有效提高客户的金融服务体验,促进金融体系运作效率的提升。

信息化银行建设的核心在于资产管理和风险控制的信息化能力建设。资产转化功能是金融企业最核心的功能,即实现资金在时间、空间、规模等维度上的转化。资产转化的全过程都伴随着风险,目前多发的信用风险状况反映出传统的信贷管理方式和现有的数据信息能力都已经不足以防控风险。如:无法及时和准确把握资金流、物流、信息流;社会征信碎片化和缺乏共享;无序竞争、多头授信和数据割裂,放大信息不对称;一些企业利用数据信息不对称,屏蔽信息、假造交易;由于失信普遍,银行担忧受骗,形成"当铺文化",徒增社会交易成本,甚至造成劣质企业驱逐优质企业,形成恶性循环。

大数据和智能化在资产管理和风险控制领域的运用是未来商业银行和其他金融机构的攻坚点。随着社会经济活动的广度和深度发生变化,银行的风险控制必须提升到新阶段。大数据不是抽样,而是通过模型导入全数据来做交易习惯分析,从超越习惯的异常现象中发现风险。要强化对信息维度、来源的研究分析,细化到行业、区域、个人、对手、产品、交易、时间、内容等。利用政府和中介组织、企业间、商圈的交易详细数据,结合社会失信、违约、违法数据,解决好数据源的可得、可靠、准确、及时。数据历史长度越长,准确性越高。应依靠数据集成、整合分析方式对信用风险进行监控,建立数据关联、数据匹配等逻辑性分析模型。唯有如此,才能实现以下突破。

一是依此实现精准授信、精确管理。通过标准化、专业化信贷分类,采用大数据分析和数学建模,解决传统的信贷管理中存在的"失准"、"失察"和"失步"问题,并缩减管理环节,提升审批效率。

二是依此实现信贷创新。做到准入精准化、审批自动化及风控模型化,开发更多线上自助融资产品。

三是依此实现对客户行为需求的把握。建立统一的客户标签和客户画像,形成全景视图,推行精准有效营销。

四是依此实现对关注企业及其数据的风险判断。通过数据合成相互佐证,并搜集多维数据源,对异常交易、异常账户、异常习惯进行判断。数据真实透明,资金流、物流及信息流清晰可见,其信息具有历史长度的企业,将是受银行欢迎的核心客户。银行应区分信息可靠企业和复杂企业,对风险越大的行业和企业要求越多的信息维度,并确立不同的准入方式,使守信者处处受益,失信者寸步难行。

五是依此实现对企业资金流、物流及信息流的严格监控。关注结算主要是关注风险,结算套利可能就是风险预示。贷后管理须依靠每日的流量监控,不良的信贷文化是贷后不闻不问,仅依靠还息来了解客户。

六是依此建立风险计量体系。确定风险偏好、风险集中度与风险限额,并确定资本合理分布。

现代金融的发展趋势是金融和信息科技的结合。金融科技革命引发了货币形态从实物货币向虚拟货币方向发展;银行概念从支付融资中介向信息中介方向发展;柜台服务从人人对话向远程移动自助方向发展。银行与金融科技有密切的互动关系,最近几十年来,所有金融创新的背后都有科技的背景。为了提升核心竞争力,银行业从来都是科技创新成果的积极尝试者。未来在融资领域,大数据技术和人工智能会提升资产转化过程中融资机构对风险的把控能力;信贷决策也是博弈过程,要超越依靠实践和失误积累经验的传统做法,通过学习积累胜败经验,利用深度神经网络,模拟人脑的机制来对信贷进行判断、决策;互联网金融和区块链技术会在支付领域发挥作用,因此要提升支付的安全性;VR(virtual reality,虚拟现实)技术会在信贷现场调查等领域崭露头角,非结构化的图像数据为远程决策者提供身临其境的感受;远程移动互联技术会颠覆传统银行的营业服务模式,银行业务去机构、去人工是一个缓慢但不可逆转的趋势。未来银行不是一个场所,但它提供的一定是不可或缺的服务。虽然世界经历了国际金融危机的痛苦冲击,但经济金融领域创新的脚步会因此而加快。全球银行业正在经历一场前所未有的数据化革命,传统意义上的银行渐行渐远,而一个更富活力与效率的数据化、信息化银行渐行渐近。对世界银行业而言,这是一次极富挑战性的转身。中国银行业应当在这个历史巨变中担当先行者,用实践和努力来探索一条新路!

姜建清:中欧国际工商学院兼职教授,

原中国工商银行董事长

金融科技的核心技术及其应用场景探索

　　12 世纪之前,欧洲还处在自给自足的农业经济时代,日常交易主要通过物物交换达成。13 世纪开始,随着城市的形成,商品贸易活动逐渐集中、繁荣,催生了货币体系的构建。此后在威尼斯建立的资金清算所使得地区硬币运输减少、交易成本下降,同时威尼斯开始采用新的大面额的纯银铸币,其成为货币流通使用的标准;城市与商贸的繁荣催生了以货币为核心的金融体系的建立。18 世纪 60 年代英国爆发第一次工业革命,使得其生产能力发生了质的飞跃,债券、银行以及券商体系随之诞生,实现了全国资金融通。无论是从前还是现在,金融工具的变革都是金融体系变革的必要条件,从海外市场来看,FinTech(Financial Technology)更专注于 Technology,即科技,而 Financial(金融)更多的是表达 Technology 所运用的领域。我们有理由相信金融创新能够推动产业发展,而技术则是金融科技发展的关键。

　　概括来说,FinTech 基于大数据、云计算、人工智能、区块链等一系列技术创新,全面应用于支付清算、借贷融资、财富管理、零售银行、保险、交易结算等六大金融领域,实现金融与科技高度融合。一言以蔽之,金融科技是将科学技术应用于金融行业,服务于普罗大众,降低行业成本,提高行业效率的技术手段。

金融科技的过去和现在

从互联网技术对金融行业的推动和变革角度来看,至今为止金融科技经历了三大发展阶段:

金融 IT 阶段:主要是指金融行业通过传统的互联网技术软硬件来实现办公和业务的电子化,提高金融行业的业务效率。互联网技术公司并不参与金融公司的业务环节,互联网技术系统在金融公司体系内属于成本部门。代表性产品包括 ATM(自动取款机)、POS(销售终端机)、银行的核心交易系统、信贷系统、清算系统等。

互联网金融阶段:金融业搭建在线业务平台,通过互联网或者移动终端渠道汇集海量用户,实现金融业务中资产端、交易端、支付端、资金端等任意组合的互联互通,达到信息共享和业务撮合,本质上是对传统金融渠道的变革。代表性业务包括互联网基金销售、P2P 网络借贷、互联网保险、移动支付等。

金融科技阶段:金融业通过大数据、云计算、人工智能、区块链等最新互联网技术,改变传统金融的信息采集来源、风险定价模型、投资决策过程、信用中介角色等,大幅提升传统金融的效率,解决传统金融的痛点。代表技术如大数据征信、智能投顾、供应链金融等。

经历了上述三个发展阶段后,许多研究通过风投融资额来判断 FinTech 领域在全球的发展现状。从不同的地域来看,FinTech 的发展以北美为主导,欧洲与亚洲紧随其后,三大洲几乎占据了所有的 FinTech 市场。在过去的五年间,三大洲 FinTech 投融资规模从 2014 年开始暴增,2015 年,北美、欧洲、亚洲地区风投驱动下的融资额分别为 77 亿美元、14.8 亿美元、45 亿美元,同比

增长 75％、33.33％、309.09％。截至 2016 年 6 月，全球共有超过 1362 家
FinTech 公司，来自超过 54 个国家和地区，融资总额超过 497 亿美元。埃森哲
的研究报告表明，全球金融科技产业投资在 2015 年增长 75％至 223 亿美元。
美国纳斯达克和精品投资银行 KBW 携手推出了 KBW Nasdaq 金融科技指数
KFTX，该指数共 49 只成分股，全部市值约为 7850 亿美元，占美国国内股票市
值的 4％，这也是第一只仅包含在美国上市的金融科技公司的指数，预示着该
行业越来越受到全世界的关注。中国金融科技的发展尤其迅猛，2015 年中国
金融科技行业增长 445％，接近 20 亿美元。中国央行也表示将考虑应用数字
货币并着手研发相应技术。

从业务类型发展来看，行业内 FinTech 公司大部分以支付和借贷为主要业
务，根据 H2 Ventures 公司与毕马威（KPMG）公司发布的《2015 年金融科技 100
强》报告中的数据统计，主营业务为借贷或者支付的公司占据了百强中的 69％。
从 CB Insights 网站上获得的国外估值前 10 家 FinTech“独角兽”公司主要业务情
况数据也可以看出，估值排名前十的公司中，以贷款或支付为主要业务的公司占
到了 80％。由于支付和借贷是人们使用金融的基础需求，加上网络借贷和移动
支付提升了传统金融的便利程度，预计 FinTech 六大金融领域之中，支付清算以
及借贷融资或将成为 FinTech 初创公司打开市场并累积客户数的途径之一。

金融科技的核心技术

从金融的功能角度来说，金融的核心是跨时间、跨空间的价值交换，所有
涉及价值或者收入在不同时间、不同空间之间进行配置的交易都是金融交易。
而人工智能以及区块链是基于大数据和云计算，在时间和空间上加速推动金
融科技发展的两大核心技术。

区块链从空间上延展了消费者支配价值的能力。区块链最初为人所知是
因为它为数字货币底层的核心技术，包括守恒性、不可篡改和不可逆性。区块

链诞生的那一天创造了一种数字货币,可以借助区块链点对点地进行支付和价值转移,无须携带,持有这种数字货币的人可以得到区块链跨越空间进行价值传递的好处,相当于自己通过技术手段在空间上延伸到了异地,直接掌控钱包和个人保险箱。另外,区块链还可以解决因通过中介交换价值而产生的信息不对称的问题,比如通过区块链设计事后点评的智能合约,将所有实名消费记录记载在区块链上。如果签署的差评多到一定数量,就可以通过智能合约发布商家事先私钥签名含有退赔、召回、道歉等具体内容的声明,这样的技术手段可以真正做到由消费者而非中介来直接掌控交易信息。

人工智能正在提升价值跨时间使用的能力,证明"时间就是金钱"这一说法。人工智能能够在以下三个方面"跑赢"时间:

第一,快速吸收信息,将信息转化为知识的能力。人工智能在对文本、语音和视频等非结构化信息的获取方面实现较大飞跃,人类手工收集、整理、提取非结构化数据中有用信息的能力已不如人工智能程序。特别是文本信息,在自然语言处理和信息提取领域,这样的技术不仅限于二级市场的量化交易,对一个公司上市前各融资阶段或放贷对象的基本面分析乃至在实体经济中对产业生态和竞争格局的分析等都可以使用这样的技术来争取时间优势。

第二,在领域建模和大数据分析基础上预测未来的能力。时间最本质的属性就是其不可逆性,而未来是不确定的,却又是有规律可循的。基于知识图谱的领域建模,基于规模化大数据的处理能力,针对半结构化标签型数据的分析预测算法三者的结合,是人工智能在时间维度上沟通过去和未来,减少跨越时间的价值交换造成的风险的优势所在。

第三,在确定规则下优化博弈策略的能力。价值交换领域充满了博弈,博弈皆须解决局势判断和最优对策搜索两个基本问题。人工智能可以比人更充分地学习有史以来的所有公开数据;可以比人更充分地利用离线时间采用左右互搏来增强学习策略;还可以使几万台电脑共同协作,相对于几万人的协作而言不存在人类面对利益的考量以及各种不淡定乃至贪婪的表现，所以人工智能在博弈环节的普遍应用也是一个必然的趋势。

金融科技核心技术应用场景探索

金融科技核心技术的实操水平决定了 FinTech 企业的核心竞争力，大数据思维主导了 FinTech 行业的发展方向。人工智能和区块链作为金融科技核心技术，目前已经在很多可应用的场景崭露头角。新业务模式、新技术应用、新产品服务对金融市场、金融机构以及金融服务供给产生重大影响，但其与传统金融并不是相互竞争的关系，而是以技术为纽带，让传统金融行业摈弃低效、高成本的环节从而形成良性生态圈循环。传统金融机构是否能成功转型或是金融科技公司能否具备行业竞争力，取决于其是否能够研发出自己的核心技术并且与金融环境相结合而使金融服务更高效。从具体应用上看，金融科技核心技术目前在如下领域已经开始成熟且逐渐延伸：

1. 人工智能的应用场景之一：智能投顾、量化投资

对标全球，世界最大的对冲基金桥水在 2015 年组建了一个新的人工智能团队。Rebellion Research 公司运用机器学习进行量化资产管理，于 2007 年推出了第一支纯投资基金。2016 年 9 月，安信证券开发的 A 股机器人大战 5 万投资者的结局揭晓，从 6 月至 9 月的三个月里，机器人以 24.06％（年化收益率 96％）的累计收益率战胜了 98％的用户。机器人运作模式是先从基本面、技术面、交易行为、终端行为、互联网大数据信息、第三方信息等衍化成一个因子库，属于数据准备过程。之后将因子数据提炼生成训练样本，选取机器学习算法进行建模训练，最后保留有效因子生成打分方程输出组合。机器人大数据量化选股较人类智能而言，更偏向从基本面、技术、投资者情绪行为等方面挑选因子，对互联网技术、数据处理技术的要求较高。另外人工智能还能够自动搜集企业公告、上百万份研报、维基百科等公开知识库等，并通过自然语言

处理和知识图谱来自动生成报告,速度可达 2.5 份/秒,60 分钟即可生成全市场 9000 份新三板挂牌公司报告,在时空上的优势由此得以体现。

2. 人工智能的应用场景之二：信用卡还款

截至 2015 年年末,全国人均持有银行卡 3.99 张,现代消费模式中人们已习惯了使用信用卡或者手机绑定信用卡进行消费。一人多卡的现象有时会让持卡人忘记按时还款,逾期不还款的高额滞纳金会让用户产生损失。此类情况下人工智能能够将用户所有的信用卡集中管理,帮助用户在不同的还款期内合理安排资金,以支付最少的滞纳金。若账户没有余额的情况发生,开发公司会提供比信用卡公司利率更低的贷款,帮助用户还信用卡账单。

3. 区块链的应用场景之一：数字货币

瑞银、德银、花旗等许多银行都已着手开发自己专用的数字货币。领先的比特币支付处理商 Snapcard 与格鲁吉亚共和国最大的支付服务提供商之一 UniPAY 达成了战略合作伙伴关系,整合 Snapcard 的数字货币支付处理技术,并将为商家和用户提供一种新型支付选项,除了可以使用比特币支付以外,还可使用莱特币、狗狗币等其他数字货币,商家和用户还能将这些数字货币兑换成当地货币。未来数字货币或将凭借其交易效率高、交易成本低的优点代替现金以及信用卡。

4. 区块链的应用场景之二：保险业规避传统保单中的信息不对称问题

阳光保险推出"区块链＋航空意外险卡单",是国内首个将区块链技术应用于传统的航空意外险保单业务的金融实践。传统的航空意外险对于普通投保人一直存在着显著的信息不对称问题,这也造成了航空意外险一直是保险渠道中介商从中"上下其手"的"重灾区"。区块链技术正好可以解决中介环节中的信息不对称问题。保险公司、航空公司、客户依托区块链技术多方数据共享的特点,可以追溯保单从源头到客户流转的全过程,各方不仅可以查验到保单的真伪,确保保单的真实性,还可以自动化后续流程,比如理赔等等。区块链作为一项分布式共享记账技术，利用统一共识算法构建不可篡改的数据库系统与保障机制，结合传统保险诸多环节形成资产数据流，使保险产品自动"流动"起来，减少了信息不对称造成的成本与道德成本。此外区块链航空意外险卡单设立在区块链上，没有中间商，保险卡单价格会很明显地降下来，这也可以防止保险产品被中间商抬高价格并转嫁到消费者身上。

5. 区块链的应用场景之三：其他领域

区块链在其他领域的应用场景可概括为三大类：一是登记，区块链具有可追溯的特点，是记录各种信息的可靠数据库，可在客户信息登记领域广泛使用；二是明确产权，区块链数据共享的特点使得各个机构和个人均可参与整个系统的运作，每个参与节点都能获得一份完整的数据库资料；三是智能管理，区块链"去中心化"的特点可以使智能合同自动执行合约条款。在各个领域的应用可归结如表1：

表1　区块链技术分布式账本在登记与明确产权等方面的应用

分类	案例
公共记录	土地和房产证、车辆登记、营业执照、结婚证、死亡证
证件	驾驶证、身份证、护照、选民登记
私人记录	借据、贷款合同、投注、签名、遗嘱
证明	保险证明、权属证明、公证文件
实物资产	家宅、汽车租赁、酒店客房
无形资产	专利、商标、版权

资料来源：Ledra Capital Mega Master 的区块链清单，中国上市公司研究所

此外，金融科技核心技术能否促使金融行业健康发展，与监管模式的创新也息息相关。对比西方国家，初创公司和大型金融机构均在政府的监管要求下不断地进行创新和探索。反观国内，"行业自律先行—政府监管跟上"的监

管发展路径也许在某种程度上有利于促进创新,不会将金融创新扼杀在摇篮中,但探索监管的创新模式也需要和行业发展齐头并进,清晰的监管体系或许能够让行业创新保持可持续发展。希望金融科技初创公司或是传统金融机构能够在健康的监管环境下,适当借鉴西方国家的创新概念将应用场景落地,缩短中西方行业发展的差距,使国内金融行业更加高效、便捷、安全、利民。

巴曙松：国务院发展研究中心金融研究所副所长

白海峰：招商资产管理(香港)有限公司首席执行官

探索互联网金融可持续发展模式

"互联网＋"时代的金融服务变革

1. 科技进步改变客户行为方式

在全球新一轮科技革命和产业变革中,随着移动互联网、物联网、大数据、云服务等技术的逐步成熟与深入应用,新技术将逐步成为人类社会发展的基础设施和创新要素,推动经济创新力和生产力提升。科技带来的客户行为变化处于变革的最中心。这种变化呈现出用户体验至上、安全意识薄弱、喜欢即时消费、对信息高度知悉、价格敏感、社交联系紧密、从众心理普遍、自我认识与自我推销能力提高、消费主权上升等显著特征。

2. 宏观环境提供战略机遇

麦肯锡曾预测,"2025 年中国互联网经济在国内生产总值的占比将从 7％提升至 22％",并认为,加快推进互联网与各产业融合发展,主动适应和引领经济发展新常态,对于形成经济发展新动能,实现中国经济提质增效升级具有重要意义。自 2015 年政府工作报告提出"互联网＋"行动计划,国家陆续出台了支持普惠金融、移动金融、跨境电商、大数据发展等一系列政策,并将互联网金融纳入国家"十三五"规划,为互联网金融快速发展提供了战略机遇。

3. 高度竞争推动快速创新

互联网公司、电商企业、创新公司、电信运营商、传统金融机构等力量激烈碰撞、高度竞争,推动行业快速创新发展。互联网公司、电商企业等科技公司凭借自身平台优势、海量用户、数据资源,积极打造融入式金融生态系统,以支付、理财、融资等为跳板,加速向传统金融领域渗透;而运营商、金融机构等,则借助互联网技术重构产品与服务流程及业务模式。由此,业界衍生出互联网支付、网络借贷、网络理财、股权众筹融资、网络征信等多种新兴业态,且业务规模呈现快速增长态势。

"互联网＋金融"的可持续发展模式

1. 互联网金融之喜

当前,国内间接融资市场发达,商业银行是举足轻重的金融中介机构。由于银行在客户开发、流程优化、渠道多样性方面响应较慢,消费者需求和银行服务之间出现断层,这些断层被定位更为清晰的非银行机构和新商业模式等迅速填补,如第三方支付、互联网消费金融、P2P 等。2015 年,第三方支付业务规模预计达到 11.75 万亿元(较去年同期增长 45.5％),移动支付规模达到 9.07 万亿元(较去年同期增长 51.4％);P2P 网络借贷规模约 9823.04 亿元,平台累计达到 3858 家;众筹平台达到 283 家,募集资金约 114.24 亿元;2015年互联网金融行业投融资案例共 253 起,融资金额约 380 亿元。虽然互联网在整体金融市场的规模占比依然较低,但从数据体量看,未来互联网金融仍有广阔的发展空间。

从全球来看，在过去 5 年中，金融科技领域公司吸引了全球将近 230 亿美元风投和面向成长期企业的增长型股权，且这一数字还在不断增长。以金融科技创新较为活跃的美国为例，互联网金融与传统金融服务形成错位竞争，互补发展。在借贷领域，Square、Upstart、Lending Club 等积极利用传统信用记录、GPA 和包括 Facebook 历史记录等在内的非传统数据，提高风险分析能力和信贷决策效率；在投资领域，Motif、Wealthfront、Betterment 等针对新兴富裕群提供低成本算法的投资咨询和管理，并搭建低成本的自助交易平台，分享并执行以客户为导向的投资策略等。商业银行与金融科技融合发展，如JPMorgan Chase(摩根大通)银行投资人人贷公司 OnDeck 产品，服务于银行自身 400 万小企业客户并提供 25 万美元以下贷款；大通(Chase)与零售财团Merchant Customer Exchange(MCX)合作推出 ChasePay，将其 9400 多万银行客户导入 MCX 平台，在旗下沃尔玛、百思买、成员商店、餐馆、加油站使用二维码支付，共同服务于年轻客户群。

国内外的数据及案例表明，互联网与金融的融合将推动产业的快速发展。国内互联网金融的快速发展让金融服务领域经历了权力的解构与转移。其所产生的鲶鱼效应，有利于提升整体金融服务水平；而利用互联网新技术降低成本则有利于中小微企业融资，一定程度上也助力经济转型和产业升级。以更长远的眼光来看，多元化竞争体系有益于满足多层次的市场需求，提高金融体系资源配置效率、优化融资结构等。此外，互联网金融将进一步加速利率市场化和金融脱媒进程。对此，霍学文在《新金融，新生态》一书中指出："互联网金融巨大的社会功能和普惠价值将成为建设良序社会的重要手段和基础设施。"

2. 互联网金融之忧

在互联网金融爆发式增长过程中，部分风险也逐渐积聚和暴露了：部分互联网平台披着互联网金融的外衣，借用金融创新的名义冲破监管底线，扰乱金融秩序;某些金融创新实质上是监管套利,逃避监管(如风险拨备、保险资本约束、信贷指引、税收等),一味"创新",对全社会经济金融结构调整和劳动生产力提升没有正向贡献;社会公众追逐短期高利,不求长期回报,对资本市场发展产生溢出效应;等等。这些都值得思考。2015 年年底,《关于促进互联网金融健康发展的指导意见》《网络借贷信息中介机构业务活动管理暂行办法(征求意见稿)》《非银行支付机构网络支付业务管理办法》等旨在促进行业健康发展的监管政策陆续出台。

以 P2P 行业为例。2015 年 3858 家 P2P 平台中,问题平台多达 1263 家。尤其是通过资金池进行拆标和期限错配的平台,极易因流动性问题被"挤兑"倒闭。其中,"e 租宝"事件成为全球受害人数最多的庞氏骗局,在短短半年时间内约有 90 万客户被卷走资金 500 亿元;"泛亚"事件涉及资金规模高达 430 亿元,投资者超过 22 万。按监管法规要求落实"银行作为资金存管机构"的 P2P 平台寥寥无几,正式完成系统对接的 P2P 平台不足 10 家。此外,风险揭示与投资者教育也亟待确定行业标准。

以支付行业为例。非银行支付机构业务范围已远超网络购物支付、小额便民支付,跨界拓展了诸多"准金融业务",且已形成市场高度集中化趋势,呈现了较高的行业风险和监管难度。一是在支付机构准入、准出方面,监管部门累计发放了 269 张第三方支付牌照(一张第三方支付牌照市场估值约 2 亿元)。只有明确的准入机制、定期检核和退出通道,才能让现有主体充分竞争。二是在业务开展方面,支付机构以银行卡或支付账户为载体,开展转账、信用卡还款、代缴费、跨境汇款等结算业务,或通过向客户销售货币型基金、债券型基金、理财型保险等开展理财类业务,但目前并未按照业务实质匹配监管政策。特别是支付机构存在大量非实名账户,较难进行客户 KYC(know your customer)尽职调查,无法向监管机构及银行真实传递二级商户的交易信息等,大额可疑交易较多。这极易涉及反洗钱等违规事件,对于维护金融稳定与健康构成了一定风险。三是在行业反垄断方面，目前行业已呈现高度集中化趋势，处于垄断地位的支付机构强势影响商户、银行、电商平台等的合作政策、业务定价等，极易导致行业发展问题和系统性金融风险。四是在消费者权益保护方面，支付机构收取提现费用、相关资金沉淀并不等同于银行存款，也不受存款保险保证；此外，支付机构日均备付金利息也并未分享给支付用户等，相关消费者权益保护政策与指引亟待确立。

3. 互联网金融之可持续发展

综合以上情况，互联网金融只有回归金融本质，才能避免昙花一现，保证行稳致远。金融的本质是在信用基础上的价值流通。互联网金融是新金融的代名词，但并没有颠覆传统金融的本质，只有把握住金融的核心，去伪创新，才能真正推动行业的可持续发展。

自1983年联合国启动可持续发展的奠基性研究以来，"可持续发展科学"已经提炼出以下三项共识：必须坚持以创新驱动克服增长停滞和边际效益递减（提供动力）；必须保持财富的增加不以牺牲生态环境为代价（维系质量）；必须保持代际与区际的共建共享，促进社会理性有序（实现公平），由此形成可持续发展内涵中"动力、质量、公平"三大元素。只有上述三大元素及其组合在可持续发展进程的不同阶段获得最佳映射，可持续发展科学的内涵才具有统一可比的基础，才能制定可观控和可测度的共同标准。

根据上述定义，要推动实现"动力、质量、公平"三大内涵，互联网金融需要追本溯源。一是行业要利用互联网技术来降低成本，提升效率，提升生产力，为实体经济转型提供动力；二是着眼长远期，拒绝伪创新，不因短期利益而盲目扩张业态规模，忽视风险及配套建设，要从重数量转化为质、量并重；三是要促进行业公平，在统一标准下进行行为监管，保障公平，保护金融消费者权益，真正促进金融业可持续发展。

银行探索互联网金融可持续发展模式的实践

面对互联网金融的浪潮,商业银行应全面践行"互联网+"行动纲领及国家"十三五"规划,顺应市场环境与客户需求变迁,主动抓住机遇,积极应对挑战,立足多年提供金融服务的经验和优势,包括丰富的金融服务产品、线下网点优势、完善的内控机制和风控能力,大力发展互联网金融。加快传统金融服务网络化建设,运用互联网创新思维进行平台开放、跨界发展以及大数据应用,借助互联网、大数据等技术,重构产品服务流程以及业务模式,使银行产品创新、营销渠道、风控模型等真正发生融合变化,创造新的商业模式,更加深刻地推动商业银行业务、经营与服务模式转型,实现"互联网+"时代的转型发展。

例如,中国银行(下称中行)正在积极探索互联网金融可持续发展模式,建立和完善基础支持开放平台、增值应用商务平台及客户服务联络平台三大平台;同时,努力打造支付、资管、交易、融资四大产品线,构建跨境、产业链、O2O、安全终端四大特色场景,明确"场景融合、数据洞察"的发展策略,以为客户提供"随时、随地、随心"的全方位金融服务,推动"承担社会责任做最好的银行"战略目标的实现。

1. 支持产业转型重构,助力供给侧改革

传统产业链上下游面临着信息不对称的现象,普遍存在着融资效率低、融资流程繁杂等问题。中行依托全球化、多元化的传统业务优势,通过发展互联网金融,打造基于工业产业链的 B2B 跨境电商业务,来消化过剩产能,对接全球优质需求,从而有效扩大了供给的范围和内涵,为供给侧改革铺平了道路。

一是大力支持传统制造业转型。中行深入发掘传统制造业转型过程中的互联网需求,围绕钢铁、航运、汽车等重点,将支付结算、融资授信、风险管理等多方面资源优势与互联网模式相结合,试点在线产业链金融综合服务,支持重

123

点行业通过电子商务提高资源配置效率及竞争力;同时,支持航运、物流企业借助电子商务推动航运服务资源公开、透明交易,实现航运业"互联网＋"改革创新,其中的配套融资重点解决航运行业上下游企业账期长、融资难的问题。

二是大力支持外贸行业转型。中行积极落实国家"京津冀协同发展"、"长江经济带"、"一带一路"三大战略的重要举措,响应国家"十三五"规划关于"开放发展"策略中"建立便利跨境电子商务等新型贸易方式的体制,健全服务贸易促进体系,全面实施单一窗口和通关一体化"等要求,以"互联网＋跨境"的金融服务创新,降低企业运营成本,保障国家税收,促进双向开放,推动国内国际要素有序流动,实现资源的高效配置和市场的深度融合。

同时,中行利用全球服务优势,推动跨境电商的境内外两端金融业务的协同发展,搭建完整的中国银行全球跨境服务网络,为跨境电商全产业链提供综合金融服务,推动中国企业"走出去"及境外优质商品、服务"走进来",促进国内产业升级。

2. 创新支持中小微、"三农"客群,大力发展普惠金融

当前,我国经济正处于"三期叠加"①阶段,实体经济发展面临许多困难,尤其是中小微企业融资难、融资贵以及"三农"金融服务仍然薄弱等。中行积极响应国家"普惠金融"号召,大力发展互联网金融,推进业务创新与转型,努力为"中小微"、"三农"等"长尾"客户群提供普惠、高效、便捷、安全的网络金融服务,支持实体经济发展。

一是加强大数据应用,降低融资成本。网络融资是业务发展的重点领域之一。中行以中小微企业和个人消费者等"长尾"客户为目标客户群,通过互联网和大数据技术应用,在贷款获客方式、贷款服务流程、贷款风控模式等方面大力创新,通过数据的整合分析,建立对客户的风险评价模型,支持贷款在

---

① "三期"指增长速度换档期、结构调整阵痛期、前期刺激政策消化期三个阶段。

线实时审批和个人客户统一授信;同时,建立风险动态预警规则,为客户提供便捷、高效的在线网络经营或消费贷款服务,以促进客户体验优化、行内客户基础壮大和客户黏性提升,切实推动普惠金融的发展。

二是延伸服务范围,保障"三农"客户金融服务。中行积极响应国家改善民生和加强社会保障的政策号召,为"三农"客户提供助农金融服务。主要是通过一系列"惠助农"农村地区金融服务产品,健全、完善惠民金融体系,延伸金融服务渠道,改善农村金融服务环境,落实中行"担当社会责任,服务民生,扩大社会影响力"的战略性布局。

三是强化账户管理,主动减免银行服务手续费。主动减免手机银行、网银、ATM、柜台本行及跨行转账手续费等。2016 年 2 月,中行与其他三大国有商业银行联手推出多个举措加强账户管理,包括承诺手机银行境内人民币转账汇款免收手续费,客户 5000 元以下网上银行境内人民币转账免收手续费;同时推动账户分类管理,支持客户银行账户信息验证,共同保护客户资金和信息安全等。

3. 金融关怀消费者,拉动消费金融马车

经济新常态下,消费成为拉动 GDP 稳健发展的重要引擎。大力发展消费金融是顺应居民消费升级、支持扩大内需政策的重要支撑,也是应对利率市场化、提高资产业务收益的重要举措,还是促进交叉销售、带动客户综合服务的重要抓手。

一是大力发展个人网络消费贷款,主动融入消费场景。中行高度重视消费金融的发展,以"统一授信、因客定价"为核心竞争力,利用互联网金融的新理念、新思维、新技术和新管理模式,大力发展住房信贷、消费信贷、教育信贷、信用卡透支、卡户分期、专向分期和其他消费贷款业务。

二是创新网络理财模式,提升客户综合收益。在利率市场化和互联网金融的格局下,大资产管理迎来了快速发展的历史机遇期,满足了居民和企业在

资产配置和管理方面存在的刚性需求。与传统金融理财相比，互联网金融理财产品具有更低的准入门槛、更强的流动性和更高的收益率，并可通过分层的、多元的网络理财服务体系，为大众的理财需求提供更加多样化的选择。中行积极拥抱"互联网＋理财"的发展趋势，抢抓泛资管时代互联网财富管理的发展机遇，创新网络理财模式，竭力打造一站式在线金融超市。

三是大力发展 O2O 服务，驱动金融服务进社区。中行积极围绕社区、校园、园区（医院）等场景开展线上线下综合服务的 O2O 业务，满足金融和非金融需求；同时，以现有 10000 多个物理网点为依托，充分发挥 2600 多家智能网点的服务效能，实现线上线下资源的有机整合，让金融服务的客户端和消费端能全面渗透，为客户提供符合其需求的金融关怀，增强银行与客户的黏性。

构建健康有序的产业环境

随着互联网产业的蓬勃发展，互联网金融新业态面临着更加复杂的风险形式和风险种类。在经过多年野蛮生长后，2015 年，互联网金融行业风险陆续显现。继中国人民银行等十部委出台《关于促进互联网金融健康发展的指导意见》（下称《互联网金融指导意见》）之后，相关监管部门也陆续出台了一系列关于互联网金融的监管法规，要求各相关机构在发展互联网金融业务的同时做到"防范风险、健康发展"。

1. 加强金融监管，完善法规体系

党的十八届五中全会提出，要"改革并完善适应现代金融市场发展的金融监管框架"。据此，互联网金融新模式的快速发展，必须加快建立相应的金融监管体制，完善金融监管法规体系。

一是健全监管框架。应加快立法进程，建立统一的功能监管和行为监管标准，规范市场主体的金融行为，营造权责分明、法理明确的互联网金融市场，以促进公平竞争与健康发展；要重视事前监管，加强行业准入管理，保障消费

者的合法权益与市场秩序。

二是完善法律、法规。应针对互联网金融新特征,加快推进相关法律的顶层设计,从监管的角度对开立远程账户、电子签名等创新领域加以明确,指导业务开展;要建立、健全信贷业务相关法规,在尽职调查、贷款面谈、贷后检查等方面予以弹性化处理,促进互联网金融业务的健康发展。基于《互联网金融指导意见》的相关规定,应进一步出台监管细则,明确相关业务的具体实施要求及各方的权责义务,加强法律引导。

三是搭建征信体系。要推进政府信息公开,对海关、税务、司法、公共事业服务等政府信息资源进行整合与开放,促进征信体系基础设施建设;要建立小微企业公共征信平台,降低商业银行针对小微企业的信息资源使用成本,缓解小微企业融资难、融资贵的问题;要搭建网络信用平台,整合电商企业、第三方支付机构、物流公司等的网络信用数据及交易数据,向金融机构开放,以解决各业务参与方信息不对称的问题;要鼓励商业机构参与征信体系建设,如大型商业银行与互联网公司等共同出资、共同推动商业化征信发展。

四是加强风险防控。推进网络信息安全防控工作,提升对互联网金融信息安全的重视程度,完善安全防护体系,加大对网络信息犯罪及网络欺诈的处罚力度;要完善金融安全基础设施建设,建立行业标准,规范互联网金融从业机构的业务连续性管理,建立可靠的互联网金融风险管理体系;要明晰数据权属和交易规则,切实保护消费者的个人隐私。

五是鼓励创新机制。适应创新规律,在合理界定准入条件及风险底线的基础上,允许银行业建立互联网金融容错、纠错机制,鼓励业务创新试点,并及时加以规范,适时进行推广,为互联网金融创新留下政策空间;要适应互联网跨界合作的内在要求,加快商业银行市场化兼并收购的审批流程,推动业务快速发展。

2. 发挥银行主力军作用,维护行业秩序

一是加强准入管理,严控 P2P、第三方支付风险。2015 年年底,银监会发布了《网络借贷信息中介机构业务活动管理暂行办法（征求意见稿）》，银行应按照严控风险、分类管理的原则，对相关 P2P 平台采取清单式管理，既严格控制业务风险，也要支持合法、合规、优质平台的业务发展；同时，应严格第三方支付机构准入审核，除支付牌照外，还应要求支付机构必须具备完善的二级商户管控体系，严格的系统及信息安全保障机制，有效的反洗钱、反欺诈、反套现防范体系及风险事件争议处理机制，并建立、健全支付业务争议处理、先行赔付、商户保证金等客户损失风险补偿保障机制。

二是加强商品管控，提升电商平台服务能力。为顺应互联网经济发展趋势，对于已建立或尝试建立电商平台的银行，需要进一步加强商品质量管控，保障客户的权益，要通过严格管理平台经营范围、采取多级审核机制、严格管理平台上架商品与服务、建立商户保证金、延迟入账、纠纷快速受理、客户先行赔付等措施建立立体化的保障机制；同时，要建立平台商户动态监控与评价体系，提升电商平台服务能力，促进其为客户提供优质、优惠、可信、可靠的商品服务。

三是加强利益保障，顺应大资管时代潮流。随着居民财富管理需求的释放、监管政策的放松以及各中介机构的重视，我国资产管理行业蓬勃发展，大资管时代已经拉开序幕。这其中，投资人利益的保护是重中之重。银行作为资管市场的参与机构，应立足消费者权益保护工作框架，持续完善消费者权益保护工作体系和管理机制；同时，要持续优化产品与服务，强化资管业务开展的售前、售中、售后管理。此外，银行应贯彻、落实"预防为先"的消费者权益保护工作原则，履行公正对待消费者的主体责任，并在依法维护银行消费者的合法权益方面发挥积极作用。

3. 加强行业自律，构建健康有序的金融生态

2016 年的政府工作报告将"规范发展互联网金融"列入了年度重点工作。这一方面要靠监管部门不断完善法律、法规，从制度层面进行管控；另一方面

也要求互联网企业、第三方支付机构等从业者加强自律,共同推进互联网金融产业的规范发展。

一是成立行业协会,通过行业公约加强自律。由央行牵头组建的中国互联网金融协会已经正式获得国务院批复。互联网金融协会以及各细分领域的行业协会可以在一定程度上提升行业的准入门槛,并通过行业公约敦促企业规范经营,作为监管的辅助与延伸,保障整个行业的稳健经营,创造健康有序的市场环境。

二是建立信息披露体系,加强消费者权益保护。信息披露和风险提示是企业保护金融消费者权益的重要一环,应加速建设相对统一的信息披露体系和规范,全面披露相关经营数据、项目信息、审计意见等,以维护金融消费者的知情权,保障其合法权益。

互联网金融兴起有深刻的技术和时代背景。应借助互联网金融兴起的东风,以互联网技术提高金融体系效率,更好地服务于年轻客户、中小微企业等,让所有市场主体都能分享金融服务的雨露甘霖。互联网金融行业应该秉持可持续发展的理念,推动"动力、质量、公平"内涵发展,从而真正助力实体经济发展。商业银行应积极响应国家"普惠金融"号召,锐意进取,立志于不断通过金融创新与变革,推动互联网金融健康可持续发展,保障广大金融消费者的合法权益。

郭为民:中国银行网络金融部总经理

"互联网＋"时代，供应链金融何去何从？

"互联网＋供应链金融"，从 2015 年开始这个概念的热度不断提升，从专家学者到互联网金融投资人，从保理公司到阿里、京东、苏宁，大家好像突然找到了互联网金融发展的重大方向。尤其如今监管逐步收紧，互联网金融平台都在思考何去何从，加之我们又处于"资产荒"的大背景下，供应链金融这块蛋糕便显得尤为吸引人。

供应链金融的概念相信读者已不再陌生，即在核心企业主导的企业生态圈中，对资金可得性和成本进行系统性优化的一种金融服务。对放贷机构而言，沿着供应链"顺藤摸瓜"可以有效找到需求、把控风险。

我最近去参加了一个关于供应链金融的培训会，发现了一个有趣的现象：原来以中小型银行学员为主的情况不再，大部分听众来自互联网金融平台、非银行金融机构、律师事务所，也包括银行等各类机构。大家关心的问题也是现实的：在这个"互联网＋"的时代，供应链金融这块蛋糕该怎么吃？各家机构如何通过供应链金融找到转型方向？

供应链金融有三个关键要素：一是核心企业或机构，这是供应链的主导者；二是链条构成的企业生态圈（之所以是"圈"，是因为服务供应链的机构还有金融机构、物流公司、互联网技术公司等，它们与链条中的上下游中小微企业客户围绕核心企业共生共存）；三是实现资金可得性和成本优化的金融服务。

对核心企业而言，中国如今的大环境会催生其合作发展的欲望。在常态化的经济环境下，加之互联网技术的冲击，自己做也好，与他人合作也罢，核心企业终归是要发展。没有核心企业就没有供应链，没有供应链就没有供应链管理，没有供应链管理就没有供应链金融。过去核心企业的发展动力一直受供应链金融的瓶颈制约，随着外部竞争加剧，核心企业的求生欲也在加强。

对链条生态圈而言，"线上化"是新方向。一方面是传统机构正从线下往线上发展，如传统银行机构；另一方面是互联网企业开始进入这个市场。由于商业银行自身风险管理理念和操作成本的原因，传统供应链金融的服务只能到中小企业，难以覆盖到小微企业。小微企业的需求往往是小金额、批量化，单笔几十万元、几万元，甚至几千元。而由于技术的变革，机构机制的不同，在线方式可以实现操作成本的根本性降低，进而形成一种模式，通过产品创新，将原来不能做的大客户纳入可以合作的范围，通过技术创新，让原来不能做的小微客户能够实现资金可得性或者融资成本降低。在线供应链金融业务模式的出现，也是该行业最大的变化。此外，平台化的特征也许会逐渐成为主流，看看京东金融、苏宁金融、蚂蚁金融做的供应链金融就可看清这个趋势。

再来聊聊资金成本和风控能力，这是实现资金可得性和成本优化的金融服务的核心。供应链金融风险控制的特征是将上下游客户的信用风险转移到核心企业或资产支持的操作风险上。说来容易做时难！2012年始发的钢贸系统性风险已经让中国的商业银行吃了估算至少千亿元不良的苦头，实际风险并没有转移出去，应收造假和重复质押的道德风险防不胜防。如今在线供应链金融称得上模式的升级，正如从电脑"深蓝"在国际象棋中的胜利到"阿尔法狗"在围棋中的胜利。这次有了新的技术——物联网、大数据和云计算，这些技术将成为供应链金融中最重要的创新点，从客户准入的模型设计，到贷后管理的动态风险监控，都将是值得期待的风险管理创新点，而这些目标客户不是大额的钢贸企业，而是原来服务不到的小微客户。

综上所述，供应链金融正在经历行业的模式变革，那么各类机构如何在其中找到自己的机会和位置？

参与者怎么定位自己，那要看各自的资源禀赋，也就是其认为自己拥有的核心竞争能力与市场空缺之间的匹配程度。假如你是银行，你的优势是资金，那就发挥这个优势与非金融机构合作，在技术方面领先其他银行一点点就会积累胜势。互联网时代赋予弱者以超过以往赋予强者的重大机会，在在线供应链金融领域，无论大小银行，机会是均等的，起跑线是一样的，看谁能够提前布局，从技术、人才、体制、资源上早做准备；假如你是非金融机构的创业者，那你就将机制的优势和企业家的才能聚焦在技术上，国外独立的第三方供应链金融服务公司已经存在并且发展到超过千亿美元的规模；假如你是核心企业，有着可以主导的供应链场景，那就更要恭喜你，这是供应链金融最重要的资源，如果你希望未来变得更好，那就抱着开放、协作、共享的互联网思维寻找合作伙伴吧！当然，这个生态圈的参与者还有很多，都会有机会的！

值得留意的是，在中国金融格局下，商业银行仍是供应链金融主要的提供者。然而，中国商业银行的供应链金融在经济下行期是在收缩的，这体现在以钢铁业为代表的大宗商品存货融资的整体退出，汽车行业部分经销商融资的逐步退出，多个行业应收账款融资信贷政策的收紧。同时，拥有场景的互联网巨头已经从消费贷进入经营贷，越来越多的互联网金融平台转换为线上的保理公司，以供应链金融的名义实现转身，加入这个市场。

　　在热血沸腾的变革中,也要冷静下来看到现实的不足和风险。比如:应收账款的真实性认定,应收账款债权转移的有效性问题,在线安全性问题,等等。供应链金融是先于互联网金融出现的概念,两者最大的不同是前者具备一个产业供应链的基础,是产业和金融结合的结果。无论是什么金融,只要是金融,风控就是核心,这也是我最真诚的提示。

李勇:原中信银行部门总经理

发展互联网金融之钥：调整大数据时代认知偏差

一段时间以来，互联网金融尤其是 P2P 网贷等出现了一些问题。之所以出现这些问题，原因是多方面的，除了常说的法规不健全、监管不够有力、行业自律比较薄弱、投资者教育有所缺失等，很重要的一点是源于人们对互联网、大数据技术的理解和认识存在一定偏差。

人们常说互联网时代要有互联网思维，进而还将互联网思维诠释为共享、普惠、民主、开放、高效、去中心化等。我们也总愿意把有关互联网金融的一些概念，如 P2P 网贷、众筹，特别是比特币、区块链技术等，从哲学、社会学的意义上予以这样的总结和升华。

这些说法当然有一定的道理，但我们似乎没有更多地注意到所谓互联网思维应有的另一层含义，那就是互联网、大数据技术的发展和进步，给人类提供的是从更宽视野、更多维度、更全方位来认知问题和分析问题的工具和方法。这既是大数据时代、互联网时代为社会进步和经济发展创造的新条件，同时也是对我们自身提出的更高要求,赋予的更多约束。

也就是说,在大数据、互联网时代,我们更需要注意处理好碎片化信息和完整性数据的关系,处理好结构性数据和非结构性数据的关系;企业及银行还要处理好客户个性化意识和社会化共同需求的关系等等。在这些关系中,忽略了哪一方面都是不行的。

注重方法论

如果我们拥有了互联网、大数据、云计算等一系列技术的进步,但我们没能防止思想上的片面性、避免形而上学,而相反在认识事物上更简单化,判断问题上更绝对化,那便可惜了这些时代文明进步的产物,更严重的情况是,我们可能由于有了这些方面的技术,反而更容易形成各种错判而导致失误。

比如说,因为掌握了一定量的客户信息数据,就以为是掌握了大数据,而忽视了对数据分析工具和方法论的研究,这在金融业务中就很有可能影响对风险的识别、计量和防控,造成风险的积聚和扩散。这一阶段,一些从事互联网金融业务的公司,尤其是一些P2P网贷公司频频遭遇了失败,除了一部分是蓄意欺诈行骗,多数是因为它们并没有真正搞清楚究竟什么是大数据,自己获得的究竟是什么数据,究竟自己有没有掌握好所需要的数据挖掘技术、建模技术和分析评估技术。我们应该认识到,这些问题并非只是技术问题,在相当程度上也是思想方法和认识方法问题。

例如,我们总以为自己拥有了某一方面不小的数据量,就自然掌握了该领域的大数据。但掌握的数据究竟是全量的,还只是可及的?大数据并非一定要求全量数据,关键在于如果是可及数据,那是全部可及的数据还是部分可及的数据?有无必要、有无能力得到全部可及数据?如果是部分可及数据,那样本范围又是如何确定的?其确定的方式是否科学合理?这些问题都需要扎扎实实下功夫才能解决。我们现在可以看到,一些互联网金融公司在宣传中总要强调自己是如何运用大数据技术的，其实它们所做的，大多是将自己客户群的一些行为数据保留下来。暂不论这种收集和保留是否经济、合理，但把已得的数据当作全量数据或是不加甄别地以为自己拥有的就是一个有充分代表性的样本，那就必定会得出错误的结论。巴塞尔协议Ⅲ要求银行业在观察客户违约概率和违约损失率时，有关数据的积累长度必须达到五年、七年乃至更长时间，而且这中间还要有严格的数据清洗流程，就是为了尽量避免数据缺陷导致的风险识别和计量上的失误。前期出现的一些互联网金融事件，除了有的属于人为恶意欺诈，其余大多与这些公司在思想方法上存在片面性，过分高估自己的能力且急功近利有关。它们对自己掌握的所谓大数据究竟能否用于、应该如何用于风险识别和管控，并未认真地进行可行性研究，也没有可靠的经过反复验证的风险计量模型和科学有效的数据分析工具。

防止"过度拟合"

有人总是以为在一个样本范围内得出了结论，就等同于掌握了对某个问题全部的规律性认识。其实一个范围内的结论（即便是正确的结论）不见得能够简单外推，这就是在所谓机器学习中需要格外注意的模型"过度拟合"问题。模型越是复杂，需要纳入的变量越是多，就越容易出现这样的问题。这也正是在金融风险管控中必须注意的"模型风险"问题。

通常来说，在经济生活中，在市场上，不同的企业、不同的客户是存在个性化和差异化的情况的，要对他们各自的违约风险以及违约损失做出判断，仅靠模型的评估结论有时还是不够的，必要时还需要有一定的"专家判断"。这也就是一些银行现在采用计算机进行部分贷款审批时，对高分段自动进入，低分段自动拒绝，中间段加以必要的人工干预的原理。现在我们可以经常看到，一些互联网金融企业宣传自己的所有贷款都可以在网上瞬间完成审批和发放，如真是那样，对其风险把控的有效性是需要认真审视和考量的。

不可轻视小数据

有人以为有了大数据，就可以轻视对传统小数据的开发和利用。其实，迄今并无关于大数据的统一定义，大数据是相对于小数据而言的。大数据与小数据的主要区别不是数据量的大小（尽管数据量过小的确无法称为大数据），大数据的重要特征在于它应该既包括结构性数据，也包括那些在生成时表现出非结构性特征的信息；而小数据主要指二维的结构性数据。大数据有大数据的长处，亦有不足；小数据有小数据的欠缺，但也有不可忽略的优势和必须用它的理由。

比如说，传统的小数据有经典的数理模型，有比较成熟的数据分析统计理论、方法，方法论是已经解决了的，数据挖掘的技术早就成形了。但到今天为止，大数据的管理理论、分析方法都还处在快速发展更迭的阶段，并未完全成形。而且，还有一部分非结构性数据在分析使用时，还需要通过技术手段转换成结构化数据才能实现。另外，就是必须看到大数据数量越大，噪音相应就越大，甚至往往在数据大幅增加时，噪音的增幅要大于数据量的增幅，因而大数据的挖掘成本是比较高的。再比如，大数据更易反映出一些相关关系，而小数据通过分析比较容易直接得出因果关系，在许多情况下，相关关系不能简单地取代因果关系。

小数据是对现实世界一些事情最核心的内容的抽取，与大数据相比，它具有单位信息容量更大的特点。比如银行的一些业务数据，我们通常可以把它定义为小数据、结构化数据。它直接反映了客户和银行交易活动的最终结果。但是客户之所以要进行这个交易的行为路径，特别是他之所以要进行这个交易的决策过程，是传统的结构化数据、小数据所难以反映的；而客户的一些社交行为数据却有可能反映他的决策过程，这就是大数据的一个优势。尽管银行和客户发生了交易这一事情是最实质的，是银行最需要掌握和记录的，但是如果能了解客户的决策过程，了解他的行为路径，这无疑对银行提升服务水准和防范风险都是有意义的。

因此，大数据和小数据各有特点，各有长短处。简单地想以此来取代彼，不是一种科学的看法。只有把小数据分析方法的完备性、准确性和大数据的多维性、即时性融合起来，才能真正给管理带来一种质的改变。应该说，前一阶段一些互联网金融企业出现的问题，就与这方面思想认识上的片面性有关。

总之，在对互联网金融进行集中整治的过程中，除了就事论事，更重要的是还需从认识论、方法论的角度来进行总结和提高。数据是一种财富，因为它是人类活动的记录与结晶。但数据多了有时也会带来挑战，记录中可能掺杂噪音，结晶旁也许陷阱纵横。

对数据信息的不当理解，对分析方法的盲目应用，以及数据使用者本身的目的、品性如果存在问题，那就有可能使得人们在面对世间万象时，变得比以往身在缺乏数据信息的年代更加困惑。

作为互联网时代一个合格的现代人，只有学会客观地看待数据，合理地选择工具，科学地进行分析，才能够从纷繁复杂的社会经济生活中提炼出那些有价值的结论。只有这样，才能够显示出我们具有了真正的大数据思维、互联网思维；也只有这样，互联网金融才能够走出一条更健康、更有序的发展之路。

杨凯生：中国银监会特邀顾问，
原中国工商银行行长

互联网金融行业将现四大变局

近日,《互联网金融风险专项整治工作实施方案》(下称《实施方案》)在国务院网站正式发布。随着这份文件的公开发布,舆论的焦点再次转回到已经持续半年有余的"互联网金融专项整治"活动上来。自 2015 年 10 月以来,以打击"非法集资"为抓手,互联网金融逐渐步入规范和整治阶段,以 2016 年 4 月 14 日国务院召开电视电话会议统一部署整治行动为标志,互联网金融的政策环境和监管环境发生了重要变化。与之相应,其行业竞争环境、商业模式和发展前景也都有了深刻变化。

今天的互联网金融很难再重复昨天的故事,那么,互联网金融的明天是什么?笔者就借着《实施方案》的公开发布,和大家聊一聊行业的变局。

先回顾互联网金融监管环境的变化

2015 年之前,互联网金融一直是重点扶持的对象。2015 年政府工作报告明确要求："新兴产业和新兴业态是竞争高地……促进电子商务、工业互联网和互联网金融健康发展。"2015年7月，央行等十部委联合发布《关于促进互联网金融健康发展的指导意见》（下称《意见》），提出"作为新生事物，互联网金融既需要市场驱动，鼓励创新，也需要政策助力，促进发展"，此时，监管对互联网金融的态度是温和的、鼓励的。

然而，2015年下半年以来，一些平台以互联网金融之名行金融诈骗之实且愈演愈烈，造成恶劣的社会影响，这成为国家着手打击非法集资的转折点。2015年10月19日，国务院发布《关于进一步做好防范和处置非法集资工作的意见》（国发〔2015〕59号），明确要求"密切关注投资理财、非融资性担保、P2P网络借贷等新的高发重点领域"。2016年政府工作报告中明确提出"规范发展互联网金融"，在措辞上首次出现变化。2016年1月21日，北京市发布《北京市进一步做好防范和处置非法集资工作的管理办法》；4月5日，上海市发布《本市进一步做好防范和处置非法集资工作的实施意见》；4月14日，国务院组织十四部委召开电视会议，专题部署互联网金融整治事宜；10月13日，国务院正式公开发布《实施方案》。相较于一年前，互联网金融的政策环境发生了翻天覆地的变化。

再来看《实施方案》究竟有多厉害

就10月13日新发布的《实施方案》来说，其严格了负面清单制管理，分别对P2P、股权众筹、第三方支付等互联网金融主要业态和资管类产品互联网渠道销售、房地产金融等重点专题列明了政策"红线"，并由各部委出台配套子方案配合实施，以确保专项整治工作的有序推进。下面，我们对《实施方案》的主要内容列表解读（见表1）：

表 1　《实施方案》主要内容及要点解读

监管事项	主要内容		要点解读
综合原则	打击非法,保护合法。明确各项业务合法与非法、合规与违规的边界,守好法律和风险底线。对合法合规行为予以保护支持,对违法违规行为予以坚决打击。		此次专项整治采取负面清单制原则,重点对监管红线进行检查和整治。
牌照监管	互联网企业未取得相关金融业务资质不得依托互联网开展相应业务,开展业务实质应符合取得的业务资质。		明确了牌照监管的原则,从根本上杜绝互联网金融的所谓"监管套利"问题。
P2P 行业	1. 未经批准不得从事资产管理、债权或股权转让、高风险证券市场配资等金融业务。 2. 严格落实客户资金第三方存管。	3. 不得设立资金池,不得发放贷款,不得非法集资,不得自融自保、代替客户承诺保本保息、期限错配、期限拆分、虚假宣传、虚假标的,不得通过虚构、夸大融资项目收益前景等方法误导出借人,除信用信息采集及核实、贷后跟踪、抵质押管理等业务外,不得从事线下营销。	基本属于《网络借贷信息中介机构业务活动管理暂行办法》"十三禁"的翻版,网贷平台彻底回归信息中介模式。
股权众筹		3. 不得发布虚假标的,不得自筹,不得"明股实债"或变相乱集资。 4. 严格信息披露,不得进行虚假陈述和误导性宣传。	禁止"明股实债",很多伪股权众筹平台业务将难以持续。
资管产品跨界销售	1. 未经相关部门批准,不得将私募发行的各类金融产品通过打包、拆分等形式向公众销售等。 2. 金融机构不得依托互联网通过各类资产管理产品嵌套开展资产管理业务、规避监管要求。		此为对传统资管产品的规范,一定程度上也切断了传统资管业务与互联网金融渠道的联系。
第三方支付	1. 客户备付金账户应开立在人民银行或符合要求的商业银行,且不得计息。 2. 非银行支付机构不得连接多家银行系统,变相开展跨行清算业务。		客户备付金账户管理是此次央行整治重点,也是第三方支付机构受罚的高发领域。
房地产类金融业务	1. 从事房地产金融业务需取得相关业务资质。 2. 严禁首付贷业务,规范互联网众筹买房业务。		单独突出房地产类金融业务,可视作房地产调控的配套政策之一。

资料来源：苏宁金融研究院

互联网金融行业将出现哪些变化？

从整体上看，在目前的监管框架下，随着合规整改，互联网金融行业的商业模式将发生重要变化，深刻改变行业的竞争格局和发展空间。具体来说，行业在短期内将出现以下四大变化。

变化一：牌照监管思路明确，从业机构数量将快速下降。作为曾经的主流创业领域，互联网金融行业存在数以千计的草根创业者，这也是行业乱象频发的重要原因。从新出台的《实施方案》及各子行业配套方案看，互联网金融牌照监管的思路明晰。牌照监管将大大提高进入门槛，短期内将加速行业内中小机构的退出，与此同时，行业内"马太效应"加速，为大平台收割市场提供了绝佳的机会"窗口"。以 P2P 行业为例，新规明确了地方金融监管部门备案、互联网增值业务证书、银行存管等基础性门槛。据统计，行业内同时满足三项要求的平台不超过 3%，绝大多数平台将不得不因为从业资质问题选择退出。数据显示，2016 年 1 月至 9 月，正常运营的 P2P 平台数量累计减少了 393 家。未来几个月，随着过渡期最后期限的临近，中小平台退出的速度可能会大大加快。与此同时，排名行业前十的大平台成交量持续上升，2016 年 9 月，前十大平台成交量在行业内的占比为 33.97%，较半年前提升 2.72 个百分点，行业集中度进一步提升。

变化二：互联网金融小微化方向凸显，与传统金融机构的竞争关系淡化。互联网金融从小微金融和普惠金融业务中崛起，随着各类实业巨头的陆续布局，开始向供应链金融、一站式理财平台、企业金融等大金融方向发展，从而与传统金融机构有着越来越多、越来越激烈的竞争，脱离了监管机构对互联网金融和传统金融"互补发展、错位竞争"的初衷。通过一系列的制度文件，监管机构明确了互联网金融普惠化和小微化的特征，而小微金融一直是传统金融机构的薄弱环节，至此，互联网金融与传统金融机构的竞争关系大幅淡化，当然，互联网金融距离"做大做强"、"再造国内金融体系的梦想"也越来越远。以第三方支付为例,2015 年 12 月出台的《非银行支付机构网络支付业务管理办法》明确了三类账户的划分,对于最高级别的 Ⅲ 类账户,也限定"所有支付账户的余额付款交易年累计不超过 20 万元",并禁止支付机构为金融机构以及从事信贷、融资、理财、担保、信托、货币兑换等金融业务的其他机构开立支付账户,大幅缩小了第三方支付机构的业务范围。《实施方案》则再次明确要求引导非银行支付机构回归提供小额、快捷、便民小微支付服务的宗旨。2016 年 8 月出台的《网络借贷信息中介机构业务活动管理暂行办法》也以规定单人借款限额的方式明确了网络借贷的小微本质。

变化三:集中整顿期间,互联网金融暂时步入创新低潮期。根据《实施方案》相关要求,2016 年 4 月至 2017 年 3 月为专项整治工作实施期,在此期间,主要的互联网企业将重心放在合规整改、兼并收购、收割小平台退出后的市场等方面,投放于产品和模式创新的精力将会大打折扣,互联网金融行业暂时步入创新低潮期。以 P2P 行业为例,2016 年,行业内掀起了一波合规整改浪潮:一些平台通过砍掉 C 端(即客户端)资金来源实现去 P2P 化,转型为消费金融公司;一些理财平台悄然下架了非货币基金型的活期理财产品,一些理财平台开始下架大额投资标的,还有越来越多的平台因迟迟达不到资质要求而选择主动停业。受此影响,一向以追逐市场缝隙类需求即时创新著称的 P2P 行业,2016 年的行业产品创新活跃度大大下降,进入低潮期。

变化四:辅助型的金融科技类企业迎来新的发展机遇。在主流的互联网金融业态忙于合规整改的同时,以服务于金融机构为宗旨的金融科技类企业,因不直接涉及金融业务而未被纳入此次整顿,相比较而言,仍处于快速发展期。以大数据服务类金融科技企业为例,在大的行业环境中,IaaS(基础设施即服务)、PaaS(平台即服务)、SaaS(软件即服务)逐渐成为潮流,越来越多的金融企业开始接受购买大数据服务的风控理念;从小的行业环境看,金融领域欺诈风险高发，大数据风控需求一直居高不下。在此背景下，大数据型金融科技企业针对性地推出了身份验证、用户画像、信用评估、黑名单、实时预警、催收管理以及账户安全、数据安全、系统安全、恶意营销管理、"羊毛党"识别等产品和服务，这已经成为金融科技产业内发展速度最快和发展前景最广的细分行业之一。再比如，智能投顾依托现代科技手段实现了标准资产产品的组合化和智能化，带来产品层面的创新。通过智能投顾技术，客户得以享受全新的风险和收益组合，其本质上已经是一种新的投资产品。相较于互联网理财对传统资管行业的影响，智能投顾的影响更为深远，将在产品创新、业务模式、销售策略等各方面给传统资管行业带来深远的影响。

薛洪言：苏宁金融研究院互联网金融
研究中心主任、高级研究员

第三篇
区块链应用的挑战与机遇

金融领域遇阻，区块链应用最有可能从哪里突破？

梅兰妮·斯万（Melanie Swan）在《区块链——新经济的蓝图》中对区块链的应用前景提出了三个阶段的构想。区块链1.0版的应用是数字货币，如支付、转账、汇款等；区块链2.0版的应用是金融合约，如股票、债券、贷款、金融衍生品等更广泛的非货币应用；最后将进化到3.0阶段，在社会、政府、文化、艺术和健康等方面有所应用。任何一项新技术的发展进程不仅与技术本身的实现有关，还受制于系统中各利益主体的博弈竞合关系，会受到来自现有系统的阻力。

尽管区块链技术的核心功能是价值转移，天然应用于金融领域，但其去中心化、自治的特征决定了来自传统金融领域的阻力将非常强大；相对而言，应用于社会生活领域的阻力会较小。因此笔者认为区块链技术的应用发展不会按梅兰妮·斯万所构想的三个阶段循序渐进地推进，而很有可能会在社会生活领域率先取得突破。

　　最近反复遇到这样的场景：一群人一脸茫然地听着一位专家用"去中心化"、"不可篡改"、"颠覆性"、"数据账簿"、"矿工"等词汇描述一个叫"区块链"的东西，区块链技术俨然已经成了全球创新领域最受关注的话题之一，甚至已经成为股票热炒的题材，但大多数非专业人士仍然觉得这一技术非常神秘，对专家们所宣称的区块链能彻底颠覆传统金融业表示怀疑。因此，我们有必要将区块链技术加以通俗化的解释。

　　"互联网实现了信息的传播，区块链将实现价值的转移"，中国金融博物馆理事长王巍精辟道出了区块链的核心功能——价值转移。我们不妨先看看传统的价值转移方式。当我们购物买单时，把钞票递给收银员，或者刷银行卡、支付宝、微信，很顺利就完成了价值转移。但仔细想想，你会发现目前所有的支付方式背后都有一套庞大的系统支撑，以保证对方信任你的支付是有价值的。你所支付的钞票学名叫不可兑换纸币，是由政府发行的、不能兑换成黄金或白银的纸币，对方相信它的价值是源于政府的权威和信誉。你能通过刷银行卡、支付宝或微信来支付是因为有对应的银行或第三方支付机构保证你账户上的一串数字对应了真实的价值。如果没有这些机构的保证，你的钞票就变成了一张废纸，你的账户里的数字就只是一串数字，为了完成支付你只能将真金白银放在对方面前。有没有一种办法既不需要面对面递交笨重的金银，也不需要中介机构的信用保证，就能完成价值转移呢？有！那就是区块链技术。你可以把它想象成是有一个尽职的搬运工将你的金子送到对方的钱袋，就像你可以把 e-mail 想象成是一只鸽子把你的信送到对方的信箱。当然，这里的搬运工和金子都是虚拟的。那么问题来了：即使是真的黄金，对方也会担心掺假，在没有第三方保证的情况下，怎么让对方相信虚拟的金子的价值呢？

　　分布式记账！这就是让对方相信你传递过去的虚拟黄金有价值的办法。想象一下，你拥有一个账本，这个账本不仅有你自己的交易记录，而且按时间顺序记录了系统中所有的交易。整个系统是一个 N×N 结构的分布式账本，每个人都有系统中所有人的交易记录。

第一,这个系统如何防止造假呢?比如你的账户中只有 10 两虚拟黄金,你现在支付给我 100 两虚拟黄金,但我的账本里有你所有交易的记录,我查看后发现你的虚拟黄金只剩 10 两,我就知道你给我的 100 两虚拟黄金中有 90 两是假的。这种情形有个专有名词叫"重复支付",区块链技术很好地杜绝了这一情况。

第二,这个系统如何将每一笔交易记到每个人的账本中呢?以比特币系统为例,完成记账的人叫"矿工",完成一次记账可以挣到 50 比特币,这 50 比特币不是从其他节点转移得来的,而是"从金矿中新挖出的"。系统中所有个体都可以记账,但每一次记账的资格是通过计算能力竞赛来决定的。这个问题被称为"一致性问题",通过分配与奖励机制,区块链能从技术上实现系统中所有账本的一致性。可见,由于多个账本的存在,在这个系统上篡改的成本是很高的。从比特币系统运行七年的实践来看,在区块链上篡改记录实际上是不可能的。

区块链是一个完全依靠技术来实现价值转移的精妙的系统。单从效率上看,区块链技术应用于货币转移、证券买卖等方面,无疑会大幅降低交易成本,缩短交易时间。从其对金融系统中各方利益的影响来看,区块链技术很有可能会损害多方面的利益。其一是监管层的利益,区块链系统中每个节点都是平等的,没有中心,或者说每个节点都是中心,拥有整个系统中所有的交易记录,监管者便丧失了其权威地位。如比特币对央行货币发行的权威地位构成了深刻的挑战,会削弱央行通过货币政策调控经济的能力,因此大部分国家的货币当局对比特币持否定态度。其二是传统金融机构的业务将被大量削减,其地位会被严重弱化。如传统的证券交易,证券所有人发出交易指令后,指令需要先经过证券经纪人和资产托管人,最后到达交易所,才能完成执行,相应产生了投行的经纪业务和商业银行的资产托管业务,但区块链技术通过智能合约直接实现自动配对，并通过分布式的数字化登记系统，自动实现结算和清算，不再需要投行和商业银行充当中介。目前，花旗银行、瑞士银行、摩根大通等传统金融机构看似非常积极地拥抱区块链，但主要目的是利用区块链技术提高它们内部系统的自动化和运行效率，对区块链在整个金融网络中的应用非常谨慎。其三是区块链上的账户存在安全隐患。尽管区块链上的记录不可篡改，可追溯，但并不能防止盗窃和诈骗的发生。当盗窃、诈骗在区块链上发生后，虽然理论上更容易跟踪和追回，但由于目前监管缺失，没有类似传统金融系统中的账户实名制及相关法律法规保护，区块链账户的实际安全性非常低。2014年，全球最大的比特币交易平台 Mt. Gox 发生巨额比特币失窃事件而束手无策，最后只得破产，该平台上的交易者因此遭受了巨大损失。

比较而言，区块链技术运用于社会生活领域受到的阻力会小得多。在这些领域中有些中介机构具有公益性或公共性，不以营利为目的，而有些不涉及价值转移，只进行信息记录和共享，因此这些机构更有可能为了整个系统效率的提高而接受其机构本身中心地位的弱化。区块链技术在金融领域每一次小的举动都受到广泛关注，但除了比特币外，目前大部分应用仍停留在技术开发和标准制定阶段，然而与此同时，区块链在某些社会生活领域已悄然付诸实践。

其一，征信。91 征信利用分布式技术方案联通 P2P 公司数据库，每个公司无须上传数据到中央数据库，就能实现信息互联互通，避免借款人同时多处借贷。尽管区块链征信目前还无法解决数据源质量问题，但实现了信用信息的高效共享，通过不断累积，信用信息会更加全面，质量会逐渐提高，借款人的信用画像会更加清晰。与此类似，区块链在信息共享上的应用还有反洗钱等。这些应用不涉及价值的转移，只是利用区块链技术提高信息记录和共享的效率。

其二，慈善捐赠。2016 年 7 月，蚂蚁金服正式宣布将上线区块链业务，并会率先应用于支付宝的爱心捐赠平台,目的是让每一笔款项的生命周期都记录在区块链上。区块链技术的引入,让用户可以追溯捐款的任何变动和流向,解决了传统慈善机构面临的信任危机。另外一个实例是 Bitgive 基金会。尽管比特币被多国货币当局否定,但借助比特币的跨国捐赠活动却受到鼓励。Bitgive 基金会于 2014 年 8 月获得美国 501(c)(3)[①]慈善机构认证,该机构基于区块链技术构建了一个透明化捐赠平台,实现了跨国小额捐赠,这在传统体系下成本极高(1 美元的跨国成本接近 10 美元),完全无法实现。

其三,品牌防伪。传统的品牌防伪手段一般是商品上的识别码加上企业后台中心化的查询系统,识别码的可伪造性与后台查询系统的可篡改性使假货无法从根本上杜绝。Vechain(唯链)通过对商品植入芯片,芯片所对应的商品的各种动态信息将会被放置在全球统一的分布式账链系统中,完全解决了原来信息孤岛状态下存在假冒商品的问题。目前该系统已经进入内测阶段。与此类似,区块链在信息防伪方面的应用还有学历认证、宝石鉴定、食品安全等。

区块链技术起源于科技圈,技术专家们很容易迷醉于技术本身的完美,而往往忽略技术在现实应用中遇到的紧张的博弈竞合局面。区块链去中心、弱化中介的根本属性使其在金融领域的应用会遭遇强大的阻力,相比而言在社会生活领域的应用会缓和得多,更有可能形成共赢的局面,更容易在各方的合作下得到推广。

邹纯:浦东创新研究院研究员

---

① 美国关于志愿者组织免税的一个条款。

区块链:"去中心化"的极客创新

常有人问,区块链缘何如此之火?它到底是继蒸汽机、TCP/IP协议(传输控制协议/互联网络协议)之后人类历史上又一次具有跨时代意义的颠覆性创新,还是互联网金融概念过度炒作后又一"媒体吹、券商推、大妈追"的花式薅毛利器?

没人擅长预测未来,科技就像一辆迎面而来的火车,当我们看清时它已轰然走远。然而不管是变革或泡沫,在这个"去中心"的时代,区块链的出现确是一幕代表性的剪影,一种未知中的必然,一次积木式的创新。

熟悉开源软件的人不会对《大教堂与集市》这本书陌生,其中提到过去大多数重要软件都需要像建造大教堂一般,在不被外人所知的秘密环境中,由天才式专家精心打造;然而Linux却通过互联网上几千名散布全球的开发者利用其业余时间,打造出了世界级的操作系统。"社区"就像一个乱糟糟的大集市,充满各种不同的计划和方法,可以接受任何人提交代码和文档,却没有因混乱而四分五裂，反而高质量、稳定地持续创造与产出。

对科技不熟悉的人或许听过罗辑思维，知道 Papi 酱获千万风投估值过亿。徐小平对"网红"的诠释是：不需要权威来赋权的权威。在传统社会，教授都需要职称评定，而"网红"是自我赋权，他们需要面对的只有用户。中心化媒体议事诸多受限，而如今自媒体可自由发声，以社交为内容实质，高效率低成本地辐射到各个角落。

即使没看过直播，城市人至少大都用过滴滴打车、Airbnb 订房。中国已从短缺经济走向供给过剩，供给侧改革的要务之一便是去产能。共享经济在物质与认识双重盈余的时代背景下应运而生，通过互联网媒介促进信息共享，优化资源配置，实现双赢红利。

区块链技术的核心内涵恰恰是"去中心化"、"去信任"，与上述模式及现象异曲同工。它不仅是信息传播与分享的载体，更是价值传输与交换的载体，因而具有更大的想象空间。

区块链作为一种技术诞生，最早承载的应用是比特币，比特币在一定范围内被视作数字货币，在更广泛的层面上被认为是新创设的一种金融资产或虚拟商品。它在无中央权威存在的情况下，集结广泛而分散的信用，使各个节点达成共识。创始人中本聪具有传奇色彩，自 2008 年发表白皮书开始，他做了一系列精心设计和安排，以便让自己在互联网上的行踪得到有效的隐匿，包括选择不知名注册商注册域名、使用加密邮箱、上网行为通过多层代理等。随着中本聪的消失，比特币发展步入了更加去中心化的阶段。今天，比特币协议更改非常困难，更加完美地诠释了保守主义的货币政策观念，其限制发行总量等特殊属性和机制，为人们提供了一种替代性价值储藏工具，以满足通货膨胀背景下资产保值增值的需求。

区块链作为比特币的底层技术被人们提取出来之后，在主流经济中得到更广泛的应用。这种基于密码学的分布式数据库是一种永久不可篡改的账本，解决了"拜占庭将军问题"（拜占庭的军队有很多分支，军中可能有叛徒，各分支的将军们无法互相信任，又相隔较远，能否找到一种分布式协议让他们远程协商，以保证进攻的一致性？这就是拜占庭将军问题。引申到计算领域，发展成了一种容错理论）和"双花问题"（指如何保证每一笔数字现金都只会被花掉一次，避免重复支出），在平等主体之间达成有效信任及合作。因具有让所有市场参与者对资产所有权进行无差别记录，可完成支付、结算、清算等所有权确认的中间环节等天然属性，故被视为改变金融系统的底层设计及开放架构下的强安全技术机制。应用场景包括银行系统升级及流程再造、财税一体化电子发票集成应用、企业内外积分发放及兑换、P2P平台不良资产证券化及第三方征信等。除了可在金融领域降低技术成本、提升运营效率、增强系统安全性外，区块链亦可被应用在物联网等其他方面，例如特斯联科技打造未来社区，硬件智能设备需进行数字信息身份登记认证，尽管它已在公安部备案，但佐以区块链技术自证，更有公信力。

诚然，区块链技术在交易速度、系统承载量等诸多方面还存在瓶颈，任何应用均非一蹴而就。正如比特币从产生到达成第一笔交易——有人用一万个比特币买了一个比萨饼——用了接近两年时间，在之前及其后的近八年中，全世界的极客志愿者持续提交代码提出BIP（比特币改进协议）改善，将一个小众群体中的"乌托邦式"美梦变成走进主流社会的吸睛现实；现如今的极客们更是在零知识证明、闪电网络等多个技术维度谋求突破，以增强整个网络的安全性和可用性。以区块链解决票据窝案模型为例：Braft共识算法可避免"一票多卖"；Appeal方法防止节点成为孤岛，保证整个网络信息完整一致可追溯；侧链技术可解决电票背书及汇款不同时，通过运行与主链同步的网关，控制解锁多签名联盟地址上与法币锚定的数字货币，实现"货银对付"；智能合约可定制方案，降低人为操作风险，通过无法修改执行行为和结果的程序，控制数字资产，实现"买入返售"限制；等等。即使距离投入"零差错容忍"生产环境的水平还差一点，但任何一步技术创新都不会没有意义。

在比特币的世界里，中国极客们已拔得头筹，开发出了世界上最具流动性和市场深度的交易所、最有影响力和话语权的矿池及自主研发的市场份额占比最大的矿机。除此之外，还致力于打造开源社区，改善底层基础设施，带动整个生态繁荣发展。例如BTC矿池，是世界范围内首家将代码向用户社区开源的矿池，尽管此举在未来可能催生大矿工自建矿池，而降低原有大型矿池的收入来源，但对于挖矿去中心化是显著有利的。在区块链其他应用的激烈角逐中，更需要真正的极客们不依风向而变，不因挫败困顿，只为信仰而生，只因使命坚持，以科技创新驱动，以工匠精神续航，一如财经作家吴晓波推崇的"瑞士钟表匠"，在IDG资本合伙人牛奎光提及的"极客经济的风口"中，精益求精，自由裂变。

尽管如此，比特币和区块链技术，以及文初所言的"网红"经济、共享经济，没有一项不饱受争议，有创新便难免有乱象，但极客们既不是要做胡雪岩式的红顶商人，亦非贪心于既得利益的奶酪。推动供给侧改革必须以内生创新驱动，而这往往会打破传统。除了行业自律和适当监管外，宽松的创业条件及政府的鼓励开放必不可少。如果增长动力不从房地产行业移位到新兴科技领域，资源配置依然集中在国有大型传统企业之上，那将是对创新及冒险精神的持续腐蚀。毕竟，如果拼搏创业不如买房待价而沽做"包租婆"，想冒险创新却要顶着还不起房贷的压力和风险，还有多少工程师可以专注于创造，多少企业家愿意痴迷于基业长青呢？

在这个"去中心化"的时代，极客创新者离不开"中心化"机构的包容和支持。推动供给侧改革，提高全要素生产力，扩大有效供给，通过创新寻求转型，需要全社会各方的携手努力。

吴忌寒：北京比特大陆科技有限公司首席执行官

区块链：逼近奇点的价值互联网络

金融科技是指企业运用科技手段使金融服务更有效率的一种经济产业。金融科技对传统金融服务业在业务模式、产品、流程、应用系统等领域的颠覆包括五个方面：一、给银行业和保险业增加大数据的算法，从而提升其对风险的控制能力；二、可以同时支援不同业务处理流程，例如资讯、支付、投资、融资、投资顾问等；三、金融科技的目标客户群不同，传统金融行业难以触及的人群也可以享受金融科技的服务；四、交流模式更为多元化，比如近期兴盛的社交网络型金融交易即是一种新型的交易模式；五、市场定位不同，金融科技定位更多样化，服务更精准。

区块链的计算能力

无发钞机构、去中心化、去信任化的电子现金系统的实现，依赖于每一个参与者自身，"人人为我，我为人人"是区块链的精髓。每一个人手上都有一个总账,总账上记录着包括自己在内所有人的交易记录,每个人都可以指着任意一笔记录与其他人核对,保证大家账本的一致,人、事、物、时完全相符并且客观真实,这就是共享账本。比特币的区块链网络会给勤奋记账的人以激励,在每一轮区块建立的过程中,他记的账会被传播给大家,并让大家验证,大家对他的辛勤劳动及记账结果一致认可后,新的账目就被添加到共享账本中,获得记账权的人会被奖励一些比特币,整个记账验证机制被称为工作量证明。

这个体现记账勤奋程度的标准被称为算力,而算力正是区块链安全的根基。由于每一个节点都需要通过不断地计算,来解出一个基于前一个区块信息所产生的特解,而这个计算的过程需要不断打包验证网络中其他节点产生的交易数据。因此,整个过程就像是为获得比特币奖励而进行的验证工作,这个过程被形象地称为"挖矿"。工作量证明机制意味着区块链的安全来源于现实世界人们共同的劳动投入。由于每一个特解都包含了前一个区块的信息,而一个特解的产生及被网络成功验证意味着新区块的形成,每一个新区块都叠在前一个区块之上,于是,以前形成的区块就像地表以下的岩层,越久远的埋得越深,也越不可能被触碰到或者被篡改。不可伪造、不可篡改正是区块链建立信任机制、打造价值互联网络的基础。

区块链之沉浮

在 2011 年 5 月以前,参与到比特币区块链验证中的算力并不充裕,比特币也并未获得太多人的关注。到 2011 年年底,通过算力记账获得比特币的挖矿行为被逐渐普及,人们开始发掘出了专业的芯片 FPGA 用于输出算力,能耗只有 GPU 挖矿的 1/4,比特币开始越来越紧密地与现实资源相联通。从 2012 年到 2013 年,人们开始意识到利用 ASIC 硅晶芯片进行算力输出挖取比特币速度能大幅提升,并能比 FPGA 更为节能。于是,多家机构相继开始研发 ASIC 比特币挖矿芯片。从此,比特币挖矿以及比特币本身开始形成产业。

从 2013 年至今,全网输出算力从原本的 2.5T 飙升至 1400P(1P=1000T),是原来的 56 万倍。算力的规模越大,节点越分散,区块链网络就越安全,对权力与利益机构的防御能力就越强,对应的区块链应用也就越有保障。2013 年年底,比特币价超越 1000 美元,并于 11 月 29 日下午达到最高价格 1242 美元,超过了一盎司黄金 1241.98 美元的报价,从某种意义上来说,此时此刻比特币成了真正的数字黄金。促使比特币价疯涨的推动力,除了挖矿芯片与设备研发的军备竞赛以外,最为直接的因素来自于比特币交易所这些推动对比特币进行直接投资的入口的激增。

随着币价的不断攀升,大量的交易所也相继出现。中国的 OKCoin、美国的 Coinbase 是其中最具影响力的交易所,更多的交易入口也吸引了更多投机者的涌入。2013 年 5 月,中国的 OKCoin 比特币交易所成立,3 个月后即达到每月 26 亿的交易量,同年 12 月更是创造了单天交易量 40 亿的惊人数额,成为全球最大交易所。

然而,比特币在支付领域的发展表现一般。2013 年以来,相比于钱包之间的支付交易,通过交易所交易的比特币常年保持在其 10 倍以上,即每 11 笔交易有起码 10 笔源于对比特币的买卖炒作,而非针对服务或商品的支付。根据 coinmap.org 显示,全球可用比特币进行线下支付的实体店仅为 7709 家,在中国只有北京、上海、深圳、西安、香港、澳门、台湾等地约 10 家店铺支持比特币支付。加之各国政策对比特币货币属性的限制,导致了比特币作为货币的基本支付功能未能真正普及。

区块链之产业链

算力挖矿行业的出现不仅打通了区块链与现实资源之间的通道,更帮助区块链领域形成了第一条相对完整的产业链体系。而这一条产业链也从单纯地在比特币挖矿与交易的过程中获取财富进化到了从区块链产业生态中去创造财富(如图 1 所示)。随着区块链生态的完善和进化速度的加快,这一产业创造财富的能力也在与日俱增。

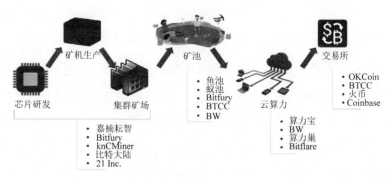

图 1　区块链之产业链

1. 芯片研发与区块链计算机生产

比特币区块链安全基础的算力芯片是整个产业链的源头。芯片内部结构的研发设计由算力芯片的专业团队完成,而硅晶芯片的实际生产则是外包给台积电、三星、高通、英特尔等专业芯片代工厂进行生产,这个生产过程被称为流片。如嘉楠耘智等芯片研发团队关注到了区块链领域的机会,设计量产了多款针对区块链领域的专用超算芯片。在经历了比特币价的大起大落之后,当前市场上仍具竞争力的主要超算芯片团队有中国的嘉楠耘智(清华长三角研究院投资)、比特大陆,海外的 Bitfury(中国信贷 08207.HK 投资)和 21 Inc.(高通 QCOM 投资)。相比于国内芯片厂商的芯片研发＋单体整机设计的模式,Bitfury 则是在芯片研发的基础上直接提供大规模集成矿场的解决方案,而不提供整机销售业务。技术与资本这两项因素是决定区块链计算机行业优胜劣汰的核心因素。由于初始投资巨大,资本市场的助力是“矿企”发展不可或缺的一部分。运作良好的区块链计算机研发与生产企业一般拥有良好的现金流。但每个行业都有寒冬期,来自资本市场的助力不仅能使企业保持竞争优势,同时也推动企业加速上一个新的台阶。矿企竞争目前已经逐渐进入寡头阶段，之后的竞争不仅考验团队的技术研发能力，同样也考验团队资本运作的能力。

2. 矿场

所谓矿场，就是将一台封装数十至数百颗芯片单体通电运行的小型区块链计算机，进化为部署几万至几十万台区块链计算机的大型机房。而这些大规模集成机房则通常被集中在电力资源丰富、电价便宜、通风较好且环境温度相对较低的地方。为了降低能源的消耗，原本仅在算力芯片的能耗比上下功夫的芯片公司，也开始对区块链计算机散热、电源传输、矿场机房布设等外延性要素进行节能提效设计。因此，产业链前端的这三个环节，仍由原本的芯片研发团队所主导。各家在这个领域各有所长，嘉楠耘智团队针对自己研发的芯片，提供了一套低成本、高性能的环境自适应解决方案，通过对系统运作过程中热耗散的控制，以及电源传输过程中电压稳定性的智能调整，使 ASIC 硅晶片在集群矿场的复杂环境中实现最低能耗的最大算力输出，同时保持较低的总体拥有成本；而 Bitfury 则开发了针对算力芯片的浸泡式水冷系统，在沸点非常低的情况下，把硬件浸泡在液体中，一旦加热，液体就会蒸发，把热量带走，然后凝结，进入矿池，通过这个过程降低挖矿在冷却过程中的能源消耗。

3. 矿池

矿池是将来自各地的算力进行汇聚，从而提高算得新区块的概率。比特币的算法规定了算力占据总网络比率越高的节点，能算得新区块的概率越大。因此，算力输出方会选择汇集在一起，共享一个主节点通道，并最终将共同产生的收益按照一定的分配方式提前分配到各个子算力输出节点的账户中。

当前，各大矿池输出的算力占比中，国内矿池输出占比高达 62%，这其中占据最大份额的是比特大陆的蚁池。与其他厂商专注于芯片设计领域不同，比特大陆从很早就在比特币全产业链进行了全面布局，从比特币浏览器项目，到大规模自有算力部署，再到云算力服务，涵盖了算力挖矿行业的大部分环节，而矿池正是这一布局的终点。比特大陆旗下的蚁池一家就占据了矿池份额的1/4,这意味着每一个区块由蚁池算得的概率是1/4。也因此,每个区块所产生的比特币奖励被蚁池获取的概率也是1/4。得益于较高的矿池份额和大量的自有算力,比特大陆也收获了大量的比特币收益。而国内其他矿池的算力则有很大比例是来源于嘉楠耘智所制造的区块链超级计算芯片。矿池数据也体现出比特大陆、嘉楠耘智、Bitfury 等大型芯片企业在比特币算力行业的先发优势。

4. 云算力

在这种情况下,中小矿工的盈利空间越来越小甚至为负。他们不仅要面临单体区块链计算机供不应求的状况,还要面对区块链计算机从发货到安装调试再到维护的一整个复杂的流程。而且,最大的成本还不止这些,使用一般家庭、商业用电进行挖矿所消耗的高昂电费,以及产生的噪音和热量也成为普通比特币爱好者参与算力输出的障碍。算力通过大规模集成矿场以及矿池的集中,造成对比特币区块链安全的威胁。

综合了这样的市场与技术需求,云算力服务应运而生。云算力平台将矿场和矿池等基础资源打通,为个体矿工更便捷地接入比特币区块链网络提供条件,这不仅降低了矿工的准入门槛,并且由于购买云算力的用户可以自主控制算力流向,这成为了解决大规模集成化矿场和矿池汇聚而造成算力集中问题的一种策略。它的出现也使得比特币区块链离全民分布式共享的理想又近了一步。

5. 交易所

算力芯片成为现实资源导向区块链虚拟资源的入口,交易所则成为这条产业链最终的出口,即将算力所获取的比特币收益转化为现实中可用的法币,比特币产业链的循环生态由此形成。实际上,整个产业的简化逻辑似乎是投入资金购买设备,通过设备运作获取比特币,并寄希望于比特币的溢价能够为整个产业链获取利润,将比特币换成法币之后,再次投入购买更好的设备。这样的模式其实并未跳出 2013—2014 年比特币大起大落时期区块链计算机行业军备竞赛的怪圈。同时，硅晶芯片从 110 纳米到 55 纳米，从 28 纳米再到 16 纳米，其蚀刻密度的提升也逐渐开始受到单位面积产热剧增、量子效应的影响，使用芯片设计的门槛进一步提高。在这种大环境下，区块链的产业链也进一步延伸出了更多价值。

算力与区块链的未来

从 2013 年到 2016 年，区块链计算机从 CPU 时代进化到 GPU 时代，从 FPGA 时代进化到 ASIC 时代，再到当前的 ASICs 时代，ASIC 芯片本身尺寸越来越小。在这个过程中，专用芯片提供厂商从少到多，再到如今的寡头垄断，每一次芯片的进化都带来一次行业的更新迭代。根据全网算力的历史数据预测，4 年以后也就是 2020 年，全网算力将接近 20000P，是当前的 1600P 算力的 12 倍多。

区块链计算机加速的军备竞赛，使得以颠覆世界不公的财富规律为目标的比特币开始重蹈覆辙，50％以上的比特币集中在不足 20％的人手中，而现实世界的大多数人并不真正了解比特币。商业和利益驱动虽然打破了中本聪颠覆寡头垄断式经济的初衷，但依然是比特币经历了自由、公平、对等的竞争后所不可避免的结果，而这场竞争还更进一步加速了这场实验的进展，加速了这个产品的创新和变异。作为一种平衡，云算力解决方案的提出，使区块链的网络进化增加了一种离散的力量，它致力于让更多的人体验挖矿，让更多的人通过真正成为分布式矿工并方便地获得第一份数字资产，来理解比特币和区块链，从而形成了由外向内吸附的生态。执有区块链数字资产的人越多，越分散，整个产业产生裂变的可能性就越大。新近上线的算力宝平台，以真实算力对应、自由调度算力资源为切入点，得到了传统 IDC（互联网数据中心）上市公司的有力支持，云算力平台的建设有可能会成为新的战略级入口。

1. 加速大数据行业发展

由于区块链算力的本质是让芯片自动通过特定算法,进行大量运算来保障区块链这一公开账本的安全与稳定。而大数据分析则是通过多种数据挖掘的算法组合,将元数据进行输入、筛选、重构、分类、关联,并最终输出知识。因此,通过对算力芯片进行内置算法的重新设计、定制,能够实现高效、快速的大数据挖掘、分析功能。而伴随着互联网时代数据量的激增,对数据分析的计算量要求也相应增加。对海量数据的处理需求,相应地提升了对分布式技术——云计算的需求。区块链则能够与大数据的云计算需求完美契合,以当前比特币全网算力1400P估算,若对整个互联网中存储的所有数据进行一次哈希运算,仅需要不到1分钟的时间。因此,区块链算力芯片行业的发展实际上推动了大数据行业的进步。

2. 未来区块链计算机——从致富工具到智能机器

区块链算力的军备竞赛在刺激了芯片技术繁荣的同时也造成了挖矿难度的指数级增加,而期望通过简单粗暴的挖币卖币来致富的投机者们也在比特币泡沫破裂后的冷清中被逐步淘汰。因为币价保值升值所真正需要的并非是短期的利益绑架,而是区块链的真正安全,以及区块链上可被进一步开发的应用价值。其中一种新的应用价值开发,就来自于高通投资的21 Inc.。这家海外的创业公司将自己所研发的芯片及设备命名为"比特币电脑",而非"比特币区块链计算机",因为他们更看重比特币的"工业用途"。

21 Inc.联合创始人兼首席执行官巴拉吉·斯里尼瓦桑(Balaji Srinivasan)认为,机器网络是继万维网和社交网络之后的第三个网络,在该网络中,所有的连接实际上都是机器间直接的支付行为。21 Inc.以嵌入式挖矿为理念,着眼于未来物联网的潜力,希望通过嵌入主流的消费电子设备在后台挖矿,通过无限的数字货币流来从事微交易。21 Inc.计划向市场推出嵌入式芯片,允许用户使用智能手机和其他互联网设备进行比特币挖矿。

2015 年，现实中的人和设备在嵌入软件、传感器和网络之后，实现物物连接状态的就是物联网。IBM 认为，未来的每个设备都能进行自我管理，即设备自治。未来 10 年，物联网设备的数量将大幅增加，如此多的上网设备通过中心化的方式来管理是不现实的。IBM 认为，区块链技术正好能解决这个问题。通过区块链技术实现去中心化的分布式云网络的物联网，各个设备彼此相连，解决节点信任问题。同样，嘉楠耘智也已开始从模式识别入手，对支持人工智能技术的神经网络算法的通用芯片进行研发。由于区块链共识机制所建立的，实际上是基于算法的一种自动化组织架构，因此，将相似的算法逻辑应用在人工智能的交互上所实现的是人工智能"社会规则"。未来整个物联网世界的所有智能电子设备的内部，都有可能带有一颗接入区块链网络的芯片，一旦实现了这种区块链物联网络，那么人与机器、机器与机器智能之间进行交互就拥有了一种通用的语言。社会规则可编程、社会资源可自由连接，在这个基础上，自助化的电子政务、智慧家居、智慧城市、车联网、医疗物联等各个行业都将产生具有颠覆性的商业新模式。

3. 区块链网络生态

算力是区块链网络的底层架构，维护着区块链网络的安全和正常运行。目前的区块链产品的架构，都是围绕从算力基础设施到数字货币网络再到区块链应用的由下至上的架构展开的（如图 2 所示）。

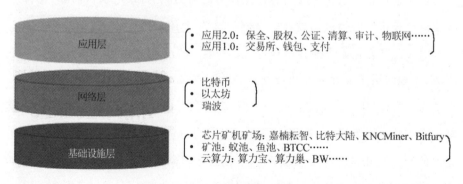

图 2　区块链的网络架构

区块链的共识机制基于算力基础设施的保障,解决了对等实体间的信任问题,区块链也因此将可能重塑除货币和物联网以外,包括金融、法律、审计等众多领域的业务模式。由于比特币区块链当前区块容量 1MB 的限制,以及平均 10 分钟算出一个区块的交易确认时间的限制,当前比特币区块链的应用仍然被限制在低频、小容量的范围内。然而,随着比特币核心协议的一次次更新迭代,最新的 0.12.1 协议实现了高频交易的闪电支付接口,并能够解决区块容量问题的侧链兼容,进一步提升了比特币区块链的可编程智能合约属性。这一切都为比特币产业链在应用价值上的衍生翻开了全新篇章。

区块链的进化并不是在比特世界(虚拟世界)里孤立进行的,它与原子世界(现实世界)有着千丝万缕的对应关系。区块链网络生态的另外一个重要的发展方向,就是建立两个世界的映射关系,不论区块链拥有哪些核心优势,最终它要在原子世界里落地和执行,要进行实物的交割,要进行人与人之间真实的接触,社会与国家的权力执行机构并不会消失,相反,在一个透明化的体系里,它们会更加高效、民主、廉洁地参与。区块链创业公司保全网 Baoquan.com 在这种映射关系上做了一些积极探索,利用区块链技术来实现存证、增信和鉴真的功能,在整个产业生态中,这实际上起到了一种管道的作用,有了这种管道,我们才能清晰地看到逐步递进的发展路径。目前,保全网已经在金融、保险、基金、财税、教育等领域有了应用案例。

4. 新型区块链创新

越来越多的技术团队及金融公司开始尝试构建一个独立于比特币区块链之外的新区块链结构。比特币区块链由于其完全的分布式、公开化,是当前最为典型的公有链。公有链是指任何人都可以读取公有区块链的数据,任何人都可以在公有区块链上发送交易,任何人都可以参与共识过程——该过程决定什么区块被加到链上,以及现在的状态是什么。还有一种是联盟链,它的共识过程是受预先选定的多个节点控制的。它可以让每个人读取区块链数据，也可以让选定的参与者读取区块链数据，这些区块链可以被看作"半去中心化"的。最为保守或者说更接近中心化的结构是私有链，因为向私有链写入数据的权限只被一个机构所拥有，或许在某些特定情况下公众会拥有读取数据的权限，但大多数时候只有特定的人才拥有这个权限。

相比于比特币的公有链，联盟链与私有链具有以下优势：（1）由一个联盟或者公司运行的私有链可以很容易改变区块链规则、回滚交易、修改余额等。（2）区块链上的确认者的身份是已知的，所以，不存在算力集中等导致的51%攻击问题。（3）交易费用更低，这是因为交易只需要被几个可信的、拥有非常强大的处理能力的专业节点确认，而不需要被数以万计的、处理能力有限且偶尔不稳定的节点确认。现在，这一优势很有效果，因为当前比特币公有区块链处理一笔交易的费用将近1%，并且还有10分钟的确认时间限制。（4）节点之间的连接更好，故障可以更快地被修复，所以可以使用区块时间更短的共识算法。（5）如果对读取区块链数据的权限作了限制，那么就意味着私有链可以提供更好的隐私保证。当然，这些半去中心化的联盟链与中心化的私有链的优势是建立在牺牲了公有链强健的安全性的基础上，并且由于共享、共担机制的缺失，联盟链、私有链的建设接入成本也远远高于公有链。

但对于许多注重灵活性和保密性的私有机构来说，私有链似乎是权衡之后更好的选择。创业机构 R3CEV 就是联盟链应用的典型，它聚集了全世界各大跨国银行机构，从高盛、巴克莱、汇丰、花旗到东京日联、瑞穗，总计 42 家银行加入了 R3 主导的联盟链计划，通过共同开发银行间区块链金融应用，使银行间的交易更高效、更安全。同时，四大会计事务所之一的德勤旗下全资子公司 Rubix 也致力于为企业提供专业化的私有链定制解决方案。然而，所有类型区块链的底层基础设施都是由专业芯片公司所提供的算力，因此，区块链的创新意味着基础设施的创新。随着联盟链和私有链的普及，芯片研发企业就获得了在区块链领域的新市场的发展机遇,通过为企业联盟或企业内部定制专用区块链底层设施,区块链算力行业将演变为支撑起新互联网发展的IDC。以使用特定的算法开发分布式账本的专用芯片作为硬件支撑的分布式账本系统,可以摆脱会计依赖和对内部互联网技术管理的依赖,可以快速地建立公司代币系统,建立私有的数字资本账户体系,这将进一步提升企业资源调度的效率。在区块链产业链的各个环节上,各种类型的创业公司正如雨后春笋般出现。而这一领域的先行者身上,也每天都有新的故事上演。Bitfury在获得中国信贷投资后,还在谋求去美国纳斯达克上市;算力宝正在努力将云算力与传统IDC厂商结合起来;创业板上市公司鲁亿通公告以30.6亿人民币收购芯片设计公司嘉楠耘智。这一系列的变革都在产业内外产生着深远的影响。技术变革推动意识觉醒,新型区块链的创新还有非常大的想象空间。

高航：中国区块链应用研究中心常务理事及浙江分中心负责人

俞学劢：算力宝、保全网联合创始人

杨辉辉：算力宝首席运营官

区块链开启金融体系变革

想象一下，我们将拥有一个更有效率的金融体系。这个金融体系的运行成本更低，因此使用成本也更低，同时它将变得更加稳健、易于操作、不易被滥用。想象一下，这个金融体系将帮助个人更好地控制他们的金融交易，同时更好地保护个人隐私与身份。此外，这个金融体系还将帮助企业极大地简化与减少众多的金融及相关流程。最后，监管机构能够更加容易地监测与管理这个金融体系，使监管变得更有效率，将未来的金融危机扼杀在萌芽状态。

作为一项革命性的新技术，区块链的崛起让各大银行都开始憧憬重建金融体系，来完成上述的许多事情。虽然可能无法完全达到我刚才所勾勒的完美境界，但是我们相信，这项技术将是真正变革性的。我们已经开始与同行携手，着力研究和试验区块链所带来的可能性。它的潜力是非常令人憧憬的。

信任引擎

区块链是计算机技术的一种突破，允许对手方直接开展金融（及其他）交易，而无须通过彼此信任的中介机构。从本质上来讲，它使人们可以相互分享可靠且自动更新的数据清单，这些列表不会被篡改，并且可供所有人查阅。

如果这听起来还不够令人兴奋，那么请想想这一点：银行的基本功能之一就是保存这些数据清单，即我们的财富和金融交易记录。我们认为，目前已经建立起来的金融体系能够较好地帮助人们保管与使用他们的财富，这得益于全球各地成千上万的金融机构采取了可靠且审慎的数据记录方式，而其背后是数以百万计的数据库。但是，没有人会否认，这种清单保管方式非常复杂，多有冗余，而且非常昂贵。

区块链则提供了一种优雅的方式，它不仅开放源代码，而且实现了去中心化，大大地简化了过程，却达到同样的效果。这可是一条令人振奋的信息。对金融体系和使用者来说，这将带来彻底不同的优化范例。

变得智能

我来举几个例子：由于区块链带来的直接交易是即刻生效且不可撤销的，我们可以引入实时结算，这是银行业长期以来的梦想。它将有助于最终消除交易对手风险，腾出大量资金，同时显著降低交易成本。

通过给区块链添加完整的编程能力，我们可以创建"智能合同"：即在线的自主金融协议，只要它满足某些预定的条件，就能自动执行。接着，"智能合同"可以被用来开发"智能证券"，即智能债券、股票和其他工具，它们在整个生命周期中都可以提供服务，例如支付利息与股息，并且成为托管人。

从理论上来说，我们能够为个人创建"智能钱包"，帮助他们独立地开展大量的金融交易。如果这些钱包能够直接连入金融体系，它们可以被编程为私人投资组合经理，给个人提供大数据研究等服务，而这些服务目前只有金融机构才能提供。

这只是冰山一角，我们目前正在研究更多的潜在应用。虽然我们还不知道有多少可能性会转化为现实，但是我们相信这项技术在未来 20 年里将会给我们留下深深的印记，正如互联网在过去 20 年里所做的那样。

仍有挑战

尽管如此，在实现这个目标前，我们仍然需要面对一些非常严峻的挑战。其中有些挑战是技术性的：区块链需要克服速度与可扩展性方面的问题。另一方面，虽然得益于加密技术，区块链本身非常安全，但是使用区块链的金融体系将面临严峻的安全挑战，其中包括如何维护目前极其重要的加密密钥。

其他的挑战包括如何将区块链类型的数据记录方式与现实世界相连。如果我们希望开发真正自主的"智能合同"，我们有可能需要一个新的相关法律框架来处理合同的法律问题。如果我们希望交易双方实现真正的直接金融交易，我们同样需要将真实货币引入区块链。虽然各国央行和监管机构已经开始讨论基于区块链创造法定货币（这提升了加密美元和加密英镑的发展前景），我们仍然还有很长的路要走。

在现实世界中，区块链的使用同样需要应对与身份相关的重大挑战。通过加密技术，区块链使得人们无须透露自己的身份，就能完成确认交易。如果大家都秉着诚信的态度来使用区块链，这将是一个非常吸引人的特点。但是，这种能力可能会被滥用。长期以来，提高金融交易透明度与加强隐私保护似乎一直相互排斥，区块链有望解决这个两难之局，同时实现上述两个目标。然而，细节将决定成败。

区块链在中国

现阶段,中国在区块链领域的主要进展是成立了中国分布式总账基础协议联盟(ChinaLedger 联盟)——一家专注于区块链应用研发的非营利性组织。该联盟尚在具体筹建过程中,但其目的是对现有区块链技术进行研发和改造,使之满足中国企业的需求,并为全行业设立标准,从而确保技术符合中国特定的法律环境。目前,该联盟吸引了 15 家包括金融服务公司和技术公司在内的成员。

而自 2015 年上海举办全球区块链峰会以来,中国监管机构对区块链的兴趣日渐浓厚。与英国和许多其他西方国家一样,中国监管机构对区块链为本土金融市场带来的竞争优势持开放态度。此后,中国监管机构开始参与国内区块链相关活动以加深了解,并与地方和国际区块链项目开展对话。

此外,2016 年年初,中国人民银行公开表示对数字化货币进行调查,以响应中国投资者对比特币和其他加密货币的兴趣。ChinaLedger 联盟的启动,也正是由于监管机构和整个金融体系对区块链兴趣日渐增强。

就目前来说,中国对区块链技术的风险资本主要流向了国际公司。但中国的本土区块链初创公司正在兴起,而多家已建成的西方初创公司也将目光投向中国,并将很快向中国拓展业务。

行动起来,用正确的方式

如果我们希望发挥区块链的全部潜力,就需要在一个共同的平台上展开合作。因此我们必须制定一个全行业的战略架构以及一个涵盖基本功能的开源框架,否则,我们将有可能再次面对大规模碎片化的局面,这在过去严重困扰了新技术的发展。

在过去的技术革命中,各个主体往往会相互竞争,努力开发专有标准,并且试图从中获利。当人们发明电时，我们看到了直流电与交流电之间的竞争；而在录像带领域，我们看到了 Betamax 与 VHS 制式之间的竞争。这些都是典型的例子，但竞争远不止于此。

最初，竞争固然可以刺激技术的进步。然而，对大多数技术而言，只有制定了共同的标准，才能收获所有的好处。这个过程可能需要很长的时间，延缓终端消费者受益期的到来。幸运的是，我们眼前已经有了一个很好的例子：互联网。这里有着一组基本的功能、协议和服务，没有人拥有它们，但是每个人都能够以此为基础对其加以利用。互联网革命向我们生动地展示了共同技术标准的力量。

基于区块链，我们有望创建出一个高度发达的金融协议，这同样是具有革命性的，但前提是我们整个行业必须共同搭建基本结构。对银行来说，这将让我们拥有更好的工具，而不再单打独斗。对客户来说，这也将是一个福音。我们将更好地挖掘区块链的潜力，帮助客户更快、更广地从中受益。

合作是关键

好消息是，这种合作已经发生了。去年，包括瑞银在内的一些国际银行加入了 R3 区块链联盟，目前正在开发区块链领域的相关标准。我们看到 Linux 基金会推出了"超级账本"（Hyperledger）项目，该项目同样致力于推动区块链在未来的开源发展。

许多银行都在各自努力研究与试验这项技术，然而，我们需要以开放合作的方式推动这项技术的发展。为此，我们在伦敦著名的 Level39 技术孵化基地建立了我们的区块链实验室。在那里，我们能够与超过 190 家初创金融技术公司相互切磋，分享我们的见解，并且从他们的想法中受益。我们同样正在与同行携手努力，共同开发区块链功能。

通过这些最初的实验和项目，整个行业正在开展合作，努力解决规模较小、单独的区块链问题。我们希望,这些努力将帮助我们在未来解决区块链金融体系中更为巨大的问题。这将惠及每位参与者。

目前,我们无法确定如何解决这些难题,也无法预测何时可以做到。然而,如果我们能够以互联网的发展为榜样,设法建立起一个共同的基础,那么我相信,大规模变革将更早地到来。

如果能够做到这一点,那么我们今日的众多想象很可能会变成明日的现实。

阿克塞尔·莱曼(Axel P. Lehmann):瑞银集团首席运营官

从银行视角看区块链应用

区块链技术引发了全球各大金融机构的关注和研究,高盛、花旗、澳新银行等已在跨境汇款、积分、股权登记等方面进行了探索与实践。

区块链的本质与特点

作为比特币的底层技术,区块链随着比特币的诞生而出现,是一串使用密码学方法生成的数据块。在比特币体系中,每一个数据块包含了过去 10 分钟内所有比特币网络交易的信息,用于验证其信息的有效性并生成下一个区块。

在理想条件下,区块链用数据区块取代目前互联网对中心服务器的依赖,是交易各方信任机制建设的一个完美的数学解决方案。在该机制下,任何互不了解的人都可以通过加入一个公开透明的数据库,实现点对点记账、数据传输及认证,不需要借助中间方来达成信用共识。所有交易记录、历史数据等都分布式存储并透明可查,以密码学协议的方式保证其不会被非法篡改。具体

来说,区块链技术具有以下特点:

其一,去中心化。系统各节点之间的权利和义务是均等的,无须中枢性管理运行机构,系统功能由各节点统一维持,任一节点的损坏或者失效都不会影响整个系统的正常运作。

其二,开放性。系统信息及运作规则高度透明,数据对所有人公开,人们可以通过公开的接口查询区块链数据及开发相关应用。同时系统程序开源,通过开源社区吸引更多的机构和个人参与整个系统的运作过程,从而形成网络效应,快速协同发展。

其三,隐私保护。节点间通过加密且不可篡改的机制建立相互之间的信任,需要开放的仅是交互信息,节点本身无须公开身份,交易可以匿名完成。

其四,高度自治。区块链采用基于公开的协商一致的协议或算法,使整个系统中的所有节点能够在去信任的环境下自动安全地交换数据,不需要任何人为的干预。

其五,不可篡改。通过公开分发数据库的形式,让每个参与维护的节点都能获得一份完整数据库的拷贝。除非能够同时控制整个系统中超过51%的节点,否则单个节点上对数据库的修改是无效的,也无法影响其他节点上的数据内容。因此,系统中的节点越多,计算能力越强,数据安全性就越高。

区块链的创新与定位

1. 推动社会经济组织形式革新

自然界中存在着以猴王、狮王,或以当前人类社会为代表的中心化组织形式,也有鱼群、蚂蚁等通过个体间的统一规则实现群体智慧的情况。区块链采用了分布式理念,并利用技术手段和规则设定来保证系统的稳定运行,这种去中心化的形式是一种简单、高效的社会经济组织方式,其理念类似古典经济学派所推崇的"无形的手"——市场机制,来确保经济社会最终达到平衡;但市场也有失效的时候，凯恩斯主义主张政府统一协调，对市场进行调节和管控。总之，区块链既非软件，也非硬件，它是人类经济贸易方式的一种，完全是颠覆性的，将推动社会经济组织形式的革新。

2. 推动成本降低和价值转移

基于分布式、互信及不可篡改的特点，区块链可以摒弃中心或者权威提供的管理和担保，在经济贸易中意味着降低交易、流通成本，扩大市场范围；在金融领域中意味着区块链通过新的信用创造方式，能让交易双方在无须借助权威的第三方信用中介的条件下开展经济活动，从而实现全球低成本的价值转移。

3. 颠覆性替代仍具高成本和局限性

目前现有的经济贸易组织形式并未出现严重危机，颠覆性地采用区块链技术缺乏说服力和内生动力；而且，随着有管理、有中心的经济金融体系本身的不断改善和提升，放弃现有体系机制，采用区块链技术的机会成本也会日渐提高。

与此同时，区块链尚未真正达到其理论上的特点，还具有一定局限性。区块链技术应用初期，更多的是在私有链和联盟链层级上实现，还有更高层级的机构或系统可以对整个区块链进行把控，其去中心化和不可篡改的特性是有限的；依赖于系统的加密共享技术，区块链暂无法实现绝对的安全性；基于区块链技术所创造的信用，对大众而言仍然需要权威机构或平台的技术识别背书。

国内银行业引入区块链所面临的挑战

基于对现有区块链技术的分析，结合我国银行业发展实际状况，引入区块链技术需要做好详细论证与准备，才能绘制清晰的区块链转型发展路线图。

1. 银行自身数据治理机制与能力

区块链技术是对数据的颠覆式应用，银行利用区块链的前提是做好数据管理,还要探索并向分布式管理模式做好过渡准备。区块链技术的应用需要商业银行在体制机制方面做好筹划,特别是要有集中的、可管理的大数据应用能力,具备完善的数据治理机制和统一清晰的数据标准,实现数据贯通,以利用大数据进一步降低成本,提高效率,打散数据,施行区块链技术,保证数据的安全和有效。

2. 物理集中式的一本账架构

国外金融巨头如汇丰、花旗等依靠不断兼并收购发展壮大,基本采用分散式管理的账本架构。与国外银行不同,中国银行业普遍采用物理集中式的一本账架构。引入区块链技术需要提供必要的土壤,而探索革新传统的一本账架构将带来较高的机会成本,这将成为区块链技术应用的重要阻碍。

3. 银行业审慎的经营态度

由于区块链技术尚待改进和时间检验,而金融领域对系统和技术的稳定性、安全性要求极高,银行业在引入全新技术架构应用时也持审慎态度,区块链技术还需要积累在其他领域经过实践检验的成功经验。同时,当前银行业有充分可靠的信用支持,尚不迫切需要通过区块链解决信用缺失问题。但在财政税收等信息壁垒较高的领域,仍需要区块链技术为相关方提供支持。

4. 监管态度等外部因素

区块链及比特币从一出现就受到各国金融监管机构的重点关注,虽有部分官方持肯定态度,但大部分态度比较谨慎,且期间又出现比特币被利用洗钱等事件。目前,金融监管者对于区块链的发展与推广普遍持谨慎态度,密切关注,严格审批,这在一定程度上制约了区块链技术在金融领域的应用。

国内银行业引入区块链所面临的机遇

尽管区块链技术应用还面临一定挑战和局限,其积极意义和未来发展潜力仍然值得广大金融机构关注与研究,国内银行应该抢抓机遇,积极尝试在部分业务上实现突破。

1. 有控制的分布式记账

区块链去中心化强调共享群体的智慧与决策，从理论上看，区块链在金融领域的应用需要政府及银行放松对金融业务的管控权，将记账、交易等管理权分散至企业、政府机关、个人等社会各经济主体。鉴于对金融安全、社会安定以及打击犯罪等问题的综合考虑，政府必须对金融、货币有一定的掌控权，故建议现阶段可以考虑在一定层面建立有控制的授权式分布记账体系。

在这种有控制的授权式分布记账体系下，中央银行拥有对各区块账簿的查询、修改、决定是否合法等最高权限，并有权决定参与机构的准入资格和操作权限，分布式清算体系和货币支付的记账权、账簿存储权仅向得到授权的金融机构开放。

2. 记账权的区块链应用

区块链账簿要保证不可篡改，需要实现分布记账，即多个记账节点都保存一份账簿，这意味着从以前单个机构记一本账过渡到多个机构记多本账。相较于比特币的参与者数量和交易频率，金融交易数据及交易频率量级更为庞大。分布记账首先将导致央行、大型机构等的存储和交易处理成本成倍增加，而中小型机构则无法负荷记账任务。

在区块链的实际应用中，可以不改变现有账簿的集中存储方式，而将记账权限作为区块链内容，在授权机构间分布存储，这样既避免了存储和交易数据过大的问题，同时又保证账簿的安全性。

3. 非资金交易领域的应用探索

（1）抵押品管理：利用区块链技术对银行的抵押品进行管理，抵押品的所有权和交易记录均分布在各家机构中，可以解决现有抵押品的管理和所有权转化过程中的成本和效率问题。

（2）积分平台：目前各银行的积分平台均存在着兑换物品采购和管理的

限制,需要大量的采购和维护工作。积分区块链联盟建立后,各机构可采用同一个互信的积分体系,并提供自有或整合的兑换资源,从而可以提升积分的使用便利性,扩大使用范围,提高积分的市场价值。

(3) 信用体系:目前征信机构收集个人和企业的交易记录和身份信息,进行信用等级评价。但当各个使用信用评级的机构间建立了区块链式的信用体系后,就无须专门的征信机构来采集并保存信用信息了,新的征信体系具有公开、公正、无法篡改的优势。

我们可以预见,区块链技术将释放出更多智慧,带来创新潜力的爆发,革新未来的金融行业格局。从古埃及时代的纸莎草演进到今天的数字化,人类文明发展不断提速,生活在不断创新、百花齐放的互联网时代实乃我辈之幸。作为银行从业者,瞥见改变未来的光束,从重塑自身出发,展望行业格局,愿它能照亮未来。

郭为民:中国银行网络金融部总经理

颠覆式创新：区块链技术及其应用

王立仁：区块链最近在国内变得非常流行，它究竟是何方神圣，在落地过程中碰到了什么问题，有什么相关法律需要讨论？这些都是值得我们一起探讨的问题。

我有接近 20 年互联网工作经验，目前担任美国 Factom（公证通）公司副总裁，也是人民汇金科技有限公司的创始人，作为一名老程序员开始重新写软件。有人问我为什么十几年后又重新看程序、写程序，我说区块链程序跟上一代互联网程序不一样，这个程序里面有金钱的味道，在处理有价值的信息。这也是这一代程序以及这一代程序所做出来的这一代互联网的有意思之处。这正是我们的主题——颠覆式创新：区块链技术及其应用。

我们请到了五位嘉宾，这五位嘉宾将共同讨论区块链应用的领域、路径选择、监管和法律问题。区块链目前除了在金融领域很热之外，在能源领域，在农业领域，在文化版权管理、大数据交易流通领域，都有行业专家在做相关的事情。还有监管问题,最近我看到消息,除了央行刚刚发了十几篇文章讨论相关问题,工信部最近也在写一个白皮书,关于区块链如何和工业生产、实体经济结合,如何让工业 IT 有更好的发展。工信部做的区块链肯定不是数字货币,至于到底是什么,稍后探讨。之前,财政部的高层领导提出能不能用区块链来促进经济发展;国务院下属部门也都在探讨区块链应用。所以我们也一起来探讨一下区块链的应用、路径选择、监管和法律问题,以及区块链里的安全问题。

金融领域的区块链应用

周金黄:我在央行工作了 18 年,2015 年 6 月份离职。之后我去了上海华瑞银行,它是中国第一批 5 家民营银行之一。我将从个人的经验角度切入,主要是谈区块链在支付金融领域的应用。

第一,我给大家总结一下支付金融体系的现状。虽然大家频繁接触金融,但实际上未必对整个金融行业交易机制和基础设施十分清楚。目前这个金融体系的运行,实际上是两大块:一是金融资产在专业、合规的金融机构和特许机构进行登记、托管、交易清算;二是货币资产最终在银行机构进行存管。这两点概念一定要清晰,一边是金融资产,一边是货币资产。货币资产讲的是理财、存管等等。围绕金融资产和货币资产,出现了两种服务机构:一种是交易所,包括登记计算公司;另外一种是银行体系。在银行体系里面又分几个层次:第一层是中央银行;第二层是商业银行;第三层是央行授权特许机构,如银联、上海清算所、国债公司等等;第四层是连接银行和客户之间的第三方支付机构,第三方支付机构发展很快,在零售领域的交易量已经超过银行部门;第五层是一批跨境的、从事汇款以及交易清算的机构。全球都形成了这种分层,包括国外也是类似的架构,将数百亿、千亿、万亿金融资产进行存管、交易、清算、结算。这些平台都是中型化平台,也存在货币资产和金融资产的交互问题,就是 DVP(Delivery Versus Payment,货银对付),只有股票市场是 T+1(指当日买进的股票,到下一个交易日才能卖出),债券市场也是 DVP。金融资产和货币资产是券款对付的。

这个情况跟区块链应用有关。现有的中心化产内交易平台用区块链替代是非常困难的,因为它们现在运行得很好,包括中央银行系统,这么多年没有出过任何风险事件。它是一个相对封闭的系统,不是开放的系统。我们应在了解整个金融运行的基础设施和机制以后,再讨论将区块链用在什么地方。这是我阐述以下内容的出发点。

第二,关于我们的区块链应该用在什么地方,为什么现在会发展区块链,大家应该先了解一下它的社会经济根源。从哲学和历史上讲,区块链发展跟民主化进程有一定关系。因为整个经济社会从自然经济到商品经济,再到货币经济,金融体系是从分散到集中的。进入资本主义时代,中央银行掌握了货币发行流通等操控权。下一步向什么环境发展呢?大家了解共享经济,了解合伙人制等等,这些代表一种新的思想,就是民主化。

区块链实际上跟整个社会经济的发展脉络是密切相关的,符合人们持有自己的资产、支配自己的财富这样一种意愿,这是科学技术发展到了一定阶段的体现。

比特币的推出时间比较巧妙,正好是全球金融危机发生的第二年。2008年全球金融危机发生,2009 年比特币推出。比特币的创造者试图走出一条区别于传统货币发行和流通机制的道路,也就是所谓的一种分布式、民主化、去中心的货币机制。这种货币机制跟中央银行体制是格格不入的,但是其理想性是非常可贵的,整个社会不被个别人、个别机构操纵。有人说这是无政府主义。当然,能否做到,也是一个问号。它的机制导致了各个监管机构,各国央行、银行、监管部门对它持有截然不同的态度,有的国家将其当成货币,有的认为它是特殊商品,有的认为它不合法,但是大家形成了一个共识,即底层技术区块链。

结合这些背景,我想提出区块链要想在金融领域站住脚、占主导地位,需要解决的几个问题:

(1)数字化和数字发行及成交。这个从传统角度讲是需要有资质的,数字资产应是可流通、可转让的。

(2)竞价交易模式需要重构。

(3)点对点支付。数字资产的支付是否需要有货币资产对应来反支付,这个取决于社会是否认可数字资产。

(4)以上操作怎样实现全网证明和全网记账。

(5)配套法律机制、风险管理模式,以及广泛参与者认同等等。

至于区块链的应用前景,我认为它在以下三个方面可以应用:

(1)它适合于没有中心化的平台。比如跨境汇款,这是大家达成的共识,全球跨境支付结算现在没有中心化平台。

(2)一些信息不对称导致欺诈、恶意变更、隐瞒情况发生,截取垄断利益的领域。

(3)数字货币。我仍然认为其有很好的应用前景。因为目前大家看到的数字货币有上千种,为什么有的有应用前景,有的没有应用前景?有应用前景的货币通常可以解决主流货币流动性不足、价格浮动大的问题,可以满足某种或者是某个行业运行相对封闭的需要。比如目前正在兴起的易货交易以及数字票据。

应尽快落实区块链领域的法律监管

杨东:我个人先讲两个观点。第一,区块链应该已经成为国家数字经济发展的一个重要的技术基础设施。B20 会议上,习近平总书记正式提出了数字经济这样一个崭新的概念。第二,无论是什么市场、领域和路径选择,其核心问题是法律。最大障碍是落地时的法律监管不到位。我透露一个信息,电子商务法已获得财经委通过，2017年将被正式审议，人民银行可能有权发放第三方支付牌照。这样的创新，从法理上来讲还是处于法律不确定的状态，至少从法律上来讲，对支付宝这样的第三方支付创新，还是需要进一步予以追认和明确的。区块链更是一个创新，所以我们更需要从监管和法律上对其加以追认和突破。

有一个好消息是，2016年5月日本国会已经通过一部新的支付清算的法案，允许日本的银行发行数字货币，跟日元1∶1兑换，这是全世界第一个通过立法明确数字货币支付的案例，可以说是迈出了关键一步。从监管和立法的角度来说，这是非常需要我们研究的。蚂蚁金服已正式在中国人民大学成立了科技组，研究区块链应用问题。具体的区块链应用，在前面提到的领域中，需要特别强调的是易货。以前是线下易货，如果通过互联网实现易货，将是一个根本性的改变。互联网使金融回归本质，易货使贸易回归本质，回归原始的物与物的交换，降低交易成本，打破中介，这需要区块链技术的应用，如果可以实现，必然是一个伟大的推进。

区块链技术有很多应用场景，如支付、银行、证券市场。尤其是当前很多金融资产，包括债权、股权、知识产权，最基础的是需要一个可信的、受时间认证的电子证券化模式，不需要中介机构，不需要公证，有区块链技术就可以实现零成本。这对场外金融交易、股权转让具有非常重大的意义，将从根本上解决中国股票市场、中国资本市场存在的许多问题。对于初创企业来说，初创企业不能获得融资往往是因为信息不对称，如果有区块链对企业情况作一个可靠的、不被篡改的登记，降低审计成本，就有助于初创企业实现融资。

法律问题方面，我强调两点。我们成立了区块链法律问题研究小组，研究中国目前的法律环境，包括司法环境。在区块链上作股权登记，可以达到工商登记效果，这可以降低股权登记的交易成本和工商登记的不便利性，既有利于大众创业，又有利于保障各项票据资产不被篡改且可追诉，对于传统的公证登记机制是一个重大突破。

智能合约就像一个自动售卖机,我们可以大胆加以尝试甚至突破。政府在区块链监管上,可以加强对这方面的监管。如果有区块链技术,就能够更好地加强对个人数字、个人信息及知识产权的保护。

区块链应用的可能性

张立钧:大家可能会觉得,普华永道是一个会计师事务所或者专业服务公司,为什么对区块链技术这个问题感兴趣?这有两个原因,第一,我负责管理咨询,我们做咨询要走在前沿,我们要比客户和行业更了解整个情况,这样才可以给客户做建议。第二,区块链技术对传统审计业务将是一个巨大的冲击。四大会计师事务所核心业务中,审计是一个中心。如果未来所有资产、负债,所有的价值都是去中心化地自动认证,还需要审计吗?这是一个严肃的问题,我们必须去应对。同样在金融行业大家可以看到,虽然银行是被颠覆的,但是它们也积极拥抱新事物。反面例子是 20 年前的邮政体系,在互联网电子邮件出现的时候,它没有及时转型,旧有的邮政体系也就过时了;同样,数字化相机出现后,柯达尽管是相机生产商,但是没有拥抱数字化相机,结果倒闭了。这就是我们非常关注这个话题的原因。

在这里,我们提出关于区块链发展的几点思考:

第一,我们于 2015 年年初对全球的一些 CEO 做了调研。在这个调研里可以看到,有 80% 左右的企业领导不是很熟悉区块链技术。因为听得多,大家会认识到它的重要性,但是如何应对这个趋势,很多人不清楚。不过这个不是太大的问题,只要认识到区块链的重要性就好。为什么这样讲?相信大家知道,区块链本身是一个互联网的底层技术,是基于时间的数据库的延伸,我们熟悉的 SQL(Structured Query Language,结构化查询语言)更多的是基于关系的数据库。相信大家过去听过 TC/IP 和 HTTP 这些概念,这是我们过去

20 年互联网的传统 web 1.0、web 2.0 底层技术，而未来将由区块链传递价值。价值本身是一个资产，可能是一个信息，可能是一个认证，可以有各种标的在这里。很多人听过 TC/IP 和 HTTP，但是大部分人对这个技术本身到底怎么运作不是很熟悉。我们都清楚过去 20 年互联网带来的冲击，如果区块链对价值传递有同样的效应，我们就要做好准备在未来 5 至 10 年应对这个事情。

第二，我们一直并不是很看好比特币的前景，有技术方面的原因，当然更多是因为毕竟货币本身的功能不只是价值存在，或者说价值媒介，货币还是主权的象征，货币政策执行是宏观调控非常重要的一个手段。所以我认为，技术不是最重要的问题，更大障碍是在政治层面上。如果到了未来，人类没有国家的分隔，或者当外星人攻占地球，人类作为一个共同体的时候，那时候就能实现。

第三，区块链也不是在所有场景下都会有很好的应用，可能需要具备一些条件，如多方数据共享。它本身是一个数据库，大家都要更新数据，有验证要求，有数字化认证和多方参与需求，在这些条件下才会更好地发挥它的作用。你什么时候真正需要区块链？即你需要数据库的时候。

第四，区块链其实是有几种模式的。当年互联网发展起来的时候，有因特网、内联网、局域网，如今，区块链也有公有链、联盟区块链、私有区块链。私有区块链由某一个团队或者政府控制，未来税收体系完全可以由政府主导来推动，用区块链实现从征税到税的交付和转移全过程，可以形成基于政府的内部私有链。

区块链本身有决定功能的一些技术——五个"C"，即合同（contract）、内容（content）、共识（consensus）、通信（communicate）、控制（control）。比特币基本上具备内容、共识、通信三个方面就行了。私有链和联盟链要有一个授权，基本上未来是模式跟功能的组合来决定运用。

第五，区块链面临一些挑战。实际上，技术已经具备，更多的是需要像互联网兴起的时候那样组织联盟研究如何达成共识，制定什么样的协议。但这些不是最难的,最困难的是法律和监管环境。举一个例子,未来商业合同是智能合同,法律规则用所谓的编程在技术方面进行规范,如果合同一方违约了,区域链直接可以以代码执行,把银行现金或者是抵押资产直接做资产转移,但在当下这是不可能的,一定要经过法院。不管在中国还是在美国都一样,一定要去法院提出诉求,法官根据纸质合同做出判断,最后执行还需要通过警察。而在未来,这将是一个自动的过程,对法律将是一个颠覆性的冲击。这是大家认为未来区块链发展会对法律和监管形成挑战的原因。

第六,智能合约的演进。大家听过 1.0、2.0、3.0,1.0 体现为比特币还有未来电子货币或者支付,2.0 更多应用是在金融场景,包括我们讲的众筹、股票发行、贸易融资等。我认为从商业的角度看,区块链的顶级应用是在智能合约。大家知道 Uber 或者是滴滴打车,共享资源时若双方互不信任,就需要第三方承担这个信任。未来通过区块链,若有人租了你的房子不付钱,你可以直接通过物联网将房子锁掉,他就进不了门;若你租车没有付钱,或者在开车的时候有违法行为,违反租车合同,对方就可以直接把车锁掉。区块链的终极应用是对人类整个社会的巨大冲击。

如果问人类最近几百年来最大的发明是什么,你们可能觉得是飞机、电等等。我曾经看过哈佛商学院的一篇文章,他们从管理角度,认为人类最近几百年最大的发明是社会性的技术:组织。不管是公司组织、农村的一个公社,还是国家政府。由于这些组织的存在,人类才能发展这么快。因为组织能够把资源统一起来运作。但是在未来,组织就可能不存在了,因为社会可以自治,就是形成可编程的智能社会,法律、行为用技术规范,然后加上人工智能,让机器人来执行。我觉得这是区块链最终极的应用,当然这个很遥远。

区块链不是传统技术

曹锋:这个讨论特别有意思,几位的背景完全是互补的,基本上没有交叉：周行长是银行背景，是监管的；杨院长是法律咨询的；我是做互联网技术的。

关于区块链，大家听了很多，各位也讲了很多对未来的畅想。最开始大家不相信，现在越来越多的人讲区块链很好，讲它真的可以改变世界，真的是普惠金融。我想做一个调查，有多少人真的相信这一点？多少人真的相信区块链没有问题，相信它可以改变世界？

我创业前在 IBM 工作，负责一部分人工智能。我们做过一个内部研讨会，当时 IBM 全球最顶尖院士（IBM Fellow，IBM 公司内部头衔）、首席技术官（CTO）吵了两天都没有达成共识。最近大家看到 IBM 在这方面做了大动作，代表互联网技术行业的前瞻性、领袖级企业已经认同了这条道路。这是为什么？道理没有那么复杂，其实特别简单。

首先，我想从互联网技术角度来给大家讲一个问题，为什么区块链跟传统的技术有区别。互联网技术有一个很好的特性是拷贝，可以把一张光盘上的内容拷贝到另外一张光盘上，这种快速的复制性，在当时被认为很好。以前复制很困难，哪怕工厂流水线，哪怕标准化的东西，复制成本也是很高的，没有办法零成本复制一个东西。互联网技术让一件事情的大规模传播变成了可能，但是这又是互联网技术发展到现在所面临的困境。这个困境来自于什么？就是大家说的信息不对称。现在信息泛滥了，到处都是信息，BAT（百度、阿里巴巴、腾讯）都有这种情况，比如百度"莆田系"这件事情：搜索出来的是我想要的信息，但是这个信息是否有效，这个信息是不是真实的，或者是真实的但其本身是否带有恶意，人们要如何识别？这个其实就是在信息泛滥的情况下，产生的一种新的信息不对称，其特征不是"你有我没有"，而是我有很多信息，你作为消费者、用户没有办法辨别，或者辨别完之后追诉它也很困难。这是互联网技术发展过程中必然出现的问题。区块链出现了，某种程度上来说它具有可以追踪、无法伪造的特性。这些特性把原本复制的事情逆向了,你没有办法复制出一个新的区块链,这是很难的。即使复制了也没有用,复制就代表你认同原来的区块链。这也是区块链可以重新定义世界技术的原因。

第二,大家反复在提智能合约,但是智能合约真正落地的时候会有什么问题？大家可能觉得,未来所有的事情不需要打官司,这个画面很美好。讲合约最重要的是什么？就是法律,合同这些是法律在某一个小场景下的实例化；即使智能合约出现了,法院和律师还是会存在。编程是很美好的,但是现在的法律是用什么描述的？是语言。现在的法律不是编程出来的,是人类的语言表述出来的,要把模糊的东西,做一个尽量精确化的表述,但是由于人类语言的模糊性,写出来的法律可能含有歧义。以2016年的奥运会为例,很多人讲美国人太坏了,他们可以随时更改规则,其实不是更改规则,是他们对法律了解更深,对法律进行解读以做出对他们更有利的判决。

第三,我们是做票据区块链的,2015年5月26日在贵阳大数据论坛,可以说是做了全中国第一个区块链金融方面的演示。我刚刚从厦门回来,厦门发生了一件很重要的事情,我们中国本土完成了第一笔真实的区块链金融交易,它切切实实发生在厦门中心交易所。刚才讲到票据这一块是未来的发展目标,我们认为这很有前景,希望跟所有人共同努力,推动票据在数字化、区块链应用方面的发展,以此为契机推动其他各个方面的产业发展。

区块链与比特币

吴忌寒：我结合区块链的应用比特币来讲解一下区块链技术的一些最基础的原理,以及现在的一些发展。

区块链作为一种技术诞生,它最早所承载的应用是比特币。它发行了一种私人货币,在更广泛层面上被认为是新创设了一种金融资产或者说是一种特殊的虚拟商品。它能够在一个不需要中央权威存在的情况下,集结广泛分散的信用，去达成共识。中本聪是一个匿名ID，自发表白皮书开始，他做了一系列精心的设计和安排，以便让自己在互联网上的行踪得到有效隐匿。他选择了不知名的注册商注册域名，使用的邮箱也是加密的，上网行为也通过多层代理，所有行为都是有预谋的，为后来的消失做了充分的准备，他是一个具有传奇色彩的创始人。随着中本聪的消失，比特币的发展进入了一个更加去中心化的阶段。今天，比特币协议更改是非常困难的，这更加完美地诠释了一种保守主义的货币政策观念。

比特币发行的时候到底有没有价值？最早的时候是没有价值的。2009年至2010年5月，在这个时间段中，比特币没有任何交易价值。2010年5月，比特币达成历史上第一笔交易，有人用一万比特币买了一个比萨。后来又发生了一些交易，在不断交易中，比特币价值得到了快速增长。这中间，其实比特币熊市时价格下降很多。虽然说这些波动在现在的价格曲线上快要消失不见，但是在当时看是很大的。2013年之前我做过统计，历史上比特币价格下跌超过30%这样的暴跌有10次以上，因此它是波动性非常大的一种金融资产。

2010年出现了MtGox这一集中交易所。它是由一个居住在日本的法国人开办的交易所，最开始只有两个人，但是这家交易所在2013年曝出了比特币大量失窃的巨大丑闻，发生这一失窃事件是因为内部人配合偷盗。这也给比特币发展造成了巨大的挫折。比特币作为去中心化、没有实体形式存在的数字货币，我们如何对它进行有效监管，即在它被托管的情况下，如何保证受托人不会做出有损于委托人利益的事情，是比特币发展一直面临的难题。因为比特币是通过私钥来实行控制的，拿到这个随机数就等于拿到了对货币的控制权。这意味着将来如何保护私钥，维护信息安全，是不能回避的问题。因此在这个领域里，我相信类似于硬件安全模块，以及其他的方案解决商会有很大机会。

什么是区块链？区块链的主要目标之一是解决数字交易的两个难题，是在没有中央权威存在的情况下,解决"拜占庭将军问题"和"双花问题",实现去中心化和去信任。区块链能够在平等主体之间达成有效合作。如果系统中绝大多数是好人,少部分是坏人,这个系统就是可信的,这样的情形在人类历史上是普遍可见的。比如我们常见的企业财务制度,将出纳、会计、审计、企业内审等不同角色分开,能够保证企业财务制度健康运行。若说百分之百安全,其实也不是,我们知道国内实施多重控制的 EIP(企业信息门户)系统,也会出现大面积腐败现象,集体作案也是存在的。但是我们知道这种现象是个案。作为一种确保经济正常运行的机制,假设大多数人是好人,是行得通的制度安排。

在解决了这个问题以后,区块链能给我们带来什么好处?它可以让所有市场参与者对市场中的资产所有权进行无差别记录,清算、托管等所有的中间环节都被取消了。它是一套结算、清算的制度,能够有效提升金融市场运行的效率。也许在中国大家感受不是很明显,因为央行、证监会等监管部门,尤其是跟美国同行相比,有非常高的工作成就,即建立起了一套非常强大的中央化的清算体系,系统运行效率是很强大的。中国的信息技术系统基础设施非常强,大家投资股票、投资债券、转账支付的时候都忘记了这样的系统存在,只是感觉到它的高效和便捷。但是在许多国家,如美国,对私人财产权的确认是深入骨髓的文化思想和政治哲学,各个金融机构是私有化的,条块分割比较严重,包括美联储都是一个私人机构,虽然负有公共责任。各个主体之间的协调面临巨大的困难,所以我们发现在美国,周末是不能汇款的,而且系统老旧,跨行汇款要经过一两天甚至三天才会到账,成本也非常昂贵。在去中心化的情况下,怎么实现资金高效流通?美国的金融市场尤其看好区块链。它意味着不需要构建中央权威,也可以在各个主体之间完成高效的支付清算。

比特币区块链技术的关键原理是挖矿,每一个交易被打包进一个区块,先构建账单,完成初次确认,不同的区块次序相连构成了区块链。单一交易和单一区块链的更改都会影响到整个链,可以快速进行检验,一旦网络运行,它是很难被更改的。

挖矿要用非常专业的挖矿设备,比如从芯片的情况就可以看出,现在最新一代 16nm 的芯片,算力密度高达 14Th/s,功耗低至 100mw。挖矿处于专业化发展中,全世界有数千位专业矿工,他们构建了巨大的数据中心。如果需要更改整个账本,就需要投入同样多的算力来完成类似的工作量,甚至超过这个工作量。因为巨大的投入,你会渴望一个稳定产出,在这当中进行投机性破坏是非理性的,任何一个有能力投入如此多资源来进行机器运行的企业,都是渴望通过遵守规则来获得稳定产出。这些分散的矿工会把算力集中,从矿池的节点把所有的工作量汇在一起,这个产出按照各自的贡献进行分配,每一个人的产出都能够在时间线上得到有效的分配。在比特币网络中,不同的地方都有分散的矿工存在,某一个节点上可能会有人先后挖出矿,可能相邻一两秒或几乎同时出现在这个区块,这个情况下网络会出现一个高度短暂的分叉,有两个同样高度并行的区块存在。但是随着下一个节点的延续,连续两个区块都是同样高度或者相近的情况几乎没有,通常维持一个区块高度分叉,就一定会有某一个节点上的人胜出,全网就会导向胜出链的方向。如果有恶意节点来攻击这个网络,那么要大于它 50% 的算力才能够成功,否则这个恶意节点是很难取胜的。

区块链分布式账本技术与货币体系

王立仁: blockchain 被翻译成区块链,但是实际上在英文字面,block 这个单词有"一段时间内的很多笔交易"的意思,这些交易被组装起来就是账页,许多账页用链条(chain)串起来就是一个账本,用"账本"解读区块链就变得很容易理解。为什么翻译成"区块"?是因为翻译软件对 block 的第一个翻译就是区块,这不算是一个很准确的翻译。

货币的目的是交换,从自然经济到商品经济,再到货币金融经济,这个领域首次有记载货币系统,实际上是集中化记账、核算系统。现在央行的这套系统,也是一套记录了债务、债券并用于清算的支付体系。从历史角度去观察,5000年前苏美尔人的乌鲁克(Uruk)泥板,是人类首个文字记录交易记载,载明37个月间共收到29086单位的大麦。

太平洋上雅浦岛的"费"币,被凯恩斯等一些不同流派的经济学家都提到过。它是一种圆状石头,当地人每次做完交易之后,只是把这个石头的所有权进行交换。如果有特别重大的交付,这些石币就堆在中央广场,当地人是不会将它们带回家的。这与区块链一样,用于记账和清算,共识是将权益进行了交割。

按照现在所说的,货币本质上是社会组织技术,是观念和实践,记录债务债权关系,并进行清算和结算。数字操作和复式记账法,是过去那个时代的信息技术和高科技;区块链,是在互联网时代对数据以及数据代表的权益进行存储的一套工具。互联网自身是有缺陷的,互联网的数据太容易复制,没有办法来对权益进行确认。随着互联网高速公路的推广,制度的作用不再,制度对数据的安全,对数据的信息隐私保护,在互联网技术层面上是没有的,我们现在的互联网安全是打补丁打上去的,互联网的技术标准是IETF(国际互联网工程任务组)制定的RFCs。互联网是1969年开始运转的,但第一个隐私标准是1987年1月出台的,在这中间18年里,互联网技术方面是不讲安全和隐私的。

区块链的意义是从技术层面,对互联网现有的技术体制进行完善和补充。但是区块链技术体制和技术思想并不是一下子跳出来的,而是为了对权益进行债券、债务记录,克服不透明和欺骗,走到互联网时代后的一种市场需求的集中反映。

比特币是不是货币?

曹锋:如果要把比特币当作一种货币,我认为是值得商榷的,但是把它当作数字资产，肯定是没有问题的。因为它开启了一个很重要的方向和趋势。这一轮比特币价值回升跟区块链有很大关系，实际上大家看到区块链的价值，反过来会觉得应该对比特币做一些投资和配置。

吴忌寒：我是认同的。大家认识到区块链技术之后必然会想到比特币，这是有渊源的，实际上是帮助大众更好地认识比特币。

曹锋：实际上从数字资产属性来说肯定是没有问题的。比特币的第一笔交易，是用一万个比特币买一个比萨。现在来看这是用一笔巨款买的比萨，是史上最贵的比萨。比特币到底是什么？人类对它的认识还是处于一个比较早的阶段。包括大家看科幻片，会发现科幻片里会有比特币存在。历史会给你一个答案，这是我对比特币的看法。聚焦在区块链，它是基于比特币的一个提升，或者是基于比特币的思想重构，我认为这种说法是比较准确的。

周金黄：谈到货币就要给货币一个定义，这样才好区别。我对货币有一个理解，货币是普遍接受的度量衡，是价值尺度。所以货币是不是货币，不取决于它的使用范围究竟有多大，而是取决于一个群体内大家是否都认可。我认为只要比特币在一定范围内被接受作为一个度量衡，就是货币，不是因为官方否认，它就不是货币。还有一个例子，我既同意也不同意你们两位的观点——不是区块链使比特币上升，而是比特币价值稳定才显现出了区块链的重要性。黄金有的时候进入流通体系，有的时候退出，其原因跟比特币差不多，黄金供应满足不了全球货币需求，所以不能作为一个日常的支付工具来使用，但是在特殊时期又可以作为货币使用。从这个角度来讲，我认为比特币就是货币。

杨东：我要否定前面三位讲的，从法律上来讲三位讲得不对。目前来说，若比特币交易所要搞一个机制，的确，央行是不允许的，但是它没有否定比特币交易本身及比特币本身作为金融资产的属性。比特币可以作为一种合法的金融资产用于交易。至于是不是货币，从目前的法律对货币的定义或者是从法定角度来看,它不是货币。周行长从货币本质角度来论其为货币,这是学术语,这个说法是成立的。从未来发展来说,正是因为央行放低了姿态,所以比特币目前可以做起来,也因此有法律保障;否则如果比特币本身不合法,不被允许作为金融资产,不被允许用于交易,恐怕价格涨不起来。当然因为有小寒这样的一些年轻开拓者,他们的价值是非常巨大的。首先用区块链技术来探索一种新的货币的可能性,虽然可能浪费一定的资源、财力、物力,但是人类进步是建立在一步步教训和探索之上的,这样的探索为今天我们认识区块链打下了非常重要的基础,所以下一步就是应该进一步将区块链技术应用起来,或者将比特币进一步优化,更好地解决一些成本的问题,或者是应用的问题、法律的问题。

周金黄:在中国,美元是不是货币?在中国法律里没有哪一条法律规定美元是可使用的货币,但是可以兑换,人民币可以兑换成美元,在自由贸易区可以用。我不认为这是纯法律的问题。帕劳是很小的国家,只有7万人,但是货币在那个地方也是货币。所以这个法律问题怎么解决?从来没有法律规定日元、美元、英镑是不是货币,但是在自由贸易区就可以使用这些货币,在民间也是可以使用的。

张立钧:我明白周行长讲的,但是有一点有明确的区别。美元的合法性虽然在中国法律中没有规定,但美国法律是规定的,只要承认美国主权就要承认其货币。货币是作为价值的储存、交易媒介,以及货币政策的驱动工具存在的,还有一个作用是主权的代表,如果承认一个国家,就必须承认其货币,这是一个主权象征。从这个角度来看,法律是存在的。另外一点,周行长讲到把比特币跟黄金比较,这是对的,大家知道黄金其实是介于货币和大宗商品之间的。我之前在投行工作,我们在资产分类上并不把黄金放在大宗商品,而是放在货币一类,但它不是法定货币,而是作为一种支付工具。

周金黄:黄金确实是货币,中央银行有大量黄金储备。在法定货币出现以前，就是在没有内在价值的纸币出现以前，那些货币是没有国家法律规定的，比如说黄金、白银，甚至是一些铁、铜，但确实在社会上流通。不排斥将一些群众或者是民间都认可的东西用作货币，这是不矛盾的。

杨东：回到刚才提到的一个观点，从法律角度追论一下。货币是一种组织形态，这个我认为是很正确的。未来随着区块链技术发展，货币正式成为一个可编程的数字记账体系，这是数字经济。未来基于区块链数字货币的数字普惠金融，可能就是一种社会关系记账，人与人、机构与机构的交易关系必须经过记账，或者是把社会关系证据化，明确为法律追认的记账体系或者组织体系。这个组织跟传统的公司组织不一样，我称其为无组织的组织，不一定是去中心化，但是一定是去中介。所以我提出了众筹这个概念，这个众筹不是一般意义上的众筹，而是一个新的概念。我认为是继股份制以后，第二个伟大的制度发明。技术再怎么突破、再怎么创新，还是必须有一个社会关系的法律圈，这是无组织的组织。

吴忌寒：关于比特币的法律问题，首先人民币作为法定支付工具，央行对其也有深入的管理体制，所以比特币在广泛的经济活动当中，其支付应用场景在中国范围内会受到严格的限制，甚至一些很知名的商家可能也会限制比特币的支付流通。但是在美国、欧洲，以比特币作为支付手段是没有问题的。比特币的下一步发展方向是法定货币构建的支付系统所不能覆盖或者是暂时服务不到位的一些领域。比如互联网上程序对程序、机器对机器支付的场景，将来一些视频、文章、文件的分享和下载可以按分钟为单位进行收费。因为法律监管原因，现有支付体系对这种支付场景的安全性要求很严格，不太允许用户冒这个风险，比如说要具备五种硬件验证才允许用户支付。但用户可能为了方便，不想要输入密码。在比特币去中心化、点对点达成意愿的场景中，这种需求就会出现。希望未来这一场景受到的监管限制会减少。

另外，这一类私人货币要得到大发展，还是要跟主流社会利益诉求有效结合。我不希望比特币跟恐怖主义或者毒品贸易有联系，这有害于社会，同时也不利于经济的发展。现在国内有很多电信诈骗，诈骗者用比特币进行洗钱。我们很反感这样的事情；积极配合公安部门对诈骗者利用比特币做这一类事情进行防范，这也是我们的共识。希望比特币能为社会提供正向的，而不是灰色甚至有害的东西。

比特币从法律上看之所以存在，有一个重要的属性。它既具有货币性，也可以被看成金融商品。作为一种虚拟商品，它是不能被禁止的；它不具备对其实施有效监管的依据。如果区块链运用到私人货币发行领域之外，第一步即面临进入金融领域。金融领域的运用是用区块链使资产证券化，进行交易和流通。在美国，它是根据定义直接落入证券化监管范围内的，但中国证券化管理范围更具体，要分别落入央行和银监会各个部门的监管范围。与监管部门配合和协同是区块链应用绕不开的问题。我感觉我们的法律和企业间实践可以先行先试。

区块链是不是泡沫？

王立仁：最近看到国务院下属各个部委，央行、工信部、科技部、财政部、发改委、商务部都参与了区块链领域，或者是发布报告，或者是写白皮书，或者是设立专项基金。但也有人说区块链短期内无法落地，看不到效益，很快就会有 次泡沫的破裂。那么，区块链发展的下一步究竟是天堂还是地狱？

张立钧：对于区块链的发展，大家是非常认可的，可能觉得有一点泡沫没什么关系，一个新事物产生的过程中肯定是会有一些泡沫的，有一些泡沫才能够让更多风险投资进去，才能有更多创意出来，我个人觉得这不是很大的问题。另外，现在听得比较多的绿色金融、普惠金融，关于这些领域未来的创新应用，其实区块链在其中是有非常大的价值的。

曹锋：不要说区块链，其实任何一项新技术出来，都会有高峰、低谷，这是

发展的必然规律，在低谷就会有人退出，之后迎来一个平衡发展的阶段。今年
P2P 的声音越来越少了，但是活下来的 P2P 很赚钱。大数据的声音也是越来
越少了，但是活下来的也存活得很好。我觉得区块链可能还不够热，现在很多
人还不知道，不像大数据。找社区大妈问，她都知道大数据，大妈都知道的时
候那就说明热度够了。

周金黄：区块链不见得是一个全新的东西，跟其他行业相比，区块链投入
太小了，不算有什么投入。刚刚兴起没有什么泡沫，快速爬升阶段至少是 3
年。这 3 年内大量的风险投资涌入，才是到了顶端。所以我认为区块链现在
还是处于底端。原来互联网公司做金融业务，现在金融机构去互联网做金融
了，区块链和中心化机制互相靠拢，而不是谁把谁颠覆了的关系。尤其是交易
所这些平台银行一旦开放了，就变成了区块链。

杨东：我觉得区块链是一个使货币消亡的技术工具，尤其未来真正的去
中心化、点对点实现以后。这是一种愿景。从这个角度来说，目前的投入还是
不够，政府不够支持，民间不够投入。和 P2P 的泡沫一样，不是 P2P 不行，只
不过是一些混乱的力量或关系进来了，这需要法律起防范作用。区块链本身
前景广阔，需要大力发展。

吴忌寒：区块链在落地的时候需要找准应用场景，切实满足用户的需求，
这个我觉得是最关键的。起码要在一个给定范围之内，做到和传统中央数据
库一样好。在中国的支付领域，实际上央行第三方支付提供生态环境是非常
便捷的，我觉得从这里突破可能性不大。如果用于股票交易和清算，上海证券
交易所这些也是很厉害的。为什么现在大家开始将区块链视角集中到票据
上，就是因为票据业务现有的传统解决方案和央行提供的解决方案对市场的
认可度和对需求的满足度不高。我们不能在构建一个很牛的交易所的情况
下，还要求各个主体自己协商，在各自协商之后构成网络，把票据安全在网络
结构下实现。这就是区块链落地的一个不好的案例。区块链能不能在一个场

景中很好地落地,有一个分析路径图。首先,是否需要数据库,这个数据库是否需要多点写入和读出,多点之间能不能彼此信任？若多点之间可以互信,就可以不要区块链;如果多点之间不能互信,那么能否找到大家共同信任的机构,如果可以找到或者是低成本构建这一机构,那么也不需要区块链。简单来说,即如果是多点写入,且要找到一个权威机构又非常困难,区块链就会发挥作用。这个条件看起来很苛刻,但区块链应该从把技术作为焦点转移到把应用作为焦点。希望有一天,大家开始深入探讨某某应用中区块链的使用,隐私和监管如何平衡,然后又是如何结合的,到那个时候,区块链应用基本就发展得比较好了。区块链跟互联网一样,必须要社会经济生活中各个主体同时使用起来,构成一个互联网结构,其价值才变得更加巨大。

区块链之新发展

陶曲明：今天我与大家分享的是区块链过去几年的发展,以及我们的一些简单心得和一些典型案例。大家在讲去中心化,好像区块链就是去中心化,其实我们做了一个简单的研究,去中心化是跟中心化相对应的,这两者本身都是从技术角度来说的。如果我们把中心化和去中心化放到一个维度上看,其实不是 0 和 1 的关系,它们中间有很多状态。我们把主流一些的区块链应用场景,从最早的比特币到传统的核心银行系统,放到这个维度上看,其实大家会发现,很难有一个 100％中心化的应用场景,也很难有一个 100％去中心化的应用场景,所有的中心化或者去中心化,我们认为是针对不同的业务或者是用户的需求,通过一些技术设计所采取的合理架构。所以,银行发展从原来早期以省级或者是市级分布式架构,逐渐到现在流行的“两地三中心”,国外银行已经走到全球数据中心或者是全球云概念。这个是技术演进的过程,我们的看法是,大家未必要纠结于中心化还是去中心化,尤其在比特币这一话题上,有些人觉得去中心化好过中心化。区块链的本质是分布式的,在互联网技术发展过程当中,因为资源和技术的限制,其实一开始偏向于中心化方向,但是从互联网出现到区块链出现,我们解决各种业务问题的手段变多了,有去中心化,也有中心化,只不过是站在自身的角度看不同的主体,选择一个合适的方式。所以我们可以看到,从国外来看,典型区块链的一些技术都不是完全中心化的。其节点是网络许可制,有信任的基础的节点,而且其节点是有限的,跟比特币网络节点有很大的区别,这种更接近于分中心概念。比如刚刚提到了比特币这样一个接近去中心化的系统,它的代码修改其实相对来讲也是在比较小的团队控制之中,所以当然会有跟计算方式或者是处理方式配套的问题,还有一个是治理结构问题。

治理结构的发展往往是滞后于技术发展的。就我们现在看到的情况,大家会说区块链泡沫太多,从现在几条主流技术路线来看,每一家都有优势,每一种技术思路也都有局限性,没有某一种技术或者是某一种路径可以解决所有问题。区块链是一类技术,就像比特币一样,其实是一些现有技术为了具体应用而发展出的创新,是一个技术的组合。我们要从中本聪处学习到创新思想和精髓,不纠结于是否100%去中心化,而是用现有技术解决一些我们碰到的问题。

如今区块链热度很强,上一波技术创新时大家熟悉的初创公司现在已经成了巨头,今天的BAT,国外的谷歌和亚马逊,其实很多是在2000年甚至是2000年以后成立的。那时候互联网刚刚兴起,可能是很多大家没有听过名字的公司在做第一波发展。今天我们看到的景况跟互联网创业期有一个很大的区别,区块链领域有三股力量同时都在进行区块链领域的创新:一个是跟互联网领域内一样的初创企业;一个是传统的大型金融机构或技术公司,区块链技术来临的时候,大企业是张开双臂拥抱技术发展的;还有一个是区块链特有的力量,是社区的力量,这一股力量不是来自于某一家具体的正规的公司,它没有公司的形态,关于它是不是合法也有待判断,但是这股力量从最开始一直到现在,都在推动区块链的发展。从比特币、中本聪,到现在发展矿工社区,还有新的各种币,还有以太坊,以及和以太坊相关的生态。早期几个关键性的技术创新,不是来自于初创企业,也不是来自于大企业,而是社区。社区这种方式更接近刚刚杨教授提到的,未来的自组织社会。不管有没有泡沫,现在它已经是在飞速发展了。

刚刚谈到很多不管是上海证券交易所、中本聪、场内交易、有价证券交易所,大家学习经济、金融熟悉的是过去几十年飞速发展起来的一套金融市场的基础架构。很多人会认为这是"天条",是不可改变的,或者是顺理成章的,但区块链给了我们机会重新思考。全球领先的交易所纳斯达克去年开始做一个项目,是要从场外交易开始,尝试改变传统的股票交易。为什么纳斯达克做这件事情?因为它有非常强的危机感,它看到审核再发行、再监管的这样一套流程,在未来区块链社会里会被完全颠覆。早期有一个创业项目比特股想做数字股权的发行,在现有机制下,法律监管是滞后于技术和制度的创新的,已经有人提出用数字化方式做这个不管是股权还是产权登记、结算、交易的所有动作,而且是不需要监管的。这件事情在地下市场或者是数字货币市场已经发生了。现在有很多项目连一个比特股这样的数字平台都不需要,就可以直接发行自己的数字货币,它是不是法律许可的货币待定,但是,传统的必须有公司,公司要有投资,投资以后要上市,才能发行股票来进一步融资,以进一步支持生产发展的整个过程,现在在区块链数字世界当中已经可以闭环来做。

现在各国央行和金融机构都在花巨资打造稳定可靠、吞吐量大,相对来讲比较安全的一套金融体系。今天我们面临一个根本性挑战,就是未来在这个数字世界,在区块链世界里面,这样的业务几乎是完全自动的,或者在各种主体之间可以更加自由地进行的,包括发行、清算、结算、交易,且保证公开透明。至于法律的问题,可能是留给杨教授和法律精英们的下一个课题,要如何在这样的数字世界当中,去规范和约束人的行为。

我们看到美国一直走在区块链创新的前列，不仅仅是技术领域，在具体应用区块链技术的业务领域，他们也是一步步走得非常稳。overstock.com 公司通过区块链平台，把新上市的股票在区块链上做交易，这是得到监管机构授权批准的合法的股票发行。这个项目在 2015 年年底获得批准，其团队也在开发相应的系统，不久就会上线运行。它是在体制内的，不是所有的区块链都是"草根"出来的，都说大机构不能做事情，其实大机构有很多事情可以做。美国的特拉华州，跟智能合约平台 Symbiont 合作，要把未来企业的股权登记注册放到区块链上，这可以说在政府管理领域迈出了非常扎实的一步。他们之所以敢于做出这样的尝试，也是因为看到了区块链背后所隐藏的巨大的从事经济活动的可能性。

另外，跟金融也有巨大关系的，是在物联网和供应链方面的应用。刚刚讲到数字货币有一些应用领域，未来程序和程序之间可以支付转账，还有一些设备和资产之间。在区块链创业领域有一个团队 Slock.it，他们想把区块链技术和锁结合起来，这个锁可以有很多种——门锁、车锁，设备开关及手机键盘锁。锁在经济层面代表使用权的转让或者是授权，如果把锁和门结合在一起，就是大家都知道的共享经济。这个锁在互联网上可以形成私钥，私钥被复制就可以应对资产在不同时间段的使用授权，这样的话，共享经济就可以很快实现了。大家更深一步想想看，如果这些锁与钥匙和智能合约合在一起，意味着每一个人都有机会把自己的资产做无限的分割、数字化，而且可以把使用权做非常灵活的安排。如果有一些机构，把这个钥匙使用权抵押，就可以形成现金流。我们有 REITs（房地产信托投资基金）概念，把这个做分离形成货币化、数字化，就有很好的未来前景。Slock.it 的这项技术如果可以实现，理论上可以把所有的资产进行数字化分割和交易，而且有无限多的金融创新空间在里面。这就是区块链目前一个很热的应用，很多国内国外的创新企业都在做这方面的尝试。

　　同时区块链又面临很多问题：缺乏标准，缺少实践数据，技术门槛很高。很多人之前看到区块链新经济就想要做一些事情，但是真正动手时就发现找不到程序员使编程落地。这些是我们可以看到的浮在面上的问题，其实这些面上的问题之下，还有一个更大的问题。区块链技术催生出新型分布式的经济关系，或者说是经济形态，但我们缺乏一种治理结构，这在每一个区块链应用领域都可以看到。比特币领域缺乏治理结构，导致大家对于这项技术的进一步演进和发展很难形成共识。在以太坊的"The DAO"失窃事件发生以后，大家对如何处理有不同的意见。现在有了区块链这么好的技术手段，能否克服以前治理结构的短板，能否真正高效推动相应的技术创新，跟社区和初创企业一争高下，是不同领域企业都会面临的挑战。

　　这是一个深层次的治理结构问题，怎样在更大范围内协作，要有与之相应的体系。现在的法律体系、货币政策，是以中心化方式进行运作，区块链的出现让原来的这种方式受到很多挑战。比如刚刚争论美元到底是不是货币的问题，这样的司法管辖问题，在数字交易里其管辖边界会被打破，这需要进一步推动区块链发展，需要进一步摸索治理结构。

　　关于区块链发展和有没有泡沫的问题，我想给大家提供一些数字，由大家自己判断。做一个简单的比较，如果拿1995年、1996年的互联网发展跟今天的区块链发展做对比，现在区块链的投资总额已经超过1995年、1996年互联网的投资额。还有一个研究，比特币算力矿基这个市场不是很大的市场，是一年市场容量为10亿元人民币量级的市场，但从2012年到现在，可以看到比特币算力增长速度突破了摩尔定律，这个算力在1.4P、1.5P的水准之上。关于芯片应用工艺，本来高端高性能的芯片设计制造生产是被巨头垄断的，但是在社区和初创企业的推动下，比特币在过去四年取得了高速的算力增长。从这里面我们看到的是区块链技术的发展可能有一些不同于互联网发展的特性。现在我们看互联网创新，其实可以从中学习到很多东西，互联网行业打败很多传统行业靠的是自身的法宝，是非常快的迭代速度，其学习能力、试错能力很强。区块链行业里，比特币矿机工艺甚至是超过芯片工艺的发展速度的，这是很了不起的，这不是英特尔、高通、苹果、IBM 等大企业推动的，而几乎是靠社区和初创企业的力量做的。

如果把比特币和滴滴打车做一个对比，是很有趣的。滴滴打车是成长非常快的互联网企业，短短五年时间，估值达到 350 亿元，比特币市值在 100 亿美元左右。看看对应的用户数，会发现很有意思。滴滴打车经过快速的发展，已经在主流市场、主流用户中形成了某种意义上的垄断地位，现在其总用户数有 3 亿，活跃用户每天 1.27 亿，这是支撑市值的一个很强的基础。我们看看比特币，总用户数在一个集客小圈子里，全球共 850 万，每天的活跃地址有 40 万左右。这个数字之下的融资数字由大家自己做判断，比特币到底是泡沫严重，还是未来前景远大，相信大家有自己的理解。

另外国外大型金融机构近来开始纷纷成立区块链研究室，有大量的互联网技术人员和业务人员投入。而后又有新的发展，一些负责区块链的高层管理者或者是技术方面的领导，纷纷离开这些大企业，开始自己做一些区块链创新。这也代表着某种趋势。

区块链之具体场景

张立钧：很多人在问，区块链到底能否落地，大家都在谈概念，我会给大家介绍一个简单的模拟电商的场景。

我们有多个节点，如果一个节点坍塌，可以自动更换一个"领导"，使整个网络运营不会因为一个节点坍塌而崩溃。另外，智能合约代码很简洁。当我们买东西转账时，钱先打到我们创建好的智能合约里，相关节点同意这个操作，网络上所有节点都同意这个操作，这样就可以"上链"，就可以被广播了。这个时候如果继续确认这笔交易，就根据交易双方的共识设计一些交易规则，双方同意以后,这笔钱就从公共合约转到最终交易对手方的账户上。可以决定通过多重签名方式,或者是几天之内无争议方式解锁。如果一方违约,没有完成这笔交易,是没有"橡皮擦"的,这笔交易同样会记录在区块链上。和中心化机构不同,在这个去中心化全网维护账本中,可以看到完成的交易,也可看到没有完成的交易,所有交易信息都记录在案。

票据的交易主体很多,容易发生贪污案。比如之前的农行"40亿"案,当农行和另外一家银行进行票据买入业务的时候,相关员工勾结起来,找到中介贴现,中介又到银行转贴现,这样就把票据以非常低的成本转换成资金。银行票据发生这样的污案,实质是一种一票多卖的现象,本来实体应该放在银行,但是实际上又流转到别的地方,整个过程信息分散不对称,没有统一的信息主体让所有人知道这个交易流转,还涉及纸质凭证不易保管的问题。而在区块链中,为什么比特币可以作为虚拟资产进行流转? 主要是能够通过技术手段,避免信息不对称,所有人信息都相对完整,支付、结算、记账平台又是可追溯的,并且可通过电子签名保障,无纸化、低成本、高效率,最终形成自发交易市场,开展程序化操作。

结合刚才讲的可以知道,区块链怎样在场景当中变化。一方面相比中心化机构,广泛的节点可以保证只要异常的节点不超过1/3,系统都可以正常运行。协议保证在正常运行中,区块链不会出现分叉,一次确认即为可靠确认。

总之,可以用区块链技术,设立区块链票据交易所,通过分布式节点实现记账服务,又可以通过智能合约加速交易的执行。

我们不认为区块链可以适用于所有的应用场景,而是要通过决策进行判断。要在技术发展上加大研发投入,使交易速度提升,系统承载量增大,同时政策也要更开放支持,发行虚拟货币才能更好地利用智能合约,发放相关牌照才可以进行更好的监管。还要不断引入传统领域思想,要打破既得利益集体的路径依赖。

伴随节点的不断增多，区块链价值会增大。几年时间内，区块链就可以落地。我们从不想未来，因为未来来得太快。很多开始不起眼的公司最后颠覆了世界，我们不知道自己是否可以成为这样的一分子，但是我们时刻准备着。

王立仁：Factom（公证通）公司副总裁

杨东：中国人民大学教授，金融科技与互联网安全研究中心主任

吴忌寒：北京比特大陆科技有限公司首席执行官

周金黄：上海华瑞银行股份有限公司副行长

曹锋：深圳瀚德创客金融投资有限公司副总裁

张立钧：普华永道中国金融行业管理咨询主管合伙人

第四篇
金融监管的完善与重构

中国金融监管体制如何变革？

2013 年十八届三中全会《关于全面深化改革若干重大问题的决定》对金融监管改革着墨不多，"落实金融监管改革措施和稳健标准，完善监管协调机制，界定中央和地方金融监管职责和风险处置责任"。可见，当初只是强调监管协调，并未酝酿对监管框架进行大的调整。

2015 年以来，金融风险急剧增加。股票市场"人造泡沫"崩盘，汇市动荡，以泛亚交易所和"e 租宝"为代表的影子银行风险爆发，银行坏账激增，引起中央高度警觉。

这些金融风险的显露，有些是经济转型中海水退潮的结果，但也有很多问题源于不合理的金融监管体制。2015 年 11 月，习近平总书记在"十三五规划"起草的说明中强调："……特别是综合经营趋势明显。这对现行的分业监管体制带来重大挑战。近来频繁显露的局部风险特别是近期资本市场的剧烈波动说明，现行监管框架存在着不适应我国金融业发展的体制性矛盾，也再次提醒我们必须通过改革保障金融安全，有效防范系统性风险。"由此，金融监管体制改革——而且是根本性的变革——被迅速提上议事日程。

现行金融监管体制及其问题

我国现行的金融监管体制形成于 20 世纪 90 年代，具有三大基本特征。第一，分业监管。银监会、证监会、保监会分别对银行、证券、保险这三大核心金融领域实施监督管理。第二，机构监管。三会管理的主要对象是按照机构牌照确定的，即重点监管银行、证券公司和保险公司，此外也包括信托、租赁、小额贷款、财务公司等持牌机构。第三，央行主要负责货币政策制定，基本不承担监管职能。

"一行三会"的监管体制比较适应于静态、封闭的金融体系，在过去较好地维护了金融稳定，尽管也存在管制太多、资源扭曲、效率低下等诸多问题。

自 2012 年以来，中国宣布重启改革，启动具有历史意义的经济转型。相应地，中国金融体系迎来了快速变化的时期：1. 市场化：影子银行迅速崛起，银行资金分流；利率市场化，取消利率上限和下限；以阿里、腾讯、平安陆金所为代表的互联网金融兴起，金融市场竞争加剧；各类理财、基金、投资爆发，进入资产管理时代；IPO（首次公开募股）注册制即将开启；股指期货等金融创新产品问世。2. 混业化：以平安、中信、光大、招商局为代表的金融集团，形成了银行、证券、保险、信托、租赁等多种牌照的融合；出现了越来越多的跨行业收购，例如四大资产管理公司悉数集齐银行牌照，距离全牌照也仅一步之遥；阿里、腾讯等互联网巨头凭借强大的入口优势，整合金融服务，力推"金融超市"，例如蚂蚁聚财宝、平安一账通。3. 国际化：中国金融体系开放程度加大，人民币加入 SDR（Special Drawing Right，特别提款权），离岸人民币市场快速发展；沪港通推出，深港通、沪伦通也在积极推进；自贸区账户提升跨境资金池管理和资金进出的更大自由度。

市场化、混业化、国际化，既是中国经济转型的内在需要，也是当今世界金融发展的国际趋势。与金融体系这些新的变化相比,现行金融监管体制已出现严重的不适应。

1. "监管真空"不断出现:在分业监管体制下,一旦出现跨领域的金融创新,各个监管部门可能相互推诿,导致监管盲区;在机构监管模式下,一些新的金融业态出现,令监管层手足无措。例如,P2P 最近几年呈爆炸式增长,但监管层用了很长时间才明确其应该由银监会监管,但至今管理办法尚未落地,这是导致该领域"劣币驱逐良币"的关键原因。

2. 分业监管导致"地盘意识":三会各守一块地盘,自然有维护自身利益的强烈动机,不希望别人插手自己的监管对象,也不希望自己的监管对象介入其他领域发展。这导致很多有利于提升金融体系效率的创新难以推进。资产证券化是一个典型案例。资产证券化是促进金融效率的重要创新,社会已有共识,但多年来发展举步维艰。银行如果进行资产证券化,势必涉及证监会的领地。如何进行跨界的监管协调就成为久议不决的难题。

3. 金融消费者保护缺位:随着理财产品等金融创新的加快,各类金融消费纠纷急剧增加。尽管三会都设立了"金融消费者(投资者)保护局",但基本无法发挥作用。原因并不复杂。三会的领导直接来自于金融机构,不可避免存在"监管者俘获"的现象,很难为了保护消费者而对金融机构"严加看管"。而且,三会既承担了发展金融事业的责任,又承担了金融监管与消费者保护责任,本身就存在利益冲突。

4. 宏观审慎监管缺位:2008 年次贷危机发生后,发达国家反思其中一个原因是未能实施"逆周期"的宏观审慎监管。中国存在同样的问题,"发展"往往压倒"审慎",监管部门和金融机构都存在行为短期化的冲动和政治周期。例如,"4 万亿"期间银行激进放贷,导致如今的坏账问题。再如,证监会在牛市放纵"两融"失控,却在熊市时收紧"两融",这是典型的"顺周期"监管。

5. 央地分层监管缺乏有效分工:传统上,金融事务一律由中央监管。但近年来各地纷纷设立"金融办"，逐步承担了包括小贷公司、担保公司在内的一些监管责任。但总体上看，依然是中央忙不过来、地方使不上劲。由于地方金融办缺乏明确的法律地位、权利与责任界定，对于很多金融问题不敢管、不愿管。不仅如此，一些地方金融办把"发展地方金融"作为重要任务，在一定程度上导致了利益冲突。例如备受关注的云南泛亚有色金属交易所之所以能发展到如此规模，与云南官方的支持和背书是分不开的。在很长时间里，云南将其视为地方金融的亮点和政绩，而非潜在的麻烦。

6. 监管部门的独立性和专业性受质疑：2015 年的人造股灾以及证监会的持续行为紊乱，引发国际投资者对中国金融监管透明度和一致性的怀疑。在 2016 年瑞士达沃斯论坛上，证监会副主席方星海不得不一再澄清、辩解、保证、承诺。连证监会原常务副主席李剑阁也忍不住抱怨："如果监管部门的人才危机不解决，中国股市的危机还会一波一波地到来。"导致金融监管理念紊乱的是其独立性的缺乏。长期以来，中国金融市场被视为一种帮助国企脱困、帮助权力寻租的"工具"，缺乏清晰的使命与目标，导致监管部门既要听领导的，又要听股民的，不停地左右摇摆，从一个错误走向另一个错误。

7. 管制与监管的认知误区：长期以来，中国一直对金融领域实行高度管制。但十八届三中全会后，在简政放权主旋律的影响下，监管部门又出现了对该管的问题"不敢管"的倾向。这是对管制与监管的认知误区。所谓管制是事前审批，而监管注重的是事中事后。中国金融业应该在解除管制的同时强化监管。对于具有显著外部性的金融领域而言，金融监管的弦永远不能放松。中财办主任刘鹤在对美国两次大危机的反思中指出："在两次危机形成过程中，监管上奉行'轻触式监管'，认为'最少的监管是最好的监管'，监管放松、监管空白和监管套利愈演愈烈，甚至出现'监管竞次'——各国监管机构竞相降低监管要求以追求本国金融机构的相对竞争优势。"中国在推动金融市场化改革的同时，不应再重蹈美国监管的覆辙。

金融监管体制变革的原则与理念

由于上述的巨大的不适应,中国金融监管体制变革具有明显的紧迫性、重要性,对此社会各界已有共识。但对如何变革却存在众多争议,其中既有理念的差异也有利益的杯葛。笔者认为,兹事体大,要确保取得好的成效,必须明晰方向和理念。

1. 要着眼于整体性变革而非局部的修补。应该认识到,诸多金融风险的出现,是因为整体的监管框架已经不适应市场化、国际化、混业化的趋势。这一问题靠局部的手术难奏其效。刘鹤指出:"由于金融资源具有高度流动性,金融市场具有很强的整体性,金融改革需要特别注重单兵突进和整体协调的关系,防止改革部门化、碎片化。仅在单个领域推进某项改革往往难以取得预期效果,反过来也会影响这项改革的可行性、可信度。"

2. 要认识到金融监管部门同样存在利益,也存在"屁股决定脑袋"的激励约束问题。在日益固化的利益格局面前,靠"加强监管协调"是苍白无力的。唯有从机制设计入手,合理界定机构设置、权力和责任,才有可能实现真正的改变与突破。

3. 没有完美的机制设计,也没有一劳永逸的机制,必须与时俱进,不断检讨。英国于 1997 年成立大一统的英国金融服务管理局(FSA),被视为面向 21 世纪的监管,但谁也没料到在 2010 年 FSA 就被宣布解散。就中国这样快速变化的金融体系而言,挑战更加突出。因此,机制设计应具有前瞻性,不能头痛医头,只解决眼前的问题。

4. 根据获得诺贝尔经济学奖的"机制设计理论"(Mechanism Design Theory),一个好的机制设计必须重点解决两个问题:信息效率和激励相容。充分的信息是有效监管的前提,必须建立打破部门壁垒的统一的信息收集和共享机制;合理的部门目标设定与激励机制是确保监管部门正确作为的关键,激励搞错了，再优秀的人才、再多的呼吁都无济于事。

5. 双峰监管和功能监管应成为基本理念。在 2008 年金融危机后，发达国家已经基本确立了双峰监管体系，即"防范系统性风险＋金融消费者保护"。此外，实施功能监管是突破"机构监管"弊端的关键。所谓功能监管，就是按照某项金融产品或业务的法律关系实质来实施监管，实质大于形式，这可以让监管部门在面对眼花缭乱的创新时做到"以不变应万变"。一个典型案例是：P2P 在美国出现后（其模式与中国的 P2P 有差异，特别是在强制分拆方面），SEC（美国证监会）认为 P2P 的实质是一种证券，从而将其纳入监管范围。主要依据有四点：投资人有投资回报预期；P2P 平台向公众销售，基本没有资质限制；通常投资者会将 P2P 视为投资；现有的管理框架中没有其他方式可以减少投资人的风险。基于这四点，证监会认定 P2P 交易为债券发行，需要遵守联邦证券法，需要在 SEC 注册。

6. 借鉴吸收欧美国家金融监管改革经验。在经济金融全球化的今天，中国不可能关起门来搞金融。中国的领导层充分注意到了欧美国家的金融监管改革动向，并有意借鉴。习近平指出："国际金融危机发生以来，主要经济体都对其金融监管体制进行了重大改革。主要做法是统筹监管系统的重要金融机构和金融控股公司，尤其是对这些金融机构的审慎管理；统筹监管重要金融基础设施，包括重要的支付系统、清算机构、金融资产登记托管机构等，维护金融基础设施稳健高效运行；统筹负责金融业综合统计，通过金融业全覆盖的数据收集，加强和改善金融宏观调控，维护金融稳定。这些做法都值得我们研究和借鉴。"

中国金融监管体制变革的政策建议

基于上述问题分析变革的趋势与原则，并结合中国金融监管体制的实际情况，本文提出如下建议：

1. 明确央行在金融监管体制中的核心地位。金融危机后，英国撤销 FSA，将大部分监管职能纳入英格兰银行,并以独立于英格兰银行的英国金融行为监管局作为补充(见图1)。美国也提出将美联储打造成"超级监管者",授权其为监管系统重要性金融机构(见图2、图3)。

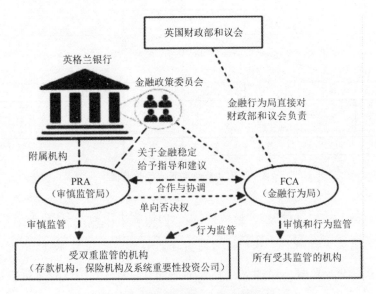

图1 改革后的英国金融监管框架

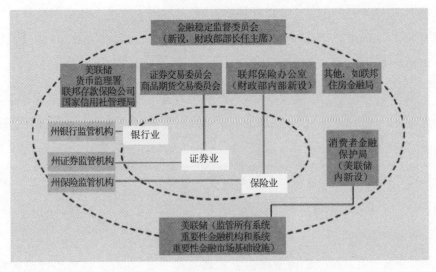

图2 改革后的美国金融监管框架

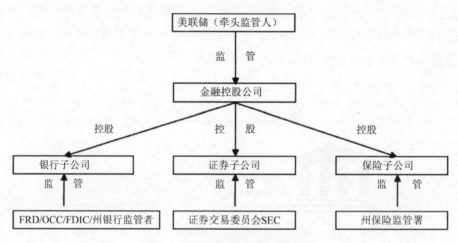

图3 作为超级监管者的美联储

央行的主导地位是由其"最后贷款人"的职能决定的，一旦金融机构倒闭，最终还是需要央行出手。基于权力与责任对等的激励兼容原则，系统重要性机构须接受央行监管。现任央行行长周小川在2015年5月的文章中已经表达了央行的忧虑："今天我们有个别需要补课的内容。因为有些改革过去曾经打算做，但由于遇到危机等各种各样的原因，被耽搁了下来。如果没有强有力措施，不下大的决心，不清理财务不健康问题，不引入市场经济规律，银行体系将很难存续！"

作为监管体系的核心，央行现在明确承担了一个新的职能：宏观审慎。为此，英格兰银行设立了"金融政策委员会"，而美国则成立了由财政部和美联储牵头的"金融稳定监督委员会"。

笔者建议，中国人民银行的核心监管者角色应该体现在：（1）设立"宏观审慎局"，专司对系统性风险的检测、预警和防范；（2）设立"审慎监管局"，对系统重要性金融机构实施审慎监管。

2.合并三会，设立"中国金融监督管理委员会"。在混业趋势不可逆转的情况下，合并三会可以有效地将部门边界内部化，从而消除相互推诿的局面。在新的"金监会"之下，设立银监局、证监局、保监局等职能部门。由金监会主席协调各部门的难度大大小于协调三会的难度。金监局将行使对各类金融机构、金融市场、金融业务或产品实施监管的职能。

对系统重要性金融机构而言，这意味着出现了央行与金监会的双重监管，其分工是：央行关注审慎监管，金监会关注业务与合规监管。双重监管当然增加成本，但这是防范系统性风险所需要付出的代价。

3. 修改法律，实施功能监管。如果摒弃机构监管的理念，即使合并三会，依然会面临众多创新带来的"监管真空"。实施功能监管的关键是：（1）修法扩大证券、银行、保险的定义，以法律定义来适应金融产品的不断创新。（2）监管当局须按照法律定义来实施监管。例如，《证券法》修订组组长、全国人大财经委副主任委员吴晓灵认为："证券就是收益的凭证，代表了一定的财产权益，可以均分、转让或者交易。按照这种定义，现在市场上的理财业务本质上是一种证券业务。因为所有的理财产品都具备把资金汇集在一起、由理财产品的发售方进行管理、为投资者收益进行投资、由投资者承担风险、管理人只收取管理费这样一些特点。它是典型的资金信托，而这种资金信托由于份额化，由于可以交易，所以它本身就是一种证券，应该由证监会实行统一的监管。"

4. 设立"中国金融消费保护局"。金融创新越复杂，金融消费者相对于金融机构的弱势就越明显，消费者保护就越重要。在金监会存在"监管俘获"、央行只关注系统性风险的情况下，有必要成立"中国金融消费保护局"。为确保其独立性，建议该局像审计署一样直接向全国人大负责。刘鹤指出："金融监管要'长牙齿'，不能只说不做。"要确保金融消费保护局真正发挥作用，就必须赋予其对金融机构的不当行为做出处罚的权力。

5. 立法明确地方金融办的法律地位、权限与监管责任。十八届三中全会提出：界定中央和地方金融监管职责和风险处置责任。目前各地纷纷设立地方金融办（局），但由于缺乏法律支撑，地方金融办的角色一直处于尴尬、模糊与游移状态。鉴于中国地域之大，让地方金融办分担一部分监管职能是必要的。例如，如果云南省金融办事先具备明确的监管职能，泛亚交易所危机就不致发展到如此规模。在泛亚出事前，中央监管部门很可能不了解、不关注这么一家机构，但云南金融办不可能不关注，这是地方金融办的独特信息优势。但正如泛亚事件所揭示的，在对地方金融办赋权的同时，必须警惕地方政府"发展金融"与"监管金融"的利益冲突。

笔者建议，全国人大应该立法界定地方金融监管机构的职能、权力与责任。第一，应明确地方金融办对总部在本地的机构负有金融风险处置的首要责任，以抑制其发展金融的冲动；第二，应授权地方金融办在中央层面未明确监管的情况下，对本地的创新金融或类金融实施必要的监管，从而为中央层面的监管积累地方实践经验，当然，一旦出台全国性的监管规定，地方金融办应服从全国规定；第三，应赋予地方金融办与其责任相匹配的监管权限和人才资源，让地方金融办逐步敢于监管、善于监管。

6. 提升金融监管部门的独立性和专业性。"4万亿刺激"及地方融资平台债务的失控，再次暴露出中国银行业及监管部门独立性缺失的老毛病。2015年的人造牛市和随后令人惊愕的救市，更令国际投资者对中国金融监管能力有所质疑。世界银行前专家王君批评说："证监会始则托市，继则救市。一个没有明确使命任务和独立性的金融监管当局，必然刻意揣摩上意，既没有可信度，也得不到市场的尊重……金融监管者事无巨细地层层向上报告请示，使得权力和责任过度集中于高层领导，也使得当事者可以轻易卸责，但是却永远无法建立有效的金融监管体制。"相关领导应该认识到，对于今天的中国而言，金融已经是一项具有根本性意义的"基础性制度"，而不是可以被操控的工具。作为基础性制度，必须具备可预期性，这要求规则的稳定性、执法的专业性。

截至目前,中国的金融监管部门既没有稳定而清晰的目标,也缺乏对法治的尊重和坚守。这一问题如不重视,中国将陷入对整个金融体系的信心危机。要解决这一问题,一方面需要修改法律明确监管部门的使命,但更重要的是要求领导们学会"自我谦抑",尊重金融监管部门的独立性和专业性。

金融是极为复杂而敏感的基础设施。对金融监管体制实施变革,必须详细论证、精心设计。这一改革主要面临两大陷阱:一是缺乏清晰的理念指引,陷入技术性修补和争论,最终的改革缺乏前瞻性、全局性;二是被部门利益绑架。毋庸讳言,"一行三会"都有借改革之机扩大自身权限的动机,对此,顶层设计者须铭记在心。但是鉴于金融改革的复杂性、专业性,完全绕开"一行三会"来设计改革方案是不现实的。要避免改革陷入利益的纷争,作为"拍板者"的顶层领导应该具有正确的理念和专业的理解;同时,应尽可能多地引入外部专家参与,进行充分的讨论和交锋。

刘胜军:上海数字化与互联网金融研究中心执行主任

中国金融监管体系的重构路径

全球金融危机后,各国都在重新评估过往基于"微观审慎"的金融监管体系,提出并推行了各种改革方案。我国的"十三五"规划纲要明确要求进一步改革金融监管体系,以加强宏观审慎管理、统筹监管系统重要性金融机构、建立功能监管和行为监管框架为重点。这些改革理念与全球主要经济体金融监管改革的方向是一致的。但是,在金融监管框架改革的具体模式选择方面,还有待形成共识。

现行金融监管体系的局限

当前,我国实行的是"一行三会"的分业金融监管体系。中国人民银行("一行")主要负责制定和执行货币政策以维护金融系统稳定,同时承担支付清算、国库、反洗钱、征信管理等金融服务职能。银监会、证监会和保监会("三会")则分别负责对存款类金融机构、证券机构和保险机构的监督管理。这种基于机构的分业监管模式是改革开放以来逐步形成的,它为维护我国金融秩序的稳定、促进金融监管的专业化做出了积极贡献。但随着我国资本市场和金融行业的快速发展,原有的分业壁垒日渐消融,"一行三会"分业监管体系的局限日趋凸显。

近年来,金融机构各种形态的综合经营实际上已突破了分业经营的格局,呈现出规模扩张、跨行业渗透和产品结构复杂化、多样化的特征,现实中也出现了金融控股公司这种典型的混业经营业态。在混业综合经营不断发展的趋势下,分业监管体系一方面难以防范系统性风险,不利于维护金融稳定,另一方面监管协调的压力加大,监管成本增加,监管效率下降。具体而言,我国现行的分业金融监管体系存在着监管竞争、信息分割、协调困难等缺陷,在监管工作中存在监管空白,并诱发了金融机构的监管套利。

1. 监管竞争

基于机构类型划分监管领域(机构型监管)使得监管竞争成为分业监管体系的内生性难题。这是因为在我国现行的行政体系下,各监管部门被赋予行业行政主管和行业监管的双重职责,这两个职能类似体育比赛中的领队和裁判,其职责和目标相互冲突,不可能整合为一体。在这种体制下,监管部门的行政权力和话语权很大程度上取决于被监管行业的规模大小和发展速度。监管部门在推动行业快速发展与加强行业审慎监管之间常常互相矛盾,"踩油门"与"踩刹车"交替出现,使得现行的"一行三会"的监管行为发生了某种程度的扭曲。这是中国行政体制的产物,发达市场经济体的金融机构没有上级行政主管部门,监管与被监管的关系简单明确,监管部门没有被赋予推动行业快速发展的职责。

为了促动行业发展,监管部门之间的竞争不时出现。这种监管竞争在我国的债券发行市场体现得尤为明显。当前我国的债券市场存在着发改委、财政部、证监会和人民银行(银行间市场交易商协会)四个监管机构,各自负责审批不同类型的债券发行。2015 年年初，为了鼓励交易所债券市场的发展，证监会降低了对公司债发行的要求，公司债发行量不断创下历史新高。随后发改委与银行间市场交易商协会相继降低企业债和超短期融资债的发行要求，以期推动所辖子市场的发展。债券发行的监管竞争从整体上加大了金融市场的信用风险。

2. 协调困难

分业监管各部门的监管理念、目标、方式和执行均存在差异，平行的"三会"之间的竞争使得监管协调变得困难。国务院于 2013 年设立了金融监管协调部际联席会议，但这个联席会议制度"不改变现行金融监管体制，不替代、不削弱有关部门现行职责分工，不替代国务院决策，重大事项按程序报国务院"，因而无法从制度上改变协调难的问题。

混业经营的发展给金融监管协调带来了挑战。以平安集团为例，其主监管机构为保监会，平安银行和平安信托受银监会监管，平安证券受证监会监管，三会之间的协调成为有效监管的关键，在监管竞争与利益冲突的情况下，协调变得困难甚至失效。

3. 信息分割

分业监管体系也造成了金融统计信息的分割。各监管部门的数据来源仅限于所辖的行业，难以获取整个金融体系的资产负债规模和资金流向的数据，这严重影响了监管当局对系统性风险的研判和决策。

信息分割的问题在 2015 年上半年股市巨幅波动中得以充分暴露，其时证券公司通过外接系统进入股市的场外配资来源复杂，既有银行、信托等持牌金融机构（受银监会监管），也有民间配资资金（其中部分受地方金融办监管），资金通过配资账户、信托、理财资金池等层层嵌套，导致证监会作为证券市场监管机构无法清楚地了解进入证券市场的杠杆资金总量，从而无法有效监控和测度市场风险。场外配资规模扩大和股价攀升的速度大大超出了监管者的预期,证监会只得基于不完全信息对场外配资采取行政式清理,其代价是杠杆资金离场,股价螺旋式下跌,投资者竞相抛售股票,最终导致场内杠杆资金平仓,A 股市场的流动性迅速枯竭。

4. 监管空白

当前我国在金融控股公司监管、投资者(金融消费者)权益保护、影子银行业务、创新金融业务和互联网金融等方面仍然存在着大量的监管空白。例如对金融控股公司目前采取主监管制度,导致监管空白与协调困难并存;P2P 这类创新借贷平台目前由各地方的金融办负责审批监管,监管空白与监管套利并存。此外,影子银行体系的监管空白,掩盖了整个银行体系不良率的真实情况,可能误导我们对系统性风险的研判。互联网金融创新所催生的大量新型业态和创新产品在我国当前"铁路警察,各管一段"的分业监管体制下往往处于监管的模糊地带。

面对当前金融机构混业化、金融交易跨市场化、银行业务表外化、资本流动网络化的最新趋势,究竟如何监管,监管的对象是谁,监管边界何在,怎样相互协调,这些问题在现行监管框架内难以找到答案。

5. 监管套利

不同监管标准或规则给金融机构带来监管套利的空间,金融机构倾向于选择监管相对宽松的领域展开经营活动以获取超额收益。从理论上说,同质的业务受到的监管应当是一致的。但分业监管体制下政出多门,容易导致对同质的业务监管不一致,引发监管套利,不利于构建一个公平竞争的市场环境。

例如,基金子公司与信托公司都可以从事信托业务。但是,信托公司归银监会监管,而基金子公司受证监会监管,两者受到的监管和资本要求差异非常明显。基金子公司不仅业务规模不受净资本约束,投资范围也没有限制。监管套利使得基金子公司的数量和资产规模急速增长。截至 2015 年年底,诞生仅三年多的基金子公司的管理规模已达 8.6 万亿元。直至 2016 年 5 月，证监会才出台基金子公司管理规定和风控指引的征求意见稿，对基金子公司提出资本要求。

金融监管改革的国际经验

次贷危机引发的全球金融海啸暴露了欧美等主要发达国家金融监管体系与现代金融发展的不协调，危机后主要发达国家都对原有的金融监管框架进行了修补和改革，重点有两个方面：一是强化宏观审慎监管；二是倡导功能监管和行为监管。

1. 宏观审慎监管

次贷危机之前，国际上主流的监管思路是微观审慎监管。所谓微观审慎监管是以独立性假设为前提，即监管当局认为金融机构都是相互独立的，所以只要保障微观金融机构是安全的，整个金融体系就是安全的。从另外一个角度讲，微观审慎监管相信自身资本充足，可以隔断其他金融机构的破产所带来的风险。这个独立性假设在很长的一段时间内都没有遇到大的挑战。

随着金融自由化（放松管制和金融创新）的推进，金融机构和金融机构之间、金融行业和实体经济之间、国家和国家之间的联系日益紧密。金融机构为了追逐商业利益不会主动考虑行为的外部性，这使得风险极易通过金融体系的网状连接迅速外溢扩散。相互连接性突破了独立性的假设，表明单一的微观审慎监管已不能保障整个金融体系的稳定。例如，当资产价格下跌时，银行为了满足微观审慎的资本充足要求需要卖出资产。但当足够多的银行一起卖出资产时，会使得资产价格急速下跌，导致螺旋式的价格崩溃，引发金融危机。在这个例子中，单一的微观审慎监管反而放大了金融机构顺周期行为所带来的系统性风险。我国 2015 年的"股灾"期间也出现了类似的价格崩溃现象。

美国次贷危机后，各主要发达国家都在监管体系中突出了宏观审慎监管的地位和作用。宏观审慎监管不是对微观审慎监管的排除或替代，而是在原有基础上增加了一个更为重要的监管维度,它主要以相互连接性为前提,强化对系统重要性金融机构的监管,重视逆周期调节、整体期限错配的情况,以及对金融系统和金融机构进行前瞻性监管。在具体做法上,各国都赋予央行在宏观审慎监管体系中统筹、协调的核心地位。

2. 功能监管和行为监管

从各国金融监管实践来看,主要有三种不同的监管模式。一是"机构型监管"模式,它是在分业监管体系下根据金融机构的类型划分相应的监管机构。中国的金融监管体系就是典型的机构型监管,银行归银监会管,保险公司归保监会管,证券公司归证监会管。这样的划分有助于监管部门加深对该类型金融机构的认识,实行专业化监管。二是"功能型监管"模式,它是在混业监管体系下根据金融活动的性质来进行监管,只要是同质业务,不管在哪个金融机构,都接受一致的监管,这可以在较大程度上避免监管套利。三是"双峰监管"模式,它源于澳大利亚20世纪末的金融监管改革,将金融机构的行为监管独立出来,形成审慎监管与行为监管分离的"双峰"模式,后来被很多国家采用。

随着金融创新和混业经营的发展,金融机构的传统业务边界日益模糊,基于分业监管的"机构监管"模式难以适应这种发展趋势。从理论上来说,基于金融业务的"功能监管"是对分业监管的修正;而"双峰监管"则强调保护金融消费者的合法权益,建立并行于审慎监管的行为监管体系。

监管模式

目前,关于我国新的金融监管框架,大致有六种改革模式,这些方案各有利弊:

1. 金融协调委员会 ＋"一行三会"(美国模式)

此方案建议保持现有的"一行三会"格局不变,在更高层级设立金融协调委员会或金融稳定委员会，统筹协调"一行三会"金融监管。这类似于美国《多德—弗兰克法案》之后的金融监管改革模式，在现有的监管体系之上，设立金融服务监督委员会（Financial Services Oversight Council），协调各监管部门的工作。

2. 单一央行模式

此方案建议现有的"一行三会"合并为单一央行，成为兼顾宏观货币调控和金融监管的超级监管机构。这一方案事实上回到了我国改革开放初的大一统监管模式。

3. "一行一会"（前英国模式）

此方案建议保持央行职能不变，合并三会为金融监管委员会，统一监管所有类型的金融机构，形成"一行一会"的金融监管框架。这一框架类似于英国2013年《金融服务法》生效之前的监管模式。

4. "一行两会"（央行＋证监会＋保监会）

此方案建议将银监会并入央行，保留证监会和保监会，形成"一行两会"的金融监管体系。这一方案强化央行宏观审慎监管的同时，延续了目前分业监管的特征。

5. 央行＋行为监管局（英国模式）

此方案将三会的审慎监管职能并入央行，同时成立独立的金融行为监管局，负责金融机构的行为监管和金融消费者权益保护。这一方案的样板是英国现行的金融监管模式，央行下设货币政策委员会、金融稳定委员会和审慎监管局，分别负责制定和实施货币政策、宏观审慎政策和微观审慎监管。同时，央行负责统筹监管重要金融基础设施和金融业综合统计。行为监管局独立于央行，以体现审慎监管与行为监管的适度分离。

6. "一行双峰"模式（央行＋审慎监管委员会＋行为监管局，澳洲模式）

此方案建议央行继续负责宏观审慎政策的制定和执行，以及对系统重要性金融机构、金融控股公司和重要金融基础设施的监管，并负责统筹金融业综合统计；"三会"按"双峰模式"重组为审慎监管委员会和金融行为监管局，前者负责非系统重要性金融机构的微观审慎监管，后者负责金融机构行为监管和金融消费者权益保护。

改革路径选择

选择哪种监管模式，这要看我们希望达到什么样的改革目标。根据《"十三五"规划纲要》的部署，金融监管框架的改革目标有三：一是加强宏观审慎监管；二是强化综合监管和功能监管；三是建立切实保护金融消费者合法权益的行为监管框架。关键词是：宏观审慎、综合监管、功能监管和行为监管。

从上述改革目标来看，我们可以首先排除单一超级央行模式。央行的主要职责是制定和执行货币政策，赋予央行全部的金融监管职能可能会与货币政策目标（物价稳定）相冲突。这种模式的另一个缺陷是，超级央行可能造成监管协调困难和监管空白问题内化。同样，我们也可以基本排除金融协调委员会＋"一行三会"模式。设立一个更高层级的协调委员会不能解决目前存在的问题，原因就在于这个"叠床架屋"的协调委员会难以成为常设的决策机构，至多是有事议一议，没事一切照旧而已。至于"一行一会"模式，它在一定程度上符合综合监管和功能监管的要求，缺点是没有体现行为监管的相对独立。"一行两会"符合宏观审慎的要求，但仍具有分业监管的特征，既不能满足综合监管和功能监管的要求，也无法实现行为监管的独立。

我认为，较为合理的改革方案是参考英国模式的"央行＋行为监管局"或者参考澳洲模式的"一行双峰"（央行＋审慎监管委员会＋行为监管局）架构。这两种金融监管模式在理论上比较完善，在结构上既符合宏观审慎管理的原则，又强化了综合监管和功能监管，同时实现了行为监管与审慎监管的适度分离。两种模式的相同之处在于央行负责宏观审慎监管和系统重要性机构的微观审慎监管，不同之处在于非系统重要性金融机构微观审慎监管的归属。相比英国模式，澳洲"一行双峰"模式将非系统重要性金融机构的微观审慎监管部门与央行分设，从而更具独立性。不过，我对刻意将微观审慎监管分开的模式抱怀疑态度，在中国特定的环境下，我们应该考虑将金融机构和业务（不论是否具有系统重要性）统一在央行这个综合监管机构之内，以避免监管竞争和监管套利。正是因为如此，我认为英国模式（央行＋行为监管局）在逻辑上为更佳的选择。

英国金融监管体系的重构，是一个值得我们关注的重要案例。2013 年 4 月正式生效的英国新金融监管框架，以英格兰银行（英国央行）为核心，下设金融政策委员会（Financial Policy Committee）和审慎监管局（Prudential Regulatory Authority），前者负责宏观审慎监管与政策协调，后者负责金融机构的微观审慎监管；独立于英格兰银行设置的金融行为监管局（Financial Conduct Authority）则负责投资者保护、维护市场公平以及对金融机构的行为监管。英国模式在理论上较为完善，既符合宏观审慎的原则，也符合综合监管和功能监管的要求，同时兼具"双峰模式"的特征。

但是，中国金融监管改革的初始条件与英国模式颇为不同，需要权衡改革旧体制和维护新体制的成本与收益。在 2013 年金融监管改革之前，英国采取的是欧洲盛行的混业监管模式，而我们目前依然是典型的分业监管体制。如果我们完全参照英国模式，需要将现行监管体系打散全面重构。这一方案比较激进，在改革过程中可能面临各方面的阻力，具有一定的不确定性，执行起来比较困难。

从中国的实际出发，新的金融监管框架改革既不应墨守成规，也不应过于激进照搬别国模式，应是一个分步走的渐进过程。改革的第一步，可以考虑以"一行两会"或设立金融协调委员会为起点，将重点放在加强监管协调和构建宏观审慎监管体系之上,对具有系统重要性金融机构的监管移交央行。第二步,在完善宏观审慎管理的基础上,实现功能监管,强化行为监管,最终形成类似于英国的"央行+行为监管局"的模式。

秦晓:香港金融发展局成员,

原招商局集团、招商银行董事长

独立性欠缺是金融监管亟待补齐的"短板"

大概从 2015 年起，金融监管改革成了一个热门话题。据说最初是因为股市投资者通过信托公司与商业银行大量融资，而证监部门居然一无所知。因此，如何改善监管协调就成了当务之急。

其实，监管协调问题早就存在。2015 年 4 月，在国际货币基金组织与中国人民银行联合召开的研讨会上，我就提过这件事情。当时主要担心的是分业监管的模式与日益增加的交叉业务和混业经营越来越不匹配，容易造成重复监管或者监管空白。"一行三会"的"部际联席会议"机制的效果似乎也不是特别理想。当时我提了个建议，就是在国务院层面建立一个权威性的"国家金融稳定委员会"来协调监管政策，那时尚未考虑改变"一行三会"的格局。

2015 年来，很多学者和官员都参与了这场关于监管改革的大讨论。据媒体报道，至今一共提出了五个改革方案。第一个是将"三会"并入央行，采用超级央行模式；第二个是"一行一委"，将"三会"合并，成立综合金融监管委员会，从而形成"双头监管"模式;第三个是"一行两会",将央行和银监会合并,证监会和保监会保留现有格局不变;第四个是"一行三局",将"一行三会"合并,成立超级金融监管机构,在央行下设立银监局、证监局和保监局;第五个是在现行监管框架的基础上设立"金融稳定委员会",但将"金融消费者保护局"单列出来。2015年第一季度的时候,感觉实行超级央行模式的可能性很大;到第二季度,事情似乎又出现了一些变化。最终选哪个模式,可能要等到中央金融工作会议才会揭晓。

我没有深度参与这场讨论。我觉得,机构设置虽然重要,关键还是要看它们如何工作。所以我最关心的并不是谁跟谁并到一起,而是制定与执行监管政策的程序会不会改变。当然,有时候机构设置也会影响工作机制。雷雯通过对跨国数据的分析发现,金融监管和货币政策混在一个机构里,会增加银行的风险。这可能是因为货币政策和监管政策的目标并不总是一致。从这个角度看,监管机构应该合并还是分离,其实就是在各项金融政策的独立性和协调性之间求得一个平衡。最近几十年,世界各国都在调整它们的监管机构的设置方式,应该就是在寻找最佳组合。而对不同的国家来说,最佳的组合可能是不一样的。

按照这个思路推测,我国的决策者最后可能会选择一种类似于"双头监管"的模式。一头是央行,在继续承担货币政策责任的同时,扩大其宏观审慎监管的功能,包括对系统重要性银行和其他金融机构的监管。另一头是监管,但这一头如何设置,仍然可以有几种可能性,比如保持现行三会或两会(证监会和保监会)的格局,当然现在看来这种可能性比较低;比如把三会合并,成立新的综合金融监管委员会;再比如借鉴"双峰模式",把三会的资源放在一起,分别成立一个金融行为监管局和一个审慎监管局,前者旨在保护消费者或者投资者的利益,后者则旨在维护金融机构的安全和稳健。

我曾经建议以三个委员会来加强监管政策协调,一是货币政策委员会,二是金融稳定委员会，三是公平交易委员会。无论机构如何设置，这三个委员会都可以作为实际的决策机构，切实提高金融监管政策协调的有效性。这三个委员会的分工很清楚：货币政策委员会决定货币政策的调整；金融稳定委员会决定宏观与微观审慎政策的制定与实施，保障金融稳定；而公平交易委员会就是确保金融交易的公平和透明，保护投资者和消费者的利益。每一个委员会都可以吸收相关监管机构的官员参加，如果需要，同一个机构的官员甚至同一个官员可以参与不同的委员会。因此，这三个委员会可以起到保证信息共享和政策协调的作用。这也许比把不同的机构捆绑在一起更加有效。

监管机构的重组甚至协调机制的完善很重要，但这些不应该是这一轮监管改革的终点。当前金融监管最需要解决的问题是定位问题，若这个问题不解决，机构变来变去意义不大。金融为什么需要监管？主要是因为金融交易中存在信息不对称，容易导致逆向选择或者道德风险等问题。金融风险一旦发生，传导性很强，有可能会演变成系统性的危机。政府通过特定的机构对金融交易行为主体进行的某种限制或规定，就是金融监管，其目的是维护金融业健康运行的秩序，最大限度地减少金融风险，同时保障投资者的利益。所以，金融监管的根本任务非常清楚。

但什么样的监管体系能最有效地完成金融监管的任务？这个问题似乎没有标准答案，尤其全球性金融危机以来，各国好像对自己的监管体系都不太满意。但是从国际经验看，有效的监管体系还是有一些基本条件的，特别是独立性、专业性和权威性。独立性是指在明确了监管目标之后，监管部门应该能够独立地制定并执行监管政策，不受政府或者金融机构的干预或影响。金融监管是一门技术活，流行的说法是微观监管需要很多律师，宏观监管需要很多经济学家，总之应该由有专业知识的人来做。权威性是指监管部门能够对违规的机构和个人实施法律与经济方面的惩处，如果监管部门没有牙齿，监管政策很难有效。

　　用这三条来对照我国的监管体系,差距很明显,不过最大的差距还是在独立性方面。独立性不足会导致金融政策的承责性不强,监管部门"代人受过"和"推诿责任"的现象普遍。

　　我们可以从两个方面来理解我国金融监管的独立性欠缺问题。

　　一方面,"一行三会"都是政府的部级机构。央行是国务院的组成部门,"三会"则是国务院负责金融监管的直属事业单位。主要领导直接由国务院任命,其他官员也身居公务员序列。更重要的是,货币政策和金融政策的最终决策权在国务院而不在"一行三会"。这样设置的好处是可以加强金融监管与其他政策之间的协调,即便出现矛盾,监管官员也无须纠结;坏处是金融监管政策很容易受到干扰,甚至被牺牲掉。所以我们会看到,有时候监管政策会被当作宏观调控措施使用,比如调整股票交易的印花税。

　　为什么2015年上半年证监部门忽然热切地关心起股价指数的水平?一般的猜测是跟当时政府稳增长和去杠杆的政策意图有关,一个繁荣的股市不但可以为实体经济提供融资,还不会提高杠杆率,似乎是一件一举两得的事情。但引导市场走势并非监管部门的职责,"慢牛"更不是可以人为制造的,最后的结果是放大了市场的波动。银监部门则出台了所谓的"三个不低于"政策,核心就是要求商业银行的中小企业贷款所占的比例每年都要上升。这个举措就是为了协助政府缓解中小企业融资难、融资贵的问题。但这样以行政手段干预商业银行的贷款决策,既非监管部门的职责,也容易造成新的不良贷款。在这两个例子中,监管部门都是在帮政府做事情,跟维护金融稳定的根本任务无关甚至矛盾。

　　另一方面,监管部门也并不完全独立于被监管对象,即金融机构。我国的监管部门有两大职责:一是金融监管,二是行业发展。比如保监会在履行对保险公司的监管责任的同时,还肩负着支持保险业发展的重任。这两个职责之间的潜在矛盾是显而易见的,当行业发展成为监管部门的重要任务,监管部门对风险的态度就会改变。加上我国实行机构监管的做法，被监管对象往往变成了监管机构的基本队伍。这样，我们就看到了监管部门互相争抢地盘的奇怪现象。比如在债券市场，除了央行负责的银行间市场，还有证监会负责的交易所市场，其他监管部门也在努力发展企业融资渠道。而更为奇特的是监管机构与被监管机构有时候变成了"同一条战壕里的战友"，这种利益共同体关系通过两者之间的"官员旋转门"而不断地得到强化。

还有一个问题是监管空白。在机构监管的模式下，一些新兴金融机构往往成了"三不管"地带。互联网金融的发展提供了一个很好的例子，2007年第一家网络贷款公司上线，最近我们才看到暂行管理办法。监管缺位促成了近年网络贷款的大发展，但也导致了很多风险。4000多家平台中有三分之一是问题平台，很多平台资质不佳甚至动机不纯，尤其是"泛亚"和"e租宝"等平台的倒闭甚至酿成了全国性的事件，给投资者造成了巨大的损失，也导致了劣币驱逐良币的现象。但哪个部门应该对监管缺位承担责任？没人说得清楚。现在暂行管理办法明确了由银监会负责功能监管，地方金融办负责机构监管，但在一些地方，这两个部门的积极性都不太高。

所以说，当前金融监管改革最需要做的是提高"一行三会"或者新的监管机构的独立性。

监管独立性很重要，首先是因为金融稳定的政策目标对现代市场经济至关重要。经济学里有一个著名的"丁伯根法则"，就是政策工具的数量至少要等于政策目标的数量。金融监管部门如果能做好维持金融稳定这一件事情，就已经相当不错了，不要再用别的政策任务去干扰它们的核心使命。因此，除了机构重组，监管改革首先应该考虑让监管部门把行业发展的责任移交出去，然后赋予它们相对独立的监管政策决策与执行的权力。监管部门到底是应该在政府内部相对独立还是完全独立于政府之外，它们应该是对国务院还是全国人大负责，这些问题或许可以再探讨，也可以考虑逐步过渡。

　　国务院或者全国人大在确定了金融监管的目标之后，就应该以此作为对监管部门考核的标准，而不应追加政府的其他政策作为考核内容。更关键的是，不要干预监管政策的制定与执行过程，清晰监管部门的责、权。做得好的，应予褒奖；做得不好的，可以解聘。以货币政策为例，政府可以根据每年确定的增长与通货膨胀目标授权央行灵活决定货币政策，未来可以考虑逐步做实货币政策委员会的决策功能。在机构实现相对独立的同时，最好也把监管部门的工作人员从公务员的序列里分离出来。这些工作人员的专业性要求很高，市场机会也比较多，应该建立独立的聘任、晋升和薪酬制度。

　　当然，独立性只是一个相对的概念，即便在十分强调货币政策独立性的美国，全球金融危机以来，美联储和财政部也加强了政策沟通与合作。我国的监管部门与政府保持工作关系，也不一定是一件坏事。但金融监管不独立已经成为制约监管政策有效性的重要因素。如果能够朝着提高独立性的方向迈出哪怕一小步，其意义也将远超任何形式的机构重组。

黄益平：北京大学国家发展研究院教授、副院长，

北京大学互联网金融中心主任

金融科技的发展版图与监管挑战

全球金融科技发展历程与版图

金融科技（FinTech）一词虽然最近几年才成为全球投资人和创业者的热门语汇，但金融与科技相互融合、共同提升金融效率的进程却始终未变。有学者认为，近年来的金融科技大发展实际上是"科技金融3.0"。此前，1866—1986年是科技金融1.0时代，以电报、电话为代表的技术促进了金融全球化；1987—2008年是科技金融2.0时代，电子化计算机技术被金融机构广泛应用，金融服务效率和水平大幅提高；2009年至今是科技金融3.0时代，以移动信息技术与金融服务的联姻为标志。

按照金融稳定理事会（Financial Stability Board，FSB）的最新定义，金融科技FinTech是指技术带来的金融创新，它能创造新的业务模式、应用、流程或产品，从而对金融市场、金融机构或金融服务的提供方式造成重大影响。金融科技创新范围较广,既可以是前端产品,也可以是后台技术,一系列的创新已经对银行、保险、支付等领域的核心功能形成了竞争。

从业务领域看,目前,对金融市场影响较大的金融科技主要包括四个类别:一是支付清算,电子货币以及区块链技术都可归入这一功能类别;二是直接或间接融资,P2P、众筹即属于这一类别;三是市场基础设施,包括大数据、云计算、电子身份认证、电子聚合器、智慧合同等;第四类是投资管理功能类别,包括机器人投资顾问、固息收益市场的电子自动交易等。

事实上,对以上大多数业务领域的发展规模,我们并没有准确数据,这也是当前全球金融监管者对金融科技的系统性影响进行评估的首要挑战。仅有部分国家的P2P、众筹和支付市场有一些不完全统计数据。P2P市场近年来发展迅猛,但在美国、英国和中国之外的地区规模还非常小。2014年,美国P2P的累计交易量为120亿美元,英国2015年的交易量为27亿英镑,中国P2P网贷累计交易量在2015年接近万亿元人民币,同比增幅近三倍。在众筹方面,市场同样集中在美国、英国和中国三个国家,根据网贷之家的数据,中国众筹行业2015年成功筹资114.24亿元,相比2014年增长逾四倍。在支付领域,阿里巴巴旗下的支付宝是全球最大的线上支付通道,2015年的支付金额是美国最大支付平台PayPal的三倍。

从地域分布看,目前已经形成了若干个区域性金融科技中心和专项金融科技中心。根据英国财政部委托安永开展的对全球金融科技行业的评估,如果从市场规模、投资金额、从业人员和政策环境四个角度考虑,2014年10月至2015年9月的数据显示,英国伦敦、美国纽约、新加坡、德国法兰克福和中国香港等位列全球七大金融科技中心。此处的市场规模采用了收入数据而非业务量的规模数据,其中英国金融科技业在上述一年间的收入位列首位,约为66亿英镑,新加坡和香港的收入规模较小,均在6亿英镑左右。此外,全球范围内也涌现了一批专项金融科技中心,如以色列的网络安全业、比利时荷兰卢森堡地区的电子支付业、马耳他和英属马恩岛的电子货币,以及爱沙尼亚的金融身份识别等。该评估也认为,中国金融科技业的发展具有最不可估量的未来。

全球金融科技(FinTech)的监管演进与现状

与近年来金融科技加速发展的进程同步,对这一波金融科技的监管也呈现分布演进的动态过程,到目前为止总体而言大致分为两个阶段。

阶段一:各国监管措施各异,但总体原则趋同。

由于各项金融科技的创新性和成熟度不同,目前各国主要考虑并实施的是对融资类金融科技和电子货币的监管,即对 P2P、众筹和电子货币的监管。在其他金融科技类别中,各国对支付的监管规则已相对成熟,而区块链等技术本身及其影响还处于探索阶段。

就 P2P 和众筹而言,美国按照金融产品和服务的性质决定适用的法律及监管机构,P2P 被视为证券业务,和众筹一道被纳入证券市场的行为监管框架;欧盟和英国对众筹和 P2P 等业务都制定了相应法规,明确相关机构的定义和监管规定,主要根据审慎监管原则进行监管。相对于美国,欧盟和英国更强调对经营主体的微观审慎监管,比如:英国对 P2P 网贷和众筹等都明确了最低资本水平等审慎监管指标要求,并要求投资类众筹要加入英国金融服务补偿计划,类似商业银行的金融安全网设计;法国将 P2P 借贷业务视同银行业务,适用银行监管。

在电子货币方面,美国对电子货币的监管采取宽松的监管模式,奉行的监管原则是将消费者权益放在第一位,只有在情况紧急时才会采取必要的监管措施,避免过多管制和过早介入。欧盟和英国则侧重对电子货币的发行主体进行监管,欧盟发布了《电子货币指引》和《支付服务指引》,将电子货币发行机构作为支付服务商的一种类型,统一纳入支付服务的监管体系,英国也针对发行机构发布了《电子货币发行机构监管规范》。

尽管各国金融科技监管的形式各异,但一些普遍遵守的原则清晰可见。第一是坚持监管一致性原则,防止监管套利。典型的例子就是美国,美国基本上沿用现有法律框架,只要从事相同的金融业务,就接受同样的监管,既维护了公平竞争,也确保了监管的有效性。第二是秉承渐进适度原则,在预防风险和鼓励创新中寻求平衡。一方面,欧美等发达国家与地区对金融科技的监管都经历了一个从观察到行动并动态调整的过程。美国对众筹的监管,英国对P2P 的监管,都经历了若干次调整,且近期仍将继续评估并视情况调整。另一方面,多个国家和地区金融监管当局都推出了创新中心或金融科技接洽点,如英国金融行为监管局、新加坡货币当局、澳大利亚证券和投资署、日本金融厅以及我国香港的证监会和金管局等。各当局的具体安排不一,但总体上都是为金融科技业理解当前监管体制,监管当局追踪金融科技发展提供便利。

以目前金融科技监管相对领先的英国为例,2016 年 5 月 9 日,英国金融行为监管局 FCA 已正式启动"监管沙盒"(Regulatory Sandbox)项目。该项目将在限定的范围内,简化市场准入标准和流程,在确保消费者权益的前提下,允许金融科技创新企业或业务的快速落地运营,并根据其在"监管沙盒"内的测试情况准予推广。

在美国,货币监理署 OCC(Office of Comptroller of Currency)作为银行业监管部门,也于 2016 年 3 月发布了题为"支持负责任的创新"的报告。报告显示,OCC 已组建了一个跨部门跨专业的小组,正在研究建立应对金融科技的全面框架,旨在通过多形式的合作互动,强化 OCC 对金融科技创新趋势的识别与理解,培育创新文化,建立创新的监管机制。

第三是突出市场自律原则,如在英国 2014 年出台 P2P 监管法规之前,P2P 金融协会在规范成员的经营方面就设立了较严格的条件,对市场健康发展起到了重要作用。

在美国,P2P 网贷行业标杆 Lending Club 联合创始人兼首席执行官雷诺德·拉普兰齐(Renaud Laplanche)宣布辞职，原因是该公司将2200万美元的近优质贷款出售给了一个单一投资者。这违反了公司的一项基本原则：在借款人、投资人、监管者、股东和员工间保持最高程度的信任。虽然2200万美元的财务影响很小，但其违反公司操作以及在调查时没能被完全披露是不能被接受的，因此董事会决定辞去首席执行官的职务。此事不仅在美国，在全球金融科技业都引起了高度关注，其中对Lending Club以及整个P2P行业的商业和风控模式的质疑值得我们研究，同时该事件所透露出的美国在公司治理、行业自律和社会诚信方面的低容忍度也值得我们深刻反思。Lending Club作为曾经的行业标杆，其走过的成功历程与当前深陷的窘境，对于各国金融科技业的法治与监管、自律与他律，都具有重要的研究价值。

第四是注重消费者保护，信息披露、恰当销售，以及加入存保等金融安全网的制度安排，都是各国重点关注的问题。

总体而言，这一阶段主要是各国以及国际行业监管组织更多地从微观审慎角度和行为监管角度出发，评估金融科技对本国或本行业的影响，尚未有更高层级的国际组织从全球金融稳定角度审视这一波的金融科技。

阶段二：国际协作正式启动，金融稳定成为重要考量。

2016年3月16日，金融稳定理事会在日本召开第16届全会，首次正式讨论了金融科技的系统性风险与全球监管问题，这标志着金融科技的监管告别了各国各行业单打独斗的局面，正式迈入全球协调协作的新阶段，同时，金融稳定成为重要的考量因素。

此次金融稳定理事会全会审议了题为"金融科技的全景描绘与分析框架"的报告，初步评估了各主要类别金融科技的微观和宏观影响，认为从金融稳定角度出发，的确有一些潜在的监管关注，需要各国监管者之间协调一致共同应对。因此，金融稳定理事会要求各监管当局一方面积极监测国内金融科技的发展，另一方面也要与国际组织和制定国际规则的机构在业务监测、风险分析和共同应对等方面展开合作。

下一步,在金融稳定理事会之下,巴塞尔银行监管委员会(Basel Committee on Banking Supervision,BCBS)将成立专门的工作组,研究金融技术对商业银行的影响;支付和市场基础设施委员会(Committee on Payments and Market Infrastructures,CPMI)从 2012 年开始,就已经在持续关注数字支付和数字货币等金融科技领域的进展及其对支付和市场基础设施的影响,下一步将成立工作组,并与国际证监会组织合作,研究金融科技对证券和衍生品清算安排的影响;国际保险监督官协会(International Association of Insurance Supervisors,IAIS)于 2015 年 11 月发布了《普惠保险业务准则》(*Paper on Conduct of Business in Inclusive Insurance*);国际证监会组织(International Organization of Securities Commissions,IOSCO)自 2014 年和 2016 年两次发布众筹业发展报告后,下一步将更加全面地评估包括区块链、云技术、机器人投顾等金融科技在证券和资本市场的运用及其影响。

最后,作为金融监管者,我们认为,金融稳定理事会最新提出的对金融科技的监管评估框架,为各国监管当局评估蓬勃发展的金融科技提供了有益的参考。这个评估框架分为三个步骤:

评估步骤一:背景分析和情况描述。该步骤主要解决的问题包括:创新产品或创新服务是什么? 推出此项产品或业务的金融机构或非金融机构具有哪些特征?

评估步骤二:驱动因素分析。该步骤主要解决的问题包括:创新产品或服务推出的主要驱动因素是什么? 是降低成本、优化风险管理、监管、技术、市场自然演进、新市场的出现、未得到满足的市场需求、宏观经济金融因素,还是其他因素?

评估步骤三:金融稳定评估,分为微观和宏观层面分析。微观层面旨在分析创新对金融市场和金融机构的直接影响,包括其对金融机构商业模式、行为方式、风险状况、风险激励机制的影响，在市场层面产生的脆弱性因素，以及相关国际标准的制定情况，其中重要的一点是该创新是否接受监管，监管套利是否是其产生的因素之一，如果是，具体又是哪些监管提供了这一套利空间。宏观层面分析主要考虑创新活动对金融稳定的影响，包括对市场行业结构、系统性风险、跨市场跨境关联度等方面的影响。例如，这项技术创新是否会带来具有系统性影响力的产品或制度；是否会推动市场走向碎片化或集中化；是否会因此出现垄断性的行业结构；会产生多大的复杂度或透明度、流动性、高杠杆、信用和交易对手风险；对全系统的期限转换，流动性错配和风险转换会造成怎样的影响；对市场结构、市场竞争的影响如何；对危机传导渠道的影响如何；是否改变或形成了网络效应，具有正外部性还是负外部性；是否影响了跨境间相互联系或系统重要性机构间的联系；是否产生了新的系统重要性关联；是否在现有的监管框架内；是否将金融业务转移到了监管范围之外；在宏观层面导致了哪些脆弱性因素；等等。

中国作为 G20 成员国，作为金融稳定理事会和巴塞尔银行监管委员会成员国，中国的金融监管者将按照以上框架，审慎评估相关领域，加强与国际同人的沟通，完善与金融市场的沟通互动机制，使我国金融科技领域融入和顺应全球规范有序的发展潮流，并形成长远可持续的比较竞争优势。

廖岷：中国银监会上海银监局局长

金融监管改革：换汤更要换药

2016 年 3 月 31 日，国务院批转了国家发改委《关于 2016 年深化经济体制改革重点工作的意见》，要求改革完善现代金融监管体制，完善宏观审慎政策框架，制定金融监管体制改革方案，实现金融风险监管全覆盖。

近期，有关金融监管体制改革的讨论更多的是围绕改革监管机构的设置和分工而展开。机构设置与功能分工是现代监管体系的基石，其重要性不容忽视。尤其需要明确的是行为、宏观审慎、微观审慎三类监管的目标、分工和协调机制，金融监管与风险处置相关部门的协调与配合机制，宏观审慎监管与财政政策、货币政策的协调与配合机制。因此，本文的前三点建议均围绕机构设置与分工。

然而，机构设置与分工的最终目的是更好地执行金融监管。如果机构改革是"换汤"，则改革重点应当是"换良药"，也就是切实加强监管的执行效率与效果。就"换药"而言，第一，需要在中长期完善宏观审慎监管，监测并防范系统性金融风险，有针对性地使用监管资源和工具缓解系统性风险。第二，在简政放权、执行较为宽松的准入机制的同时，需要加强事后的监管与执法，改革监管方式、方法和权利。第三，监管执行离不开监管资源与队伍，应当改革完善监管部门预算及人员激励机制。

我国在改革完善金融监管体制时，应当根据我国实际情况和未来发展目标，充分研究并借鉴英国、美国等发达金融市场的监管体制的设计逻辑、基本原则、先进做法和失败教训。

笔者比较认同在金融监管机构设置与分工上学习借鉴英国模式。英国从国家层面就维护伦敦的国际金融中心地位有较深的认识，战略目标清晰，政策导向明显。

就讨论较多的机构设置与分工，笔者主要有三点建议：

第一，目前我国"一行三会"的金融监管体制根据行业监管分设机构，协调成本较高，不能灵活有效防范监管漏洞与监管套利。应当考虑将监管机构合并重组，改变分业监管局面，根据监管目标重新分设机构。

第二，行为监管的核心目标、监管方式与手段、人员知识结构均不同于审慎监管。中央银行与行为监管如果互不独立，容易造成利益冲突，因此行为监管应当独立于审慎监管和中央银行。

第三，有必要事前准备并完善危机应对预案，明确在紧急情况下监管部门、中央银行与财政部门在危机应对方面的权责分工、工作机制，以及协调与决策流程。

笔者认为，此次金融监管体制改革在机构设置与分工改革的基础上，应当更加注重改革并加强监管的执行效率与效果，具体有以下三点建议。

稳步推进宏观审慎监管

宏观审慎监管的目标是应对金融系统性风险，在本次金融监管体制改革中占有举足轻重的地位。国务院批转的国家发改委意见包括完善宏观审慎政策框架。机构设置改革的主要理由之一是便于收集监管信息,以增强宏观审慎监管的手段和政策工具,有效执行宏观审慎监管。

我国提出完善宏观审慎政策框架具有前瞻性,也符合国际趋势。可以预见,未来宏观审慎监管在国际上将会被越来越多地采用,其对金融体系与市场的影响还可能不断加大。一方面,如果宏观审慎监管、微观审慎监管与行为监管能够良好衔接、相互配合,则有利于进一步完善金融监管体系,提升监测与防范金融系统性风险的能力。另一方面,宏观审慎政策与货币、财政政策相配合,可进一步完善宏观政策体系,提升政策组合的针对性和局部影响力,丰富宏观调控与风控工具。

但与此同时,必须清楚认识到,完善和常规使用宏观审慎监管应是中长期目标,短期内不宜过度使用,不宜太过依赖宏观审慎监管政策。第一,宏观审慎监管还处于发展初期,其推广主要是在次贷危机之后,相比微观审慎和行为监管还属于新兴事物,在宏观审慎监管应该具体处理哪些风险以及应该使用哪些工具处理这些风险上还未形成共识。宏观审慎监管的国际经验、数据和研究有限,且尚未充分经受市场与经济周期的考验。截至目前,宏观审慎工具在国际上的使用集中于银行和房贷行业,在其他金融行业与市场中的使用经验不足。2016 年夏天,在当届 G20 主席国中国的号召下,国际清算银行(Bank of International Settlements,BIS)、金融稳定理事会(Financial Stability Board,FSB)和国际货币基金组织(International Monetary Fund,IMF)递交国际宏观审慎监管报告,这一报告可提供更多的国际经验,对我国完善宏观审慎监管体系具有一定意义。

第二,完善宏观审慎监管是一项浩大的长期工程,需要大量的资源与时间投入,且较为复杂,并非通过合并机构、保证数据的获取就能一步到位。要长期有效执行宏观审慎监管,至少需要精确、可比、及时的统计数据,高质量的分析研究能力,有效的宏观审慎政策工具,透明科学的决策机制和高效的监管执行机构。技术上,宏观审慎政策的使用依赖于数据分析,其有效性也因此受限于数据统计的准确性与合理性,分析的深度与全面性。要严谨科学地在市场中投放宏观审慎政策,须对市场形势进行准确的判断,考虑的因素和变量可包括货币政策、经济形势、监管政策、产品与市场结构、市场个体行为变化等等。流程上,基础数据收集与统计、业态及监管信息的分析与共享、金融风险识别与市场形势判断、政策工具开发与运用、政策决策沟通与执行、政策执行与影响评估、政策调整等环环相扣。资源上,在专业人员、数据与信息系统等方面的要求也相对较高。

第三,政策实施后可能发生监管套利,行业、市场或参与方的结构与行为变化致使政策有效性下降等问题。因此,宏观审慎与其他金融监管一样,不可能一劳永逸,需要持续关注风险隐患,分析政策影响和市场变化,并做出相应的调整。

第四,宏观审慎工具的潜在威力很大,使用不当可能对市场的运行与定价、其他监管目标的执行、实体经济发展造成不利的影响。因此,宏观审慎监管应当具有良好的管理结构,公开透明的决策程序流程(可包含公开意见征求、成本与效益估算)和充分的宣传与沟通。此外,"十三五"规划建议要健全市场在资源配置中起决定性作用和更好地发挥政府作用的制度体系。因此,需要研究并明确宏观审慎监管与市场的关系,明确政策的作用与界线。

第五,宏观审慎政策的执行需要一定的国与国之间、市场与市场之间的沟通、协调与合作。各自为政容易造成国家以及市场之间的竞争环境失衡,形成监管套利并导致竞次。例如,欧盟就曾研究推行某种宏观审慎监管工具。但是当其发现美国没有意向使用类似工具时,这项改革被暂时搁置。原因是如果欧盟使用这种工具而美国没有,美国市场的竞争优势就有可能增加,市场参与主体可能为了监管套利而转战美国市场。

目前宏观审慎监管的国际合作框架尚待完善,未来的发展还具有不确定性,且协调成本较高。从次贷危机至今的国际金融监管改革经验来看,发达市场在监管改革标准和执行的谈判上花费了大量的人力与时间,然而部分改革仍未达成共识。国际上能否真正就新的宏观审慎工具达成共识,并且在执行上进行协调将极具挑战。目前我国金融市场相对独立,但伴随着我国金融市场的进一步增长和国际化,此类"成长的烦恼"将接踵而至。届时政策的国际沟通与协调压力将会加大,使用宏观审慎工具的灵活性可能会缩小。

从政策管理制度的建立到协调机制的通畅运行,从数据统计到经验的积累,从部门设置到人员的培养,从境内机制到相关的国际合作机制的建立,均需要充分的时间与适当的试点与容错机制。毋庸置疑,宏观审慎监管应当在中长期内得到完善,在短期内,它尚不能可靠地解决监管中的燃眉之急。

完善并加强事后监管

中短期内应当更加注重风险监测,加大检查与执法的力度,增强行业与监管数据、信息的透明度。以金融监管体制改革为契机,大力加强事后监管。

反思近期国内出现的一些重大金融市场违法违规事件,金融监管的重点应侧重于事后监管与执法。近几年金融监管部门积极响应国家行政审批改革,为鼓励市场竞争与发展、释放市场创新能力,对所做的取消与下放行政审批、放松管制、调整准入门槛、加强审核效率与透明度等工作应当给予充分的肯定。然而,部分领域在前端放松管制的同时,并未能同步在后端加强风险监测与监管。事前监管数据和信息的收集、梳理与使用,市场监督与风险监测,检查与执法等方面未能跟上市场的发展步伐。

虽然监管部门在放松管制的同时,也曾强调加强监管,但未能执行到位。一方面,在新业务快速发展、市场上行的过程中,各方面指标与形势较好,风险不容易暴露。上行周期中,监管部门与市场参与者更容易忽视风险,导致加强监管的迫切性与动力不足。

　　另一方面，金融监管工作可能面临着前所未有的多重挑战。首先，次贷危机后大量国际与国内金融监管改革、政策调整使得各国的监管部门疲于应付。政策与改革的频繁出台，提升了监管的复杂性，占用了大量的监管资源。规则变化的速度与覆盖面也加大了监管部门内部的沟通与学习压力。其次，近几年，虽然各国政府使用多种宏观政策刺激经济，但全球实体经济增长仍较为乏力。国际上，宏观政策支撑的实体经济充满了不确定性，市场波动幅度较大，监管部门需要投入更多的资源以保证市场的平稳运行。再者，部分金融监管改革加重了一些金融行业、业务的运营与合规成本，降低了利润率。这促使部分业务向未监管或是监管薄弱环节转移，从而进入监管真空地带，逐渐改变市场结构。最后，科技进步加速了行业转变。互联网颠覆了金融产品的宣传推介和销售场景，加快了金融产品宣传与销售的速度，加大了金融产品宣传与销售的广度，增加了监管工作量与监管难度。现实中，部分金融产品的宣传与销售突破了公募与私募的传统界线，未遵循投资者适当性原则，将不适当的产品送到了投资者的手上。互联网金融也使欺诈等违法行为更容易跨越区域和国界，增加了违法人员的隐蔽性，改变了违法行为的成本和回报。

　　在此多重因素下，要保护好投资者，维护市场的"三公"原则，防范系统性风险，需要行之有效地加强事后监管，具体可以从几个方面着手。一是要设定合理的监管边界，并定期或不定期进行调整，以填补监管漏洞。二是关注新业务、快速发展业务的风险点与合规情况，适当加强监控与检查力度。三是关注在事前管制放松的情况下，准入环节是否能够获取足够的监管信息，为事后监管提供便利。四是进一步完善线索、投诉与举报机制和电子信息收集平台，可参考美国证券交易委员会（Securities and Exchange Commission，SEC）的做法。五是确保监管部门在进行监管和执法时有足够的执法权力与技术手段。

这方面可参考国际先进监管部门的执法权力和监管办案手段,尤其是在目前互联网、大数据、云技术环境下的监管与执法经验和技术手段。六是加强跨境监管交流与合作,加强对国际金融市场风险点与监管趋势的把握。七是在提升执法权力和技术手段的同时,应保证监管与执法的公平性与透明度。

此外,为提升监管效率,应当更为全面、深入地公开披露行业监管信息与数据,建立高效的监管部门间数据与信息共享平台和使用机制。被监管机构与个人的注册登记信息、产品发行备案信息、市场统计数据、审慎监管指标、市场交易数据、违法违规行为等信息应当尽可能地向市场与公众披露。提高金融市场的信息透明度有利于保护投资者,促进行业与市场的规范发展,保证监管部门履行监管责任。对于部分可能影响执法效力、个人隐私与商业机密、市场安全与效率的敏感监管数据和信息,也应当力争在监管部门间以科技手段建立保密共享与提取机制,以此减少协调成本,提升监管体系的总体效率。

改革监管预算与激励机制

要切实加强监管,需要充足的监管资源,高效、专业、积极的监管队伍以及合理的绩效与激励机制。目前对改革的讨论并没有充分分析与借鉴英国监管的现代运营与管理模式。

2016 年达沃斯峰会的土议题是"第四次工业革命"。很多国家都意识到这次工业革命的深远意义,并努力占据领先地位。与历史上的工业革命不同,30 年来改革开放的丰硕成果使我国首次和发达国家站在了同一起跑线上。赢得这场竞赛的一个关键要素就是拥有一个活跃的资本市场,以激发和支持创新。此外,在我国新的经济常态下,优化资源配置,培育新的生产方式、企业和行业均离不开资本市场。

资本市场的健康活跃需要投资者的信心与信任,而信心来自于金融监管与规范，包括维护"三公"原则、保护投资者、防范系统性风险、保持市场高效诚信运转和促进公平竞争。监管与规范的执行需要的是资源和人员的保证。相比边际回报不断收缩甚至为负数的大型土木工程等方面的投资，对金融监管等软实力的投入更具有战略重要性，更能收到长期回报。因此，增加金融监管部门预算，改革监管机构与人员的激励机制，吸引并留住优秀的监管人才，优胜劣汰尤为重要。

若安排妥当，这些改革并不需要国家多花一分钱。在英国监管体系下，金融市场行为管理局（Financial Conduct Authority，FCA）和审慎监管局（Prudential Regulatory Authority，PRA）的预算均独立于中央财政，遵循"使用者支付"原则，根据规模、业务种类和复杂度等因素向各类受监管机构收取注册和持续服务等费用，从而覆盖所有监管运营成本。金融市场行为管理局每年通过内部审议和外部征求意见制订下一年的预算计划。预算确定后，金融市场行为管理局根据额度制订下一年的收费标准，向行业提供收费计算工具，并就收费标准征求意见。确定的收费标准可完全覆盖当年的监管运营成本，盈余部分将按比例返还给付费机构。

事实上，这种"使用者支付"在意大利、土耳其和肯尼亚的金融监管部门已执行多年。荷兰金融市场管理局（the Netherlands Authority For the Financial Markets，AFM）也在前两年开始逐步改革，并于 2016 年开始首次通过收费支付所有运营成本。2016 年 4 月下旬，澳大利亚政府也宣布证券投资委员会（Australian Securities & Investments Commission，ASIC）从 2017 年下半年起开始执行"使用者支付"。证券投资委员会同时也脱离了公务员管理限制，可以根据自身的需要从私营部门等渠道高薪招聘人才。新西兰等国家的监管部门也在准备类似的预算改革。

事实上，我国的金融监管行业协会等自律组织已经运用收费的运营模式。然而，自律组织终归法律授权有限，不能够替代监管部门在全国范围内担负起监督与执法职能。

"使用者支付"模式的优点是根据监管资源使用收费,减轻国家与纳税人的负担。其缺点是收费依赖于被监管行业,但收取的部分费用需要使用于未注册或未受监管的监管机构。

英国金融市场行为管理局监管大约 7.3 万家机构,2016 至 2017 年的预算约合 46 亿元人民币,其中的 63％用于其 3000 员工的人事成本,约合人均 97 万元人民币。金融市场行为管理局在年报中强调了吸引和使用最好的监管人才的重要性,并认为人才是其完成监管目标的关键,因此需要为他们的发展进行投入,保证他们拥有最新的知识和能力。

我国的金融监管部门作为国家机关,其工作岗位具有专业性强、地位较高、行业视野广等优势,加之部分岗位的权利与影响力备受关注,长期以来能够吸引到专业的监管人才。但是近几年,我国金融监管部门的人员流失和腐败案例值得深刻反思。一方面,应加强审批、监管和执法的透明度,执行更为严格的内部人员纪律和监督机制,严惩腐败行为。另一方面,也应当切实关注监管人员的生活质量与长期事业发展,调整其薪酬待遇,为其创造学习深造机会,拓宽其事业发展轨迹,稳住并不断提高监管队伍水平,较好地补充人员流动,形成人力资源的正循环。

根据福布斯 2003 年发表的《证券交易委员会低薪的高额代价》,1999 至 2000 年,美国证券交易委员会人员流失达到 30％。此后,美国正好经历"熊市",市场下挫使得大量"裸泳"者显现无遗,违规行为与纠纷不断涌现,大幅增加了监管部门的工作量和工作强度,监管人力显得更为稀缺,监管队伍士气低落。美国总审计署(GAO)把当时的情况描述为"人员危机"。就合格的应聘者(例如法律博士)而言,证券交易委员会的工资水平大幅低于私营部门,很多人因为工资不能够保证生活质量而辞去工作或拒绝加入证券交易委员会。证券交易委员会的招聘并不顺利,无法补充流失的专业人员。2002 年,时任美国总统布什签署了提升证券交易委员会人员工资的法案。与此同时紧急特批临时拨款，先行招聘 100 名监管人员，部分用于处置安然公司（Enron Corporation）事件。

目前美国证券交易委员会等金融监管部门的薪酬根据层级、专业性和经验等进行划分，10 万美元以上的年薪在中高层监管人员中较为普遍。由于美国各地生活成本相差较大，所以在生活成本较高的地区，员工薪酬可进一步上调。由于金融监管本身的重要性以及对人员专业性的高要求，美联储、证券交易委员会等机构的员工薪酬大幅度高于其他政府公务员。证券交易委员会资深专业监管人员最高可以拿到 28 万美元的年薪，高于证券交易委员会主席、美国议员和政府部级高官。高薪的另一面是对专业性、独立性和工作强度的高要求。监管人员需要遵循更为严格的行为准则并接受监督。除了英美以高工资吸引专业人士，"高薪养廉"的例子还包括新加坡、中东等国家和中国香港的监管机构。

我国的金融与资本市场规模已经达到世界领先水平，然而在从量到质的变化、与国际接轨等方面仍然面临严峻的考验。能否吸引并留住一流的政策设计、监管和执法人才，是否有合理的激励与约束机制，使监管队伍士气高昂、专业廉洁且尽职尽责将是金融监管体制改革成败的关键。多年来，金融监管员工的工资增速明显低于生活成本的增速，与被监管金融行业的薪酬差距更是迅速拉大。

金融监管体制改革的影响深远，应当借此宝贵机会加强监管部门的独立性，改革完善监管机构的预算与人力资源管理机制。借鉴英国的金融监管机构设置的同时，参考英国监管机构的预算模式，学习其在机构与人员的管理和激励机制等方面的做法。独立预算模式的具体执行可采取一次性到位或者逐年增加收费比例的方式。监管人员招聘和激励机制可考虑在参照公务员管理办法的框架下设计新的制度或者完全与其分离，并且可参考英国金融市场行为管理局的企业化管理模式,制定相应的激励机制,并每年公布监管执行 KPI(核心业绩指标)的评估结果。

国家金融监管体制改革意义重大,将影响未来中长期我国金融市场的发展与稳定,以及金融体系支持实体经济发展的能力。但是,金融监管体制改革的实施与修改成本较高,一旦改革方案定型,中短期内不易大改。

因此,此次改革应在专家深入研究所获成果的基础之上,将备选方案细节进一步公开,由专家、学者和行业内人士进行广泛而深入的讨论。这将有利于优化方案、形成改革共识,也可为后续改革的顺利、有效实施作铺垫。

李中:国际证监会组织(IOSCO)资深政策顾问,此前曾供职于中国证监会。

文中观点仅代表个人观点,与其所供职机构无关

建设统一的国家金融基础设施之必要

随着社会经济的发展和新技术的广泛应用,互联网金融蓬勃发展,新模式、新业态不断涌现,在促进银行业基础设施建设、资源配置优化的同时,也对商业银行传统的经营理念、经营模式和体制机制带来挑战。

金融基础设施建设是一个国家金融业健康发展的必要条件,是一项先导性、战略性、全局性的工作。随着金融改革的深化,建设统一的国家金融基础设施势在必行。

金融基础设施是指对国家经济发展有重大影响、涉及金融稳定运行的基础硬件设施和制度安排,主要包括支付清算体系、账户体系、征信体系、反洗钱、公共信息以及相应的业务规范和标准等方面。金融基础设施是金融生态的核心,对于一个国家的经济发展、金融稳定、社会安定具有重要意义。

随着经济的发展、技术的进步以及互联网业务的兴起,我国金融业形成了综合化的跨界经营趋势、多样化的金融机构、信息化的交易体系和更加开放的金融市场体系,增加了金融风险的复杂性和敏感性。金融业的健康快速发展需要更稳健、更高效、更强大的金融基础设施作为保障。

习近平总书记在党的十八届五中全会第二次全体会议上指出,要"统筹监管重要金融基础设施,包括重要的支付体系、清算机构、金融资产登记托管机构等,维护金融基础设施稳健高效运行"。这是首次将金融基础设施建设提升至国家战略高度。国家应顶层设计,统筹规划,建设统一的国家级金融业公共基础设施。

1. 金融基础设施建设是维护国家金融安全稳定的重要手段。金融基础设施是维持正常的经济秩序、保障金融稳定和经济增长的重要条件。金融基础设施越发达,金融体系的弹性越高,应对外部冲击的能力越强,越容易识别潜在的风险并及时化解金融隐患。

2. 金融基础设施建设是落实国家宏观经济调控的有力保障。金融基础设施是国家实施宏观经济政策的基础支撑。国家通过金融基础设施疏通货币政策传导渠道,及时有效地向市场传达宏观调控的目的和意图,并检验调控效果,确保宏观调控的针对性和有效性。

3. 金融基础设施建设是确保金融服务实体经济的必要途径。当前,银行业同质化经营导致金融资源过度集中,三农及小微企业缺乏金融支持。建立统一的国家金融基础设施,能够加速社会资金周转,优化资源配置,拓宽金融服务的广度和深度,更好地服务实体经济。

4. 金融基础设施建设是拓展金融监管广度和深度的有力抓手。随着金融创新和跨界经营层出不穷,大量互联网金融企业资金游离于监管体系之外,积累了系统性风险,损害消费者合法权益。建立统一的国家金融基础设施,有利于将全部金融参与者纳入监管范围,增强金融监管的有效性。

央行是国家金融基础设施建设的核心。应充分发挥央行的引领、协调和监督作用,调动各方面的积极因素,形成合力,统筹推进。国家金融基础设施的建设和管理应遵循基础性、公共性、开放性、市场性和先导性五个原则。

1. 基础性原则。金融基础设施作为金融产品和服务的基础，为各家金融机构提供统一管理、灵活接入的后台服务；应制定统一的行业规范、规章制度，作为金融市场主体共同遵守的行为规则。

2. 公共性原则。金融基础设施是以服务全社会为目的的非营利性设施，是社会公共资源，通过会员制度向各家金融机构提供优惠甚至免费的基础后台服务。

3. 开放性原则。打通行政、条块壁垒，建立跨行业、跨市场、跨区域的互联互通、高度协调的开放型金融基础设施，支持多机构参与、多方式接入、多场景融合、多模式创新，支撑各类金融机构在此基础上开展专业化经营和特色化服务。

4. 市场性原则。金融基础设施建设的目的是充分发挥金融市场的资源配置作用，充分调动市场主体的创新动力和经营活力，既有竞争又有约束。

5. 先导性原则。充分运用大数据、云计算、物联网、区块链等先进技术，着眼于未来，前瞻性地适应经济发展趋势，满足当前及今后一段时间国家经济金融发展的需要。

国家金融基础设施作为各金融机构的服务支撑体系，向会员单位提供统一、标准化的基础设施和运营服务体系，并引导各家金融机构广泛接入，实现基于多中心的"逻辑"集中。金融机构在此基础上，根据自身资源禀赋和市场定位，在前端面向特定市场和客户群体实施专业化的经营，提供特色化的产品和服务。

国家金融基础设施的基本功能包括但不限于以下几个方面：

1. 支付清算（含跨境清算）。以大小额支付系统、超级网银、银联跨行交易清算系统为基础，将第三方自建的清算系统纳入国家基础设施统筹管理，弱化第三方支付机构的清算功能。建立涵盖线上线下、境内境外等多种支付方式

（含银行卡、云闪付、二维码等）的支付清算系统,并制定相应业务标准和技术规范。

2.账户管理。将金融机构（银行金融机构和非银行金融机构）的结算账户、储蓄账户、支付账户等纳入央行系统集中管理,建立面向同一存款人的泛账户体系。统一制定账户相关标准,包括账号规则、账户功能、使用范围等。

3.金融云服务平台。以应用为导向,建立面向各类金融机构的国家金融云服务平台,加强对云计算、大数据、物联网等新技术的应用,支撑基于互联网的各类金融创新,降低金融服务成本。

4.社会公共信息服务。运用区块链等新技术,以建设国家金融大数据中心为目标,整合央行征信数据、政府部门数据、公用事业单位数据等,完善数据采集、传输,共享基础设施,打破数据壁垒,建立开放、共享共建的社会公共信息服务平台,着力推进数据汇集、挖掘、共享和评价。

5.在线风险监控系统。建设基于数据模型的预测与自动预警机制,打造统一的、智能化的国家级风险监测系统,监控范围包括账户功能监管、反洗钱等,为精准打击违法犯罪活动提供支撑。

6.国家金融规范及标准体系。完善账户管理、支付结算、社会公共信息查询等方面的业务规范和标准体系,统一业务规则和监管标准,保障金融市场平稳运行。

张秀萍：中国农业银行科技与产品管理局副局长
兼互联网金融推进办公室主任。
文中观点系作者个人观点,与其所供职机构无关

互联网金融风险整治观察：股权众筹风险整治的逻辑

这次国务院部署的互联网金融风险整治活动细分了六个领域，除了广告这一所有互联网金融都涉及的一般性领域外，还划分为第三方支付、互联网资产管理、P2P 网贷、股权众筹和互联网保险五个领域。

实践中，发展规模最大的应当是第三方支付和 P2P 网贷，发展规模最小的估计是股权众筹。第三方支付发展最早，规模庞大，按照中国人民银行公布的数据，2016 年第二季度，第三方支付机构处理网络支付业务 377 亿笔，金额 23.35 亿元。P2P 网贷，按照零壹财经的统计，2016 年上半年总成交额超过 8000 亿元。对于股权众筹，零壹财经则估算 2016 年上半年筹资额约为 35 亿～40 亿元，2015 年全年成功筹资额也不过 50 亿～55 亿元。

不过，如果从整治的逻辑来看，股权众筹的风险整治逻辑最为清晰和简单。所以，我们对互联网金融各领域的风险整治观察，先易后难，从股权众筹开始。

中国目前没有合法的股权众筹

股权众筹的整治逻辑最简单,其实只要一句话就能说明白:目前在中国,没有合法的股权众筹。

换句话说,如果你在网上看到某平台宣称自己是做股权众筹的,那只有两种可能:一种是该平台涉及非法公开发行证券,另一种就是该平台在做虚假宣传。

为什么会如此呢?这是因为股权众筹有明确的定义,那就是在 2015 年十部委联合发布的《关于促进互联网金融健康发展的指导意见》(下文简称《指导意见》)中明确表述的:"股权众筹融资主要是指通过互联网形式进行公开小额股权融资的活动。"对于股权众筹为什么这样定义,我们不得而知,但看起来是有个转变的过程。

至少在 2014 年年底时,股权众筹的定义还不是像现在这样只包括公募。当时,在中国证监会创新业务监管部支持下,中国证券业协会起草公布了《私募股权众筹融资管理办法(试行)(征求意见稿)》(下文简称《办法》)。在 2014年 12 月 26 日的新闻发布会上,证监会新闻发言人说:"以是否采取公开发行方式为划分标准,股权众筹可以分为面向合格投资者的私募股权众筹和面向普通大众投资者的公募股权众筹。"证券业协会发布的《办法》,是专门针对私募股权众筹平台的自律管理规则。中国证监会正在抓紧制定股权众筹融资的相关监管规则,以公开发行方式开展股权众筹融资的相关政策也正在研究中。

但等到《指导意见》发布,对股权众筹采用了"公开小额"的定义后,证监会就改变了态度。在 2015 年 7 月 24 日的新闻发布会上,证监会发言人明确宣布:股权众筹融资具有"公开、小额、大众"的特征,目前一些机构开展的冠以"股权众筹"名义的活动,是通过互联网方式进行的私募股权融资活动,不属于《指导意见》规定的股权众筹。

2015 年 8 月 7 日,中国证监会向各省级人民政府印发了《关于商请规范通过互联网开展股权融资活动的函》,称:股权众筹具有"公开、小额、大众"的特征,目前一些市场机构开展的冠以"股权众筹"名义的活动,是通过互联网形式进行的非公开股权融资或私募股权投资基金募集行为,不属于《指导意见》规定的股权众筹融资范围。

2015 年 8 月 10 日,中国证券业协会发布《关于调整〈场外证券业务备案管理办法〉个别条款的通知》,宣布将《场外证券业务备案管理办法》第二十条第(十)项"私募股权众筹"修改为"互联网非公开股权融资"。

自此以后,官方就没有"私募股权众筹"这个概念了,只能叫"互联网非公开股权融资"了。

所以,这次发布的《股权众筹风险专项整治工作实施方案》(以下简称《众筹整治方案》)中,第一句话就说:"股权众筹融资具有公开、小额、大众的特征,涉及社会公共利益和经济金融安全,必须依法监管。"

按照目前的官方定义,股权众筹具有"公开、小额、大众"的特征。"公开"是指通过互联网开展融资活动的方式。互联网平台是开放的,如果没有特别制度安排,融资信息可被所有浏览平台网站的人获得。这是融资方式的公开。"小额"是指融资的额度,可能是融资者的额度上限,例如规定每个融资的项目不超过 100 万元或者 300 万元的额度上限;也可能是投资者的投资限额,例如为了保护投资者,限制其承担的投资风险,要求每个投资者在股权众筹中的投资额度不超过其年度收入或者家庭净资产的一定比例,比如 10% 或者 5%。"大众"则是指投资者的范围,即投资者来自社会公众,为不特定对象。

然而,按《证券法》,所有公开发行证券的行为,都必须符合法定条件,经过中国证监会核准,未经依法核准,任何单位和个人不得公开发行证券。什么是公开发行呢? 向不特定对象发行的,是公开发行;向特定对象发行累计超过 200 人的,也是公开发行。而且非公开发行证券,不得采用公开劝诱和变相公开方式。

也就是说,在中国现行证券法下,所有涉及大众的证券发行,都是公开发行;无论额度多小,都没有豁免;而通过互联网的发行,如果没有特别的制度安排,则一定是采取了公开发行的方式。因此,具有"公开、小额、大众"特征的股权众筹融资活动,在中国现行证券法下根本就没有合法性。

中国现行证券法,对于公开发行的例外,只有私募豁免,所以通过互联网的股权融资,只有针对特定对象的,才属合法。但即使这种方式,如果在网站信息浏览上没有采取一定的限制措施,让所有人都看到了融资信息,也可能构成变相公开(属于公开宣传)。

按照中国证监会的说法,将这种非公开股权融资或私募股权投资基金募集行为称为"股权众筹",易引起市场和社会公众对股权众筹概念的混淆。所以,那些互联网平台从事非公开股权融资或者私募股权投资基金募集的,只能叫"互联网非公开股权融资"。

整治的重点

股权众筹的整治重点很明确:在中国,目前没有合法的股权众筹平台。若一个平台宣传自己在做股权众筹业务,如果是真的,那就是在非法公开发行证券或者非法集资,如果只是宣传,那就是在做非公开股权融资或者私募股权投资基金募集,则其业务是合法的,但这么宣传也是不规范的,需要整改。

所以,不要觉得"股权众筹"这名词听起来时尚,拿起来就用,给自己脸上贴金。按照《众筹整治方案》,凡是叫"股权众筹"的,那都是整治重点!这么宣传的,都是自己往枪口上撞!

当然,领导周密部署,要对网络融资进行全面排查,即使没有以股权众筹名义活动的,也在排查范围内,逃不过领导的火眼金睛。

这次发布的《众筹整治方案》中最重要的是关于六类活动的明确禁止,我们具体分析一下:

1. 擅自公开发行股票。所有面向公众的股票发行,或者向特定对象发行累积超过 200 人的,都是公开发行,必须经过证监会核准,否则都构成擅自公开发行。也就是说,所有真正从事公开、小额、大众的股权众筹业务的,都是擅自公开发行股票。

但什么叫特定对象呢? 诸如实名注册用户,是否构成特定对象? 现在证监会还是没有明确。尽管法院有相关判决支持实名注册用户构成特定对象的说法,但我并不苟同。因为从理论上来说,特定对象说的是对投资者的资质要求,实名注册并不能保证投资者的风险识别能力和风险承受能力。证监会最近正在征求意见的《证券期货投资者适当性管理办法》,其中将投资者区分为普通投资者和专业投资者,专业投资者(包括转化后的普通投资者)大概符合对特定对象的要求。

2. 变相公开发行股票。主要有两种情况:一种是非公开发行不能采用公开方式。所以,所有通过网络、手机等通信方式,通过微信公众号、手机 APP、微信群等社交媒体,不加限制地向公众宣传和推广融资的,都构成了变相发行。另一种是股权不得非公开转让。虽然证券法没有明确规定,但国务院已经通过文件严禁任何股东自行或者委托他人以公开方式向社会公众转让股票。所以,开设公开的私募股权转让二级市场,或者对参与这种转让市场的投资者没有资质限制的,都可能构成变相公开发行股票。即使转让是私下进行的,是特定对象之间的,转让后公司的股东也不能超过 200 人。

3. 非法开展私募基金管理业务。通过私下募集资金帮助别人投资股权或证券,构成了私募基金管理业务。注意:私募基金管理业务中的"私募",是指资金募集的方式,不是投资标的,按照现在的监管要求,必须备案。同时,私募基金管理人不得向合格投资者之外的人募集资金,也不得向合格投资者之外的人宣传推介(私募基金管理办法中对合格投资者有严格界定)。私募基金的份额拆分转让后,投资者数量也不得超过 200 人。

4. 非法经营证券业务。证券业务是特许经营业务,从事证券业务必须经过证监会批准。但对于什么是证券业务,《证券法》并没有明确规定。目前国务院只明确了三类业务属于证券业务:股票承销、经纪(代理买卖)和证券投资咨询。智能投资顾问既然是投资顾问,很可能属于投资咨询业务,需要获得相关资质许可。但什么是承销、什么是经纪,目前还缺乏明确定义。2015年证监会指控恒生电子之类的技术公司因为便利了配资活动,构成违法从事经纪业务,要进行处罚,引发了很大争议。

5. 虚假广告宣传。这个很简单,不必在此赘述。

6. 挪用或者占用投资者资金。这个也很简单,客户资金第三方存管制度是必需的。虽然目前还没有明确谁可以作为第三方存管机构,但参考 P2P 网贷的要求,估计以银行作为资金存管机构是迟早的事(参考十部委的《指导意见》,其中第三方存管由银行来做可没有说只是针对 P2P)。

除了这六项明确禁止的行为之外,文件还要求对证券公司、基金公司和期货公司等持牌机构与互联网企业合作开展业务的情况进行排查。持牌金融机构不得与未取得相应业务资质的互联网金融从业机构开展合作,持牌金融机构与互联网企业合作开展业务不得违反相关法律法规规定,不得通过互联网跨界开展金融活动进行监管套利。

对于排查结果,有三种处理方式:(1)有违规的,例如乱用"股权众筹"名义,但其业务本身还是合法的,其实是非公开股权融资或者私募股权投资基金募集的,要求其改正规范;(2)有违法的,予以处置,对非法集资按照非法集资处置,对非法发行股票或者非法从事证券业务的,按照非法证券活动查处;(3)构成犯罪的,追究其刑事责任。

一点意见

这次对股权众筹的整治活动,文件中虽然没有明说,但赤裸裸的事实就是：在中国现行法律之下，中国证监会青睐的具有"公开、小额、大众"特征的股权众筹，根本就不合法。所以本文一直强调：股权众筹的整治逻辑最为简单，在中国所有宣传自己是"股权众筹"的平台都有问题，要不就是虚假宣传，要不就是擅自公开发行证券或者非法集资。

很简单，很粗暴，但也明确、有效，不过也很悲哀。

实际上，在2015年4月提交全国人大常委会第一次审议的《证券法修订草案》中，增加了第13条关于股权众筹豁免的条款，为股权众筹在中国的合法化提供了法律依据。但基于众所周知的原因，《证券法》的修改进程推进缓慢。

股权众筹作为一种随着技术进步而出现的创新融资模式，为降低融资成本、解决中小企业融资难题提供了一种新的可能性。股权众筹能否有效解决这些问题，目前还并不明确。但没有试验，如何知道答案？以美国为首的各国的立法者都纷纷修改法律，允许在风险可控的情况下，开展股权众筹活动。从各国股权众筹立法的经验来看，通过限制融资额度和投资额度，强调众筹平台的监管职责，达到投资者保护和企业融资便利之间的平衡，是风险可控的主要手段。

与发达国家相比，中国的中小企业面临更为严重的融资困难，对于股权众筹这种新的可能性，应当在风险可控的基础上允许其适当发展。因此，我们呼吁各方加快《证券法》修改进程，为股权众筹的合法化提供法律依据。

彭冰：北京大学法学院教授。

文中观点系作者个人观点，与其所供职单位无关

第三方支付新政：雷霆手段祛除顽疾

2016 年 10 月 14 日必定是值得中国支付行业铭记的一天。根据国务院办公厅公布《互联网金融风险专项整治工作实施方案》，中国人民银行、中央宣传部、中央维稳办等十七个中央部委联合发布了《非银行支付机构风险专项整治工作实施方案》(以下简称《实施方案》)。当天晚上，整个支付行业特别是第三方支付行业因此而沸腾。大家对《实施方案》的理解各有侧重，有人说央行对支付行业下重手了，有人说支付行业没法做了，但也有不少人认为央行是为了支付行业更好地长久发展，是"霹雳手段，菩萨心肠"，祛除支付行业的痼疾。

痼疾：客户备付金的巨大诱惑

随着支付机构业务的快速增长，客户备付金规模也迅速增加。据公开数据，截至 2015 年年底，第三方支付沉淀资金总量逾 2000 亿元，比 2014 年年底增长 60%，相关资金风险隐患和问题也集中暴露。2014 年下半年以来，陆续出现多家支付机构挪用客户备付金，造成资金链断裂的重大风险事件，严重损害消费者权益，破坏市场秩序。很明显，让这些少数支付机构铤而走险的背后是客户备付金的巨大诱惑。

熟悉第三方支付业务的人都知道，基于存管、收付、汇缴的三级账户功能建立起的客户备付金存管体系、信息核对校验机制是央行响应第三方支付行业呼声，结合当时的支付清算设施现状，平衡行业发展与监督管理的权衡之举，促进了几家大型支付机构的快速发展，使得第三方支付行业步入快车道，但支付机构的备付金银行数量、账户都比较多，也造成了银行间的信息不对称，激励不相容，以致"存管"有名无实，客观上给那些经营不善甚至图谋不轨的小型支付机构提供了挪用、占用客户备付金的可乘之机，并由此发生了不少风险事件甚至造成资金损失。因此，现有的客户备付金分散存放，既不利于对客户备付金进行有效监测，也存在客户备付金被支付机构挪用的风险，这成为支付行业的痼疾之一。

顽疾：多头连接银行做清算

支撑支付机构分散存放、使用客户备付金的技术基础是它们多头连接银行并且自行处理跨行清算业务。现在，支付行业已经认识到在银行多头开户实现跨行清算的模式只能是暂时的，且弊端丛生。一是由于各银行机构业务处理平台标准和接口标准不一，造成多头开发、重复建设，资源浪费大，开发和管理难度也大，不利于资源的节约和处理效率的提高。二是部分支付机构系统安全性及风控管理水平参差不齐且缺乏配套的风险保障措施，已经有支付机构经营不善发生系统性风险或破产倒闭，累及银行，对金融稳定产生了不良影响。三是这种清算模式有相对的封闭性，交易处理过程和交易信息透明度低，游离于监管部门的有效监管之外，已经产生监管死角。

事实上,从2008年金融危机以后,各国央行将场外衍生品交易中的登记结算纳入场内监督管理,在金融市场基础设施原则(Principles for Financial Market Infrastructures,PFMIs)下,一国的跨行支付清算安全性是中央银行的当然职责,由中央银行或由接受中央监管的清算机构提供跨行清算服务理所当然。因此,将支付机构的支付服务提供的主体身份与转接清算职能分离,确保各类型市场参与机构站在同一起跑线上,使得支付机构在业务处理、业务价格等方面享受同等待遇,充分发挥面向终端用户的业务创新优势,形成价格和服务的差异化竞争,保障支付服务市场健康发展是亟待解决的问题。

恶疾:无证经营支付业务

正是因为少数支付机构自建跨行清算网络,客户备付金使用过于宽松,才使得它们能够向社会上不具支付从业资质的商业机构和个人开通支付通道,提供支付便利,从而形成了较为严重的无证经营支付业务的乱象。这些无证机构在经营过程中,采取低价倾销等恶性竞争方式,通过变造交易、伪造业务类型以及切机、跳码等严重违规方式牟取暴利,对持证支付机构造成较大的经营压力,产生了"劣币驱逐良币"的效应,使得整个第三方支付服务市场有可能陷入"恶性竞争—恶性违规"的泥潭。

同时,这些无证机构开展大量虚假宣传,误导消费者与商户,发生风险事件后引发消费者投诉、维权,导致群众对政府及监管部门有所质疑,损及监管权威。因此,无证经营支付业务是快速发展中支付服务市场里的"老鼠屎"、"害群之马"。大家普遍认为对于这样的恶疾,务必根除之!

针对上述支付行业"三大疾",《实施方案》体现出央行的霹雳手段:

手段一:客户备付金集中存管

《实施方案》指出,要加大对客户备付金问题的专项整治和整改监督力度,增强支付机构的"红线"意识和备付金存管银行的责任意识,必要时备付金银行要对客户备付金损失提供流动性支持。更为迫切的是,要建立支付机构客户备付金集中存管制度,要以保障客户备付金安全为基本目标,制订客户备付金集中存管方案,要求支付机构将客户备付金统一缴存至央行或符合要求的商业银行。由此可见,央行此举就是为了根除支付行业的"痼疾",根除支付机构对巨大的客户备付金利益的觊觎之心!

手段二:建立非银行支付机构网络支付清算平台

《实施方案》指出,支付机构开展跨行支付业务必须经过人民银行跨行清算系统或者具有合法资质的清算机构进行,要实现资金清算的透明化、集中化运作。要推动清算机构按照市场化原则共同建设网络支付清算平台。平台要本着"共建、共有、共享"原则为支付机构提供统一、公共的资金清算服务,对支付机构违规从事跨行清算业务予以纠正,改变目前支付机构与银行多头连接开展业务的情况,支持支付机构一点接入平台办理。

手段三:专项整治无证经营支付业务

《实施方案》强调,人民银行、工商部门、公安机关以及中国支付清算协会、中国银联、商业银行、支付机构要分工协作,齐头推进无证经营支付业务专项整治工作。特别强调,省级人民政府统一领导本地区无证经营支付业务整治工作,成立由省金融办(局)、人民银行省级分支机构、省公安厅(局)、省工商局等单位参加的专项整治工作小组,负责本地区无证经营支付业务整治工作。《实施方案》明确提出,要对无证机构根据情况区别对待、分类处置,并制订了时间计划。更为重要的是,《实施方案》旨在通过这次专项整治工作,推动建立无证机构常态化整治工作机制,形成打击无证经营支付业务的长效制度。

支付业务事关人民群众切身利益，事关社会经济发展，央行针对支付行业急症"下猛药"、"出重拳"的霹雳手段，正好体现出她的"菩萨心肠"，根本目的是保护有利于提升支付行业发展水平的创新，维护支付市场秩序，让民众支付得便利，支付得放心！

赵鹞：中国社会科学院金融研究所
支付清算研究中心特约研究员

图书在版编目（CIP）数据

中国金融改革，未来会怎样？／陈志武等著.—杭
州：浙江大学出版社，2017.4
ISBN 978-7-308-16665-2

Ⅰ.①中… Ⅱ.①陈… Ⅲ.①金融改革—研究—中
国—文集 Ⅳ.①F832.1-53

中国版本图书馆 CIP 数据核字（2017）第 022604 号

中国金融改革，未来会怎样？

陈志武 黄益平 巴曙松 等著

策划编辑	徐　婵　王雨吟	
责任编辑	张一弛	
责任校对	董　唯　虞雪芬	
封面设计	水玉银文化	
出版发行	浙江大学出版社	
	（杭州市天目山路 148 号　邮政编码 310007）	
	（网址：http://www.zjupress.com）	
排　　版	杭州林智广告有限公司	
印　　刷	杭州钱江彩色印务有限公司	
开　　本	710mm×1000mm　1/16	
印　　张	17.25	
字　　数	230 千	
版 印 次	2017 年 4 月第 1 版　2017 年 4 月第 1 次印刷	
书　　号	ISBN 978-7-308-16665-2	
定　　价	49.00 元	